/20

国家出版基金项目
"十三五"国家重点图书
出版规划项目

周信芳全集

佚文卷四

上海文化出版社

《周信芳全集》顾问及编辑人员

顾　问　　刘厚生　郭汉城（以下按姓氏笔画排序）
　　　　　马　科　马博敏　孙重亮　汪　培
　　　　　沈鸿鑫　张丙昆　张鑫海　尚长荣
　　　　　周少麟　龚和德　萧润增　黄菊盛

主　编　　黎中城　单跃进
副主编　　蔡世成　周有成
编　辑　　贾瑞红　赵微娜　沈　磊　陈慧君
　　　　　冯　钢　金国贤　周忠庆　周贝来

佚文分卷　主　编　黎中城
　　　　　副主编　贾瑞红

出版策划　王　刚
出版统筹　林　斌　黄慧鸣
审　读　　罗　英　何智明
编　辑　　黄慧鸣　熊雪芳　王绍政

编者的话

这是一份不可丢失和湮没的文化遗产。

这是一项不容忽视或拖延的历史任务。

随着岁月的流逝，像周信芳先生那样曾为我们民族的文明发展作过杰出贡献的大师，不可避免地会渐行渐远而淡出人们的视野。于是，将他们留下的丰厚文化遗产搜集拢来，传承下去，以期发扬光大，晓喻后代，便是我们这一代人不可推卸的责任。

周信芳，海派文化的一代宗师。由于他和梅兰芳等一批艺术精英的涌现，20世纪的中国京剧跨入了"京海融汇"、"众星璀璨"的鼎盛时期。作为国粹艺术的一座丰碑，他曾以创立麒派艺术的瞩目成就和推动中国戏曲近代化进程的卓著功勋，得到世人的尊崇。周信芳艺术研究会和上海京剧院决心承担起历史交付的使命，组成编辑团队，与上海文化出版社联手编纂出版《周信芳全集》，目的正在于将博大精深的周信芳演剧思想和艺术成果汇总成集，传诸后世。从筹资立项到搜集资料、出版发行，迄今已逾十年，工程之大，难度之高，超乎想象。

《周信芳全集》篇幅宏大，资料翔实，所载内容跨越半个多世纪，涉及剧本、文论、曲谱、佚文以及影像、演剧广告等诸多方面，计划以图书和音像两种形态分别予以全面呈现。

其中，剧本部分，汇集了上海京剧院所藏周信芳先生编写和演出的剧本，这些包括手抄、油印、影印、铅印诸本甚或单篇、残本在内的资料，不仅版本殊异，格式布局不一，唱腔板式时有时无，笔误和手植错讹亦为数不少。我们遵循尽量保持历史资料原貌的原则，比照多种版本，进行适当的勘误、校正，不妄加增删，以利后人了解和研究。文论部分，除已结集出版的文章之外，还特别增入了散见于各类报纸杂志的作品，并于文末标明出处，以利查询。曲谱部分，所收录的40部戏的唱腔曲谱，除个别唱段参照上海京剧院档案资料整理成谱外，大都根据大师生前录音听写记谱而成，每遇同一唱段而唱腔有所不同者，辄选取其最具代表性者。《全集》所辑佚文部分，系十年编纂工作中意外获得的珍贵资料总汇。这些从未面世的文字涉及大师艺术人生的各个领域。此部分尚不完整，但相信随着编辑整理工作的持续进行，新材料必将不断涌现，我们亦将在现有基础上适时予以增补出版。

为了方便研究者清晰了解周信芳先生一生的事业发展轨迹和丰硕艺术成果，《全集》还特别增设了影像部分和演剧广告部分。其中，影像部分荟集了周信芳先生各个时期的剧照、生活照、工作照。演剧广告部分则收录了大师演出的报刊广告，既摘其要义编制表格供人研究，又全数作了图像扫描，录入数据光盘，以备查考。

为全面展示一代宗师周信芳先生的演剧艺术，《周信芳全集》的音像部分，汇聚了大师所拍京剧电影、纪录影片片断以及唱片公司、广播电台收藏的唱片、录音和实况转播资料等，并将以电子音像的方式另行出版。

《周信芳全集》编集之初，原拟取名《周信芳艺术大全》。由于大师的艺术实践与工作生活密不可分，他本人既是名角亦擅管理，集编剧、导演、作曲、评论于一身，且社会活动丰富，生活内容充实，人生道途曲折，学养深厚，情趣多样，单以"艺术"二字概括，唯恐以偏概全。斟酌再三，最终定名为《周信芳全集》，或可表达一层意思：对于大师的研究，只有立体、全面、深入地解读，方能真正认识其非同凡响的才华与独特辉煌的成就。至于许多目前仍然散落于民间的资料，我们将在各方的帮助配合下，不懈努力，不断发掘，以臻完善，以求名更符实。

《周信芳全集》的问世，得到了中共上海市委宣传部、上海市文化广播电影电视管理局、上海市新闻出版局的全面支持，也得到了上海文化发展基金会、国家出版基金规划管理办公室在项目立项和资金等各方面的大力支持。

在此，我们谨向曾经给予此项工作大力支持的政府领导部门，提供丰富资料的单位和个人，周信芳先生的亲属，以及所有为编纂出版《周信芳全集》付出艰辛劳动的人士，致以衷心的感谢和崇高的敬意！

2014年12月

目 录

日记
  1950年　／ 1
  1957年　／ 45
  1958年　／ 61

书信
  1947年　／ 218
  1948年　／ 239
  1949年　／ 254

日记·1950年 *

1月6日

晴。十一时半起。饭时,黄成美来约游中山公园。陈鹤峰云:李万春在人民剧院,是除一切本人则三七分账,卖三百万犹分到一百万。接上海电报,丽已告知长山。长山送来两百万,是丽向之所借。同黄成美、丽往中山公园。燕铭母女同去。三轮车两辆,黄包车一辆,车资两千四百元。绕公园一周,在土墩临河吃茶,豆腐干、花生,共六千五百元,另小账。所有趣〔者〕此处喜鹊甚多,低栖和跳跃,不畏人。水中游鱼亦多,浮水争食。五点,同坐马车回。一千八百元,成美付。

夜戏《群英会》,连《华容道》。最高位好,最低价稍差。戏止,回。

丽云:据杨菊蘋云,高百岁只有开会风头主义,不顾大众。鹤峰能说公话,欲辞职去。众人开会攻讦百岁,推翻团长之意。回时,同崔嵬、武克仁、巴南岗同上楼。过百岁屋,入内听其言。此园,股东欲收回,据云是敌产,不理,并用势之意。曹慧麟来。仍拜客作交际演出,循旧劣习已不可。巴南岗犹想借用其劣习,推销折实公债。崔意:藉演戏而壮文联场面。崔、巴去开会。武克仁又询演期,此乃讨价还债,意以折实公券故。十五日演毕,多演十六日、十七日,以为公债之义演。公债券则做福利基金。武去。到燕铭室。丽、剑影均在。崔嵬、武克仁、巴南岗来,略谈,回。夜饭,杨玉华、杨正华、刘韵芳、刘玉亭来谈。丽食蟹腹痛,先睡。二杨先去。二刘去后,方净脚后眠。《易水曲》不能讨好,欲演《九件衣》。今可不必演。

---

* 本卷文字系根据周信芳先生亲笔手稿整理校订而成。若遇笔误或缺漏,即予校勘订正。其中,原稿漏字,予以补正处,用〔〕标明;原稿错字,加以校正者,用[ ]表示;原稿文字缺失或难以辨认处,用□表示。

1月7日

晴。十一点半醒。十二点半起。饭后无聊,绕圆场一周回。和杨玉华、于宗琨父子闲谈。五点回。七点晚饭。饭后到后台,演《群英会》《华容道》,第二天。戏止。根寿云:《宋十回》欲改《过五关》和《古城会》。后改《四进士》《追韩信》。各多演一天。李宝昌、郑惠庭长沙回。李、郑后日随船回上海。李太太云:李去。剑影、韵芳、韵亭、正华来。饭后闲谈至两点三刻。去洗脚后眠。

1月8日

晴。十二点半起。饭后,黄成美来。李家约,同丽到李家。于云峰、李宝昌、郑惠庭要我同黄成美到真光照像馆购软片一卷。一万五千元。黄云:此处先是分账。长山约百岁于长沙。鹤峰由长沙过汉口回申。时姜晓云在。欲做各戏院经理。不惜出卖取媚,演员薪水掮低,并嘱民众留陈、高来合做,才有今日状况。但姜后果并不理想而去。人民剧院(大舞台)遇陈鹤峰于道,云:武、巴等欲请曹慧麟。大约为利用色情推销公券。此时尚有如此举动。可笑!曹带信四十封,到处拜客。捧场花篮多极。尚欲利用此种方式。可怪,可怪!到李家先辞,回。吃饭。演《群英会》《华容道》。李长山臂痛,入医院治疗。戏止,回。门锁。我疑他已去北京约赵燕侠。

眼红后鼻又肿。饭后,韵芳、韵亭谈,两点去。眠。

1月9日

晴。九点,无线电机吵醒,再睡。醒已一点。两点半饭。

百岁来,云:折实公债,文联担任甚多。但都是无力,只有加重在演员身上。着商议十六、十七义戏票价和全部演员薪水。购公债,我一份归公,作为福利基金。军管会交际处请客。武克仁、陈鹤峰来,同云燕铭到德明饭店,为两次会演酬谢。共四席。李万春、曹慧麟、李金鸿、董俊峰、董少英、杨氏兄弟、玉昆、菊蘋等。饭后,车送回。

今夜《斩经堂》,精神甚好。燕铭亦好,并演《悦来店》《能仁寺》。赵云樵由东北来,是"一杆旗"之徒。戏止,来看我。他牢骚地说:东北内容自好,但技术实差。演员不流动，决难长进。有心离东北来学习。写信给院长，不知肯应否。那边经济不在演员手中，实由他人分配而已。矛盾倾轧，自属他人。真正学习、团结，才是真进步。宗琨、根寿在听。于云：可回休息。同出。赵自去。大雾弥漫，回。

问云樵，云：白玉昆烟未根断。张少台在秦玉峰斗争分众。今在奉天，为卖票员。生活仅仅而已。

丽、菊蘋、正华、玉华及其母、百岁、根寿、宏奎等来。公债戏欲演《明末遗恨》，并《戏剧新报》演一场补助，并剧人公会演一场。定星期日演《戏剧新报》义演。十七日演剧人〔公〕会戏。众去吃饭。云燕铭母女来云：武克仁劝她连续。不允。韵芳谈至三点半方去。四点眠。

日间，姜世续来谈。此戏院，人能服从，改革戏剧条件好。

百岁告我：长山已去北京。恐燕铭知道，故瞒。

1月10日

晴。曹慧麟请午饭。昨日请本台，今日请民众大舞台人员。十二点半起。剑影、云霞、菊蘋必要丽去。我和百岁、鹤峰、玉昆先到吟珍酒楼。曹请赵部长、张部长，还是交际那一套。人民戏院李万春、毛庆来、徐逸民、姜晓云、李金鸿等。曹演满脸笑，带含羞，那一套怪状。她同班者起哄调笑，欠雅失礼。三点离吟珍。随鹤峰到胜利街达兴公司，会李鉴清。鹤峰义演，不去南昌。再同丽、菊蘋、云霞、剑影步胜利街鄱阳街。五点同丽三轮车回。到品芳印胶卷。品芳有我欢迎照。

宋之的来谈。饭后去后台，宋方去。夜演《薛家将》。戏止回。

今日连采藻信来共三封。

菊蘋、玉昆在此同饭。韵芳送食饺子。

宗琨、雅风、百岁、玉钦开会后来。燕铭说《别窑》。众去后，韵芳略坐，去。时三更。

1月11日

阴。李万春请午饭。十二点起。李金鸿来接百岁去开会。候剑影。突鸣警报,有飞机来袭。两点方解除。同鹤峰、云霞、玉昆、菊蘋、剑影、张金樑、贺玉钦、李金鸿同到万国旅馆。有王瑶琴、曹慧麟、董少峰、毛庆来。食日本方式菜,并吃面。鹤峰、玉昆、少峰和万春之弟踢〔毽〕,并玩回力球。四点回。丽去看碗盏。我独过品芳取片。过书店,购《人民文学》和《学习》,五千三百元。到家,有王锦堂,有孙□□同来看我。他在燕喜堂,同班相隔四十年,曾在此创此新市场,为经理。今年七十岁,为人算命看相。道我唇间运,尚有一年流动生活。耳运则名欲高。他居此隔三十里之乡间,特来看我云。王辞,侄儿扶去。百岁来云:今日市府召集开会,有老者道政协精神,是姓张。夜,《打严嵩》。时见张难先在场看戏,为宣传折实胜利公债。《打严嵩》之后,武昌学生腰鼓表演,并有小快板宣传词。演毕,演《金钱豹》。我和云燕铭演《别窑》。戏止,丽看《红旗歌》亦回。为宣传购券,明日戏院腰鼓队亦上街。今晚练习。

巴南岗来问:可能多留?答:家事须自理,急于回。问:此处如何?答:较好,但须多了解、多教育。巴亦道:未统一管理。亦云上海去太早。巴去。和丽同去看练习。回,晚饭。韵芳三点去。

1月12日

晴。今日为折实公债宣传。我同人腰鼓连湘队上街宣传。十时,传呼齐队吵醒,再睡至一点半方起。两点半,正欲吃饭,腰鼓队回。齐至阳台欢呼。同人表演一次方入场中休息。饭后,询百岁,云:共表演五六次,绕路甚长。巴南岗来,同在百岁处饭。李家送来炳华函,要廿日前赶回。丽和李同出。云燕铭告我:崔嵬反对演《明末遗恨》,恐有人批评。武克仁云:批评批评亦好。可见此人恶毒。即传告百岁:演《明末遗恨》,须干部负责。夜演《追韩信》。傅铭山又来拍照。戏止。告知鹤峰和朱根寿:《明末遗恨》须征武、巴等同意,是否可演,有批评须负责。开会后,打消演出,改别样戏。百岁、鹤峰、寿根商定。归时,燕铭正和武克仁对是非。马彦祥来信云:武去信,道云〔燕铭〕冒充奉改进局使命监察此处。弄清楚。同武〔联〕名信回复武道:张同志证云〔燕铭〕说的。张云:贺玉钦听见。贺云:未曾说。云〔燕铭〕理正,武词窘,几次发火不能忍耐。丽旁听道:似《红旗歌》之厂长态度。云〔燕铭〕要武认错,无结果。百岁道:开会。同武出。他们以种种压迫,利用走狗,颇令人失望。人民戏院更甚。谁走,则担负接角盘缠等。韵芳之饱老虎、饿老虎之分，诚然！四更天睡。

1月13日

晴。欢迎李万春永春社、六一越剧团，实为折实公券，在二楼开会。十点起，漱洗后，到二楼。半点，武克仁说话。众要我说话。李万春、曹慧麟、李金鸿、东北赵云樵、李□□说话。陈鹤峰说话，表示认购不服，向兰芳看齐，并讥讽百岁、云燕铭。新越剧女主角和其经理人说话。高百岁、吴天保、王若愚说话，并要求我演戏给同行人看。郭舒朋诉苦，引起武等不满。黑丁、崔嵬说了话，内含讥讽。直到三点半方散。同到德华酒楼，共三席，民众乐园请。饭后，陈鹤峰提倡演《明末遗恨》，购票者踊跃，可售五万元一张。恐难。批评作罢，仍照昨定戏码演出。吴天保提出多演一晚场，为剧人公会福利。不能辞。想，也许是巴〔南岗〕等计划。五点半回。略顿，睡。七点三刻到后台。演《追韩信》。两天加凳。满座。戏止，回。食蒸饺子。老十、宗琨、宏奎、正华、玉华、韵亭、韵芳轮流来谈。意见分歧。韵芳最后去。三点〔眠〕。

1月14日

晴。起甚迟。昨有朱怀玉堂兄某在二楼求帮。问剑影，云：有嗜好，专做此事，亦不知是否是朱堂兄。来两次，给五千元。五点到德华酒楼，吴天保请。为唱会戏。饭毕，回。

夜演《四进士》。满座。戏止，回。韵芳五点方去。

1月15日

阴雨。十二点起。今日为《戏剧新报》筹款。日戏《龙凤呈祥》，百岁、鹤峰、菊蘋合演，我加入演鲁肃。后和云燕铭演《打渔杀家》。演得台下感动，我亦动情含泪。《戏剧新报》送我汇刊。五点止戏。日场满座。今晚七时半，在人民电台广播。人送讲稿，后为折实公债讲词，未经阅目。七点来接到电台讲话，仍照我改写稿。话毕，三轮车送回。丽去看新越剧。我吃饭一碗，到后台。《四进士》，满座。今天德明饭店，林彪欢迎龙云，临时招剧人去唱。鹤峰去，又催菊蘋。那边要紧。有来人云：此地随便谁唱。这些作风不好。菊仍演完后去。戏止。玉昆、菊蘋来，晚饭。百岁、鹤峰、剑影、朱天、韵芳谈武克仁态度不好和官僚作风等等。朱天将调回武昌中原大学。听众人说话，都闹情绪。三点方散去。睡时四更。

今天演末一天戏。

1月16日

阴。今日汉楚戏剧同人要求演一天，作观摩。九点醒，即起。十点半到后台。云燕铭演《能仁寺》，我演《追韩信》。出汗。十二点半止。

赵兆赓、赵张雪霞夫妇具名请，大鸿酒楼。杨正华、杨玉华伴母，引我和丽、燕铭同去。俞守振、于云峰做陪。三点回。玉华、燕铭同回。

张难先先生来看我。在门首相遇，再陪同上楼，略谈。张同史林峰去。送下楼。张回德明饭店。

睡两小时。七时起。巴南岗、朱天在。

折实公券演《跑城》后演《战长沙》。中间燕铭、赵雅风《兄妹开荒》秧歌戏。《明末遗恨》五万，有人购票。今天夜，三万改两万。皮椅两边不满。《战长沙》：百岁关公，鹤峰魏延，我黄忠。日夜出三身汗。

周□□来投信文工团，要求看戏。交朱天办理。

电台要求[转]播唱戏，因无闲暇之日，十八日不去武昌则去电台。着向巴南岗接洽。

周禧如来一函：梅兰芳售座甚惨，只五六成。童芷苓《新劈纺》七八成。共舞台《水泊梁山》八成左右。大舞台《西游记》最盛云。

众又开会。韵芳、韵亭三点去。夜大雨。

1月17日

雨未停。一点起。今日为本院唱一天日场。因雨只售一百八十。同百岁、鹤峰合演《群英会》。我由《借箭》接。再和燕铭演《别窑》。戏止。说《鸿门宴》。武克仁来约：明日剧团正式成立，要我说话。送来款项，照一百万一日，据各方所得。昨夜开会赵尔重、黑丁参加。菊蘋检讨武克仁官僚作风，要朱天同去上海。赵分析认错。干部少接近，阻碍团员进步，希望多提意见云。武昌演戏，因种种不便打消。

宋之的来云：《皇帝与妓女》二幕写好，问意见。答：要看全剧。饭后去后台，别宋。宋自去。夜戏《鸿门宴》，后演《追韩信》。中燕铭、雅风《兄妹开荒》。我上《追韩信》时，觉疲倦，努力演毕，回。开会派后台，并嘱黄成美看待，余人船行。

百岁等来表示联系。韵芳去时，四时。

2月5日

晴冷。今日生日。十一点半，丕承同周信甫、彭飞来。周之亲眷，就是在北京东安市场所遇之朱锡山。彭飞电影界同田汉为友起见，谈到十二点半去。王富英来，并送礼来。七小姐送玉图章三枚。五小姐送康熙年鼻烟瓶一对。徐警庸送食物。李源稷、采蘩送食物。邵骏、何永林蛋糕。永林来。冯国华夫妇、周炳华来。长孙和外孙、张国钧同来。外孙猪仔亦随母同来。丁毓珠送书两本。两桌便饭，食后去。

张世恩来过，云：鸿奎讲华香琳愿合作，但南京戏院是应华方。

日间，有飞机散单。拾着云：通知市民离开上海、北京、天津。上海、汉口等大都市要炸。无锡、苏州不炸。

2月6日

轰炸水电厂。

晴。九时起。为总工会七号成立，要求演戏。到会中（京剧公会）开会。通知演出取酬不取酬问题。十二点十分回。饭后一时，大轰炸声起，继续不断。水电停。各方所得，闸北水电公司被炸。英商水电公司受伤最烈。卢家湾水电公司击偏，伤平民最多。法商电不够，由英商传来。英商水电被炸，法商不足供应。我家停电。晚点汽油灯。儿童工读院开会。两点到西摩路，因轰炸无人来，电话亦不通。到大观园寻中原，亦未在。回家沿路见电车停驶。无电，停于街上。闻英水电受伤。街灯有，亦星火之光。

姜椿芳来电话，云：向夏衍谈，并潘汉年，向盛丕华询问。盛云：两三星期，故开价大。告知定三个月，后欲一年。其言不实。姜嘱再接洽，款事皆愿帮忙。通知任衿蘋。

2月7日

阴晴。十一时起。饭后两点，到兰心戏院，集体《红旗歌》。无电灯，延至三点方开演。用汽油灯代电灯。六点半止。梅葆玥在邻座。演出会另送三张票给我、英华和教书先生。还有一张给王德和。戏止，同英华、德和同回。七点半晚饭。八点一刻总工会派车来接，到市政府大礼堂。兰芳夫妇来。总工会成立会，开至十时，演出节目。我和兰芳《打渔杀家》。艾世菊、汪志奎、李世荣。戏止。刘长胜等来道乏。京戏后，有越剧《八小放牛》，还有沪剧。据云：九时飞机又来过。此时下雨。同车林鹏程父子、牛士超、范锡林和一干部员。送士超到明星戏院，锡林曹家渡，干部〔胶〕州路，方送我到家。一路无路灯。有路灯或有路灯星火不明，显示此次英商受损最重。法商因电不够，段有段无，路灯大致齐全。雨甚大。到家检〔查〕关门户后登楼。同丽同食。眠已一点。今日小茨请高镜朗。我候至。两点半睡着。丽起，为小茨服药。夜雨大。

周禧如来过，云：华香琳一局恐危险，欲取定洋回。因我不加入，故显是急付定洋，欲切断我的事，并欲我就范。

2月8日

雨时大时小，时阴时晴。十二点起。饭后昼暝，继一场大雨。

2月14日

阴冷，有风。十一点起。饭后座谈会未去，因无关紧要，又因今晚天蟾舞台有义务戏。张伯铭、方一德、李阿毛隐避。顾甫根无钱。昨日王玉蓉演。今日我演。明日兰芳演。维持生计和明春临时用度。夜又无电。赵东升电话，通知《清风亭》八点演出。百岁电话云：新礼查中南剧团招待记者，要我出席。因演戏时间冲突。七点半吃饭。福生去浦东。乘电车到八仙桥，下车步行到天蟾舞台。言慧珠早到则晚扮戏迟上，和童芷苓演《樊江关》。九点方完。我和李玉茹、刘斌昆《清风亭》，准十一点演。吕春奎未着急，因过去天蟾不守时间规则，如今则过时就罚，尤其今日天蟾欠捐税。唐平凡押在公安局，通知乃根去替换。乃根云：要去明日再去。闲员要求接济，暂借米粮。姜振海去办。据报大舞台范恒成也避走。前后台今晚开会处理。今日满座。就是好时候，年终也无人看。今日酷冷，有此成绩不易。张慧聪嫁马姓，同丈夫来看我，并询地址。夜戏止。前后都来道谢。雇三轮车两辆同锡林回。锡林、士超各给一万元。夜有电灯。十一时才有。吃饭。一点眠。天渐晴，无风，冷甚。

2月15日

阴。会中电话通知：文艺处通知单交京剧公会，九点半开春赛评奖委员会。二时开欢迎中南京剧工作团。盥洗后，已是十一时。评讲会未去。

2月16日

除夕。

晴。有盛丕华约。七点半醒，八点半起。九点半去接同炳华。方出门，因汽车出，开大门，两条狗冲出，碰了小孩。有山东人领着，见我出，责洋房汽车还养狗两条，麻痹等词。一口的教条。因狗碰了小孩，忍气听受，并慰问。其人这两句教条，刺刺不休。问他[待]怎样解决。其人云：没有什么，不必看，自会料理。但是，倘咬了别人如何？见小孩裤未破，疑未伤着。告知有事。彼亦去。

到水电公司接炳华，到上元公司。见盛丕华盛意，一切都可商量。房金不能免，此款须付地捐等。事再可同任衿蘋、魏柏桢磋商。炳华去公务局。我回。对面车行老板告我：方才领小孩某来，有解放军教某不要曝露是军管会的人，以平民身份来寻事。某住南华新邨，这几户都住军管会人。丽对我说：有人为狗咬事来交涉，态度不好，因咬着人，应当去抚慰。着福生随，央车行主人同到南华询，军机关推没有。再到十号，遇其人，道歉意。其人李姓，不肯道其名并道身份。李云：你是像个中级干部，不应享受如是老百姓事。完了，送我至门首。王文元、刘富民来。昨听电台报告，故来央求新春联欢。无八十二个单位，不能演出，央助。范锡林来，去向明兴培说项，不能坏例以私人行头助演。王文元亦戏人子弟。王、刘去。李某来云：此处是敌产，欺骗他，要证明。对面车行证，仍不放心，再经柴店证明。李堆笑道歉去，再由西回，握手道歉再再，方去。裴永新之子来，同晚饭。九点送回。我去建成电台。今晚五家电台急救难胞委员会央戏剧曲艺界播音筹款。遇高百岁告知：王文元是菊癞亲戚，借行头之事。唱了三段，未到十二时离电台。送敏儿后自回。三时睡。回忆这一年，直到今天除夕，这个年过得简单。并想到李某喜怒不常，明天来否，不快。

2月17日

农历正月初一日。

晴和。丕承、贤敏带圣、业两孙、孙女一〔同〕来拜年。起，见，同午饭。今日春节竞赛，做评奖员。饭后车送丕承等回到文艺处，同吕君樵等到大世界乾坤大剧场后台。黄裳、周玑璋、武克仁同下台看《黄泥岗》。气势不贯，平铺直叙，无一场正戏。是剧本改动，因水准不够，新名词太多，瞎按，硬按。场面亦还整齐。演员都还认真。王其昌懈怠，杨志派得太软。意识是反官僚。二时上戏，五时止戏。出大世界，各散。八仙桥乘电车回。到家，知李某又来过。丽不在家。李云：车在怎话不在家？出口伤人，大骂捶门。丽电话给分局。王文元电话给文艺〔处〕。王文元电话给街上警员来，见李捶，止之。李某和警员争闹。王文元来。李骂王是狗，一呼即至。王忍气缓答：汝不应污辱国徽。争持久，其同伴王同志（女，是其妻）见弄僵，露其身份。文艺处人亦来，同到我家。彼云：来问狗有毒无毒，不应态度不好不开门。丽云：彼如此态度，不敢开门，彼骂人不还骂，因人格关系。示狗之针纸照会。李又缓和，同王出云。王文元电话来，告知经过。明日狗去验，再同去李家了解情况。本欲向分局告知依法办，免去常来扰乱。王云：不可。彼口口声声不究，被告反追研，不可。此事皆可做证云。去年遭遇不佳。今年正月初一日就经此不愉快之事。闷闷。

2月18日

初二日。

晴。饭后，候王文元。两点来。因新年放假，狗医院无人，未送去。同文元到南华新邨李某家。

2月19日

晴和。十一点起。姜椿芳明日去北京，同丽乘车去逸邨。未到逢警报，下车步行到逸邨二号。问以后有关于军管会情形事，寻谁，并潘汉年住所。留周而复住址、电话。潘亦同住。

住百老汇大楼六楼。电话：四六二六〇。

夏衍电话：文管会电话：一五一四三。

姜椿芳北京住东交民巷十八号，时代出版社。并托带信给燕铭。姜云：有徐以礼（现名），刚荐文艺处，能编戏，经常讨论云。同丽到家，十二点二十分，警报除。门前遇许敏官带小女来拜年。同午饭。许去。同丽带菊、英二子到岳母家拜年。岳母云：不敢当。想是怪迟去，或因田租事，不能帮助故。一点半到先施公司乐园，看戏评奖。到伍月华、吕君樵、周玑璋数人。《水泊遗恨》。两点上，五时半止。三时又来敌机，楼上一度骚闹。

戏止，各回。书摊购旧《文艺春秋》两本。电车到静安寺路站，步行到家。五点五十分，裴永新亲母带儿女来贺年，七点去。晚饭后，蕴、芹同去看电影。戏止回。

阿锦来，八时去。

2月20日

晴。空袭。饭后，电话给范锡林，来取行〔头〕。为静安分局，明日演《别窑》《捉放曹》。张家继母来贺年，道黄家妹嫁一朱姓。

文艺处电话，流泽云：明日文艺界集合，往九兵团二十军劳军慰问。一时在文艺处集合。剑影来。慧聪和其夫婿马如海来。

应钧来。闲话后云：小孩有病，要借一百单位。告知困难，应去。

剑影、慧聪夫妇同去。

晚饭后，电车到共舞台看三本《水泊梁山》。

苏州阊门外上塘街广济桥西一二九号天丰米厂，电话：三〇四三。

马少波来一函，谢题字。京剧公会来函，开会：榛苓董事会。

绍兴古贡街廿五号，鲍玉卿来一函，告知亦湘事，并付咳嗽单方：每日捉活麻雀二三只，以水淹死，去其毛及内脏，煎汤。仅服其汤，淡服之。

姜椿芳临行来一函，告知鲍亦湘已入新安旅行团。余已函告夏衍、周而复相机协助。

燕铭由北京来一函，云：入剧团，演田汉之《江上渔歌》。行头暂不用［托］人，或来人再寄。

2月21日

晴。空袭。饭后一时，到文艺处。今日文艺处召集文学、音乐、美术、影戏、戏曲到嘉定劳军。第九兵团文工团来接，道兵士都患注血日本虫。是因在死水中练习所得。先似疟疾，忽冷忽热，手浮肿、便血，至腹膨胀。

警报解除。黄源同章靳以、汪漪、袁雪芬、赵丹、穆宏等一同行。大车多人，小跑车我和雪芬、汪漪、两记者。由真如南翔公路到嘉定时，四点半。文工团腰鼓相迎。由南门下车，入城步行十二里，入一中学校，在北门城根下。部队殷勤招待。据道：此城荒凉，城中田多户少。看校纪念碑：卅七年经造，卅八年一月落成。靳以告我：他住闸北，今日空袭闸北水电，炸毁闸北，无电。嘉定亦是用闸北水电，无电灯。晚饭甚丰，并欲留宿。婉辞。

七时，一行人在一钩新月下步行至广场。今晚华东文工团演戏慰劳。由兵士筑成大土台。有磨发电机，有电灯，并汽油灯。台下五千多兵士。台口都是医士，因注血虫症，曾发动医生百人来医治。已回上海，在即少数。圈外是百姓。都携长凳来观。情景甚美。兵士的天真，呈融和之气。

廖军长来招待。独臂。据云：敌掷来手榴弹未炸，恐伤人伤物，高举，牺牲自己，炸去右臂。开会主人致词。黄源曾在此二十军两年，发言表示亲切。团推我说话。继由靳以读慰劳医院、军士信。都要求唱。我和雪芬各唱一段后辞行。朱春霖加入华东京剧工作团，给我拉胡琴。我们下台即开《三打祝家庄》。车在候，登车出西门，见店铺甚大，想是嘉定最热闹大街。九时离嘉定城，仍南翔真如回上海。到，十时半。车送至古拔路口，步行回。再进饮食。眠，十二点。士超送行头回。杨菊颡兄妹三人来过。

嘉定同去冯雪峰、章靳以、袁雪芬，美术米谷、张文元，音乐陈宗群、张隽伟和黄源、赵丹、汪漪、穆宏。

2月22日

阴。钱麟童来。起，留饭后去。张家宝宝和其夫婿来叩年。医务公会折实公债派他家很多。医生新考试及格者，均要下乡，但是自费云。夫妇去。晚饭后，到大舞台看《武松》。仍照原样演出，未到的场子加了潘金莲配武大。〔一〕些明场子加武大济张青银等场。潘金莲场子，把新旧参杂编写，变成双重矛盾性格。施恩、蒋忠场面，以暴易暴，偏硬装了许多民众和农民场子，成为蛇足。演员、场面都不起劲演戏。到者陈西禾、梅兰芳、许姬传、周玑璋、吕君樵、伍月华等。戏止，到后台道辛苦，各回。

王文元持信来道谢。知悉李某名汉华，曾在社会局，今为政治保安处副处长。其妻公安总局人事科王淑莹。

2月23日

晴和。飞机轰炸甚烈。十时起。饭后两点到京剧公会。到伍月华、王瑞林、姚雪涛、林鹏程。为改选董事会后推董事长。本想让振飞，名誉校长仍可存在，须加副校长负责，推雪涛担任，又想让兰芳。众因梅不到会，仍推我〔连〕任常务，推月华、鹏程、瑞来、瑞林、毓如，并议经费和奖励免费之事。三点为庆祝中苏友好互助公约签定，四点方到市政府大礼堂。因空袭改五点。绕三联书店。钱少未买书。五点入会场，遇周而复、夏衍、于伶、伊兵。开会不多时，六时半离座往天蟾舞台看《李闯王》。沿路购面包，已卖完。新雅买点心，不好吃。到天蟾，《白良关》尚早，出来觅食。钱少，不敢进番菜馆，到五马路一家四蝴蝶食府，炒面一大盘，七千三百。多而无味。食毕，到天蟾，让到楼〔下〕。黄源、伊兵、周玑璋、君樵、流泽来。唐平凡来。让〔到〕楼下。兰芳、姬传、陈西禾、月华、黄裳、武克仁来。头场戏甚长，余皆过表。李信、红娘子戏多。李闯场子不多。唐韵笙李信更温了，敷衍不施劲。杜近芳演红娘子，年幼经验少，但演得称职。天蟾京角多已打破不演新戏之习，都还认真。剧本没有戏剧性，看客不能有反应。生意只四五成。戏止，到后台道辛苦，会唐韵笙。车送月华回。自回。

2月24日

晴。九点，又被轰炸声、高射炮声闹醒。十一点，卢倓影陪常州大光明戏院经理老板邓子予来。起，见。邓将常州戏院中开支报告，意欲邀我常州一行。班底只一担米钱和五十万现款一天。背债童芷苓，一期还债。人口只五十万，但非好角不卖钱。少带人，住邓家。如此也须九成到本，只赚日戏。大光明只一千零五十人座位。推"场面不在此"，并有事不能，即去。邓希望再过一期即能去。留地址去。饭后到文艺处。月华、君樵、玑璋、以群、姬传、黄裳、西禾、克仁、流泽、金奎开评奖会议。注分数和选出决赛戏。六时回。晚饭后填六张表格，到一时眠。

静安区开会。昨日邻刘先生去，邻周家去，要推代表。五家二人。就请刘、周担任。所事包括掘井、防空、公债等事。

巴南岗来一函，托中南团事。

2月25日

阴。评奖会开大会。九点起。福生去剃头。坐电车到金神父路下车。三轮车一千元。到文艺处。京戏、江淮戏、维扬戏、沪剧、越剧各组各议。交表格推以群、玑璋、君樵整理。京剧以《三打》《黄泥岗》《三本水泊梁山》为决赛演出。各回。徐警庸来。程毓章来。

五时，文艺处电话：吕复通知为劳军慰问，约在文艺处聚集。即电车到金神父路。福生嫁侄女，去浦东。电车上遇马如海和慧聪。下电车。三轮车到文艺处。代表文艺界慰劳上海警备队。代表陈烟桥、项堃、赵景深、吕复等同部队人同乘车到大礼堂。欧阳山致欢迎词。我说话。赵景深、陈烟桥、谭抒真……读慰问信，答词，谢后看戏。华东京剧团演《三岔口》。茶点招待。欧阳山说：二十七日，本部队创造军人舞，邀请参观。

淞沪警备政治部联络部长郝□卿招待，并给我住址：北四川路武进路394号。电话42320，以示联络。

《三岔口》止，告辞。欧阳和郝部长送出。车由爱多亚路吕宋路、霞飞路分送。我在亨利路浦石路下车，回。时有小雨。

晚饭后，同炳华、丽、蕴、芹、菊、英到金门戏院看影戏。戏止回。看书睡迟。

炳华今日见魏柏祯、任衿蘋，为押租互讲情况。

丁毓珠来过，托转知天蟾事。

燕铭再去函，问戏院办妥能来否？

慰问警备部队，代表：吕复、赵景深、陈烟桥、谭抒真、丁力、周熙良、项堃、林榛、保琦、姚继新等。林榛读文艺界慰问信。

2月26日

阴晴。十一点起。十二点午饭。百岁电话代龚晓岚约。二点，龚同朱衣来商量《逼上梁山》意〔见〕，使场子紧凑。龚、丁去。章受苍拜年。据云：穷困，老东明在收拾中。各酒店都在亏蚀，不能维持之中。将晚去。晚饭后，同儿女谈家常，〔题〕目亦是不能维持现状。丁毓珠来商量入天蟾舞台如何接洽，但亦无结果。丁去。入室看书，到一时。

2月27日

晴。十二时方起。七小姐来，同饭。

小黑狗经李汉华之事，有人要去后送回。云是疯骨，决〔定〕着公家捉狗处捉。今日来。来人云：五分钟即用煤熏死云。

大狗不食。有病。后腿不利用。

鲍亦湘由绍兴来，云：乡间无米，反由乡至城中买米。情形不佳。鲍决〔定〕入新安旅行团。

吕君樵来电话云：明日起看决赛戏。推我为第□组组长。明日两点到虹口海光戏院看《林冲》。

2月28日

晴。一点三刻到海宁路海光戏院看越剧《豹子头林冲》。时尚早，两点半开演。评判会，到周玑璋、吕君樵、吕君武、武克仁、骆宏彦、流泽、张砚芳、骆月楼、龚啸岚、顾仲彝，第三组严炯凡等人。演员中加了男演员，更显出女演员的柔弱，影响甚大。幸男演员都没有嗓子，瘫肿无能。布景尚净洁。因牵就布景，第二幕大胆到林家去调戏，不合理。四幕的乡村酒店甚美。李小二兄妹颇洽身份，对林冲的关心和备粮都好，惜对事无大关节。

剧本照原《水浒》编成，并是抄吴祖光话剧，加唱而已。

演林冲的胡少鹏，人短无戏，更兼娃娃脸，气氛不够。唱做虽然认真，终难感到兴趣。越剧女儿宜儿女缠绵之剧，对壮雄不宜。还感唱得太多。六幕加入父子淫乱吃醋和张氏不允，打死张父张母，踢死妹子等悲剧，反使张氏摇动有妥协之意。姨太加入无关，反是浪费。有男演员，显得鲁智深是个有胡子的怀孕尼姑。戏止，到一家饭店吃饭。八人一桌，四千元一客客饭。饭后到中国戏院看《三打祝家庄》。陈鹤峰、韩金奎较往日严肃了。所提意见逐见改善。丽和蕰、芹来看。我和流泽谈关于实验剧团和实验剧院做基本，并约明日一点谈本身生活之事。流泽云：前台职工将解散组织，另立组织。戏止，到后台，再同到前台。中南派《逼上梁山》角色名单。归时，杨玉华同车，送至长浜路。同丽、蕰、芹回。

汪其俊云：我没有钱了。另起一班还赚钱。因为新起班没有这许多冗员。有资方，一点〔就〕感不满意。如今自己干，知道了困难。却是实情。

3月1日

晴。饭后到文艺处见流泽，告知大上海和解放后生活经过，有意进天蟾，两宜之举。流〔泽〕云：通知林鹏程来访谈进行。两点同到八仙桥恒茂里恒雅剧场看甬剧《活宝进门》。时尚早。曹锦康母子和媳刘琴心招待家中。开场入院。这个倒是突出的一个成功的戏。据云：此剧前已有两个剧。其一《血染家乡泪》，叙轰炸惨剧。甬剧的大转变是由宁波被轰炸而进步的。《活宝进门》写地主、保甲、工厂、富人的淫乱刻薄等。兼包而不散漫。剧本后段稍见败笔。酒中下药还是小说陈套。末一幕好〔人〕坏人的语汇不分。折实公债小唱，应划分为二，以免破坏空气、剧情。表演，地主高卿亮、农民王兴根、筱凤仙、王周氏最好。筱费智包明昌、张秀英的王陈杏娥不弱。音乐，琵琶、洋琴、箫、二胡、四胡和尾声加小锣，皆好。全剧真实，不脱乡情。台面不够，但装置裕如。唇齿亦清，不温不火。此次竞赛，此出列前程（立群剧团演出）。《活宝进门》剧名，以春正之意，但和全剧无多关联。戏止。三和楼晚饭，七千一客，四人，二菜一汤。晚到国泰剧院。通俗话剧。剧名《苦尽甘来》。新生剧团演出。以解放前大亚工厂工人伤重而死，酿成风潮。把故事材料堆砌而无条理。新名词乱用而语句不贯。剧情牵强附会，杂无头绪。第一幕将狗比工人太多了，同情反为侮辱。(二)要材题目太小，后经恤费哭主答应，傍者不答应，显成多事。(三)(四)酿成罢工逃入厂长家，像侦探剧，并多牵强硬装。(五)打死特务，这特务当场自露，未免太笨。(六)解放，姨太入工厂，生硬。解放便有五星旗设计，亦疏忽。戏止，回。

日戏第三组和二组。晚场……

3月2日

晴。连日皆有警报。因恐鹤峰来，十时起。未来。饭后，一点半出门。警报解除。杜美路口坐电车到八仙桥，到大世界越剧场看《喜洋洋》，永安剧团演出。情节：地主逼租，以农女做押。演员都学生。敷衍演唱，情节简单。半点钟可演完。拖长四个钟头。厌倦不堪，无长处可言。不知因何列入决赛？据小神童言，此场以唱满四个钟头为是。这出戏观众反同情小地主。因为扮小地主的漂亮，比较出色故。五点三刻止。都去三和楼。今晚《赤叶河》，有丽一张票，我赶回。八仙桥电车到吕班路口（因车挤，暂坐卢家湾车至此）。候车遇金国珍，云：在宋哲元时会过，又为前市政府，今为苏浙皖京沪区机器棉纺组工业同业公会顾问，住常熟路一三一号赛华大楼三十四室。强同三轮车回，并付车资。金云：曾是留学日本，北京现住家眷，此处分租云。格罗西路口分别，回。晚饭后，同丽到新世界楼下皇后剧院看沪剧《赤叶河》。编剧张恂子和文牧。上艺、施家两剧团演出。剧本列于五十余种丛书中。表演技术上乘。全剧演员精神贯注，皆能合格。王文爵之王大富、赵云鸣秋贵最成功。施春轩吕承书、丁是娥燕儿是名演员。群场处理有序。导演得甚好。音乐亦有新发展，衬托处处顾到剧情，加强气氛。设计种种皆可完备。没有新名词刺耳，真实性甚强，无一处懈怠。破衣服并不使观众感觉不美之感。是剧的成功，是可有锦标希望。戏止，道辛苦后回。

为来弟（狗）服药片。二点半呼阿芝起，方睡。

流泽云：张伯铭代签合同人抓到。

日戏，第三组和第四组看。夜场亦同。

3月3日

晴。十时起。鹤峰未来。舅兄欲寄家具来，留福生在家，车大世界回。

来弟（狗）有病，滴血滴水痿卧。曾到海格路诊治，六个单位。诊有小瘤，无碍，可割，但内有病。服药片已见愈。今日再诊，并注射，并验明并无疯毒。对李汉华事可放心。昨日孙兰亭有电话来，我不在家，今日老西门关帝庙为其母七十冥寿做事。到天齐庙遇周一星、韩金奎、汪其俊。兰亭云：张伯铭欲出来了。天蟾之事问如何,答:寻君樵、鹏程和文艺处评论。离关帝庙到大世界,车回。《黄泥岗》,场子改动略见紧凑,新名词亦减少。第三组、第一组看戏止,三和楼漫谈。饭后,坐周玑璋车,同到明星戏院。车中谈文艺处在越剧人主持有偏,此次应力争《赤叶河》为成功之剧。丽有要票,电话通知,第三幕方来。晚场第三组和第二组看。袁世凯事,叙小凤仙故事。据君樵知,是费穆剧本改编,又是话剧加唱。布景服装肯下本钱。越剧宜儿女缠绵,悲壮不能达表。蔡锷时代借现代情绪牵强。句中日本说得美丽,不宜。政治性不强。但整齐。名角、音乐配合,依戏剧般看,甚可。据云:越剧批评将他列于《喜洋洋》之后,也欠公平。蔡锷这段革命史是不能磨灭的。戏止,同丽到后台看徐玉兰、王文娟。徐之过房娘正为徐置行头。君樵等为众道辛苦。同车到重庆路口,君樵兄弟下车,我和丽回。

《文汇报》转载程砚秋给周扬信和周扬复信。

3月4日

阴。一时起。两点饭后,整理四天日夜看戏观感意见。前日报上发布土改章程。受苍告知元霖其母吊打苦况。今日回乡到见母。

徐警庸来,云:其子年除夕放出,保款一千万,期将到。东西不值,卖出无人要。借款要问来源,并折实公债付款在即,无可告借云。

五时有警报,时即解除。

晚饭后,同炳华、英、菊、蕴、芹、丽同到金门戏院看影戏。下雨。看《双枪小霸王》,回。再做批评,八张写完。

今日育才开会,要负责人去。未去。刘先生来云:(一)为反轰炸,(二)为公债。据说,起码三十份,不强派,但少了大家来评。并云:注意隔邻周家和邵长林家。丽闻讯,甚着急。度日、借债、公债之款难,三十份已百余万。

3月5日

晴热。文艺处昨约去慰劳全体伤病员。饭后正欲行,刘志平来,告知昨日开会情形,今指静安区为最富庶之处,要多认公债。柴姓召集张主任催认。如今欲凑成一千份,为这一[保]的认购。星期二认购份数要交进。告知度日为难,倘认后交款无着，颇费踌躇。一点过后，文艺处电话来，只得别刘去文艺处。仍音乐、美术、戏剧、文学、电影人员。同去，金焰、张骏祥、陆露明、周小燕、沈之瑜、章枚、吕仲、高芝兰、陈秋草、陆万美等二十余人。礼物：文艺丛书、锦旗及其他礼品。两点离文艺处，到江湾华东人民医学院附属医院。院长招待，问可有忌讳？院长报告院有病人四百余人，医士、护士都和病人密切。以前兵士对城市隔膜，今见惯，言语皆可问询，并无忌讳。并云：干部、兵士虽在病院，但每星期要有六小时政治学习，只是感觉枯燥。诸君至，对他们鼓励不少。我们分五组，分头慰问。我、吕仲、高芝兰一组，随来各报记者五人，各一人随一组。三点半开始慰问，派入肺病部。有重有轻，的确和以前部队不同，都有礼貌，谈吐亦温文。吕仲挨床纪录。五点回招待处。六点招待吃饭。七点开会。晚有雾。章靳以在复旦，同车来。开幕词毕，章靳以、张骏祥、我说了话。露明读慰问信。热烈掌声答礼，并要求唱。我、小燕、章枚唱歌。华东京剧团演《九件衣》。我唱，又是朱春霖拉琴。《九件衣》开，我们离江湾回上海。下雨。到文艺处，雨停。再电车回家时，九点钟。夜雨甚大。

3月6日

阴，热。十二点起。饭后未出门。

晚饭后，向刘志平询问折实公债之事。

丽、我、蕴、芹到巴黎看影戏。演《双枪小霸王》。武侠片。此情节甚曲折别致。戏止回。微有雨。

周禧如昨日要来，未来。今送父母材迁移通知来，未遇。

连日为生活和捐税款苦闷不堪。

王德和，回掉。

夜有雨，甚大。

3月7日

阴，风甚大。十二点起。饭后写推刘志平为本组代表，写认购四十份单，并写诉告书一纸，交刘志平。

徐警庸陪吴山、王熙春来（由香港回）。闲谈。六点去。

夜冷，加衣。七点半晚饭。

看书，一点眠。

3月8日

夜大雪。

阴冷。十一点起。小戴来和丽商议卖买之事。

未出门。午饭后，姜椿芳所介绍之徐某来电话：明日来访。

《逼上梁山》明晚响排。报上列我导演名。陈鹤峰来通知，并约明晚看响排。托王德和去同乡会，为父母迁材事，费用卅五万。冯国华来电话云：将去香港，约丽去晚饭。

晚饭后，大雪。九、十点时，大落，屋顶皆白。阿芝云：此雪不进，棉菜收成又不佳。无线电报告：南通灾情，又向上海〔求〕救。遍地失业和穷乏，奈何奈何！

3月9日

晴，雪亦消，转冷。饭后，徐以礼来谈唐王借外力灭安史乱，受到外侮的故事。其父徐耀祥，混称海大，已故。彼自小学戏，二十二岁转搞话剧，并编杂志，今又转到编旧戏。曾和姜椿芳编《剧场艺术》云。谈久去。住虹桥路七八五号。

爱立丝同范文照太太来。寒，升火炉。见邵长龄太太来，二人去。

邵太太云：因查户口不符，召长龄去分局谈三时，立保单出。今日去理论，分局亦云解释。公债委员会人来，亦赶去分局。饭时，电话来云：长龄去区公所。晚饭时，有人招呼邵太太去。疑查户口是假，催购公债是真。近闻邓仲和去港逃避，故立保证，免逸去耳。

九时到中国戏院后台。日间吕君武来，为评奖会做各戏签名交吕。吕云：中国这两日只分一千五百元一人。后台为管事又在吵闹。因营落，赶演《逼上梁山》。赶彩景，无法响排，无可研究。戏止，同百岁到楼上。剑影为咖啡。武克仁来。百岁云：闲将来看我。如今则云如无事，可领中南去天津。答：本事务未做准备，况中南人员可行，不必我要，并为划策行程。百岁对武奉行备至。闻中国捐款紧急，将金玉堂行头卖给武克仁，一亿元，中南盘缠千五百万，共一亿一

[千]五[百]万。鹤峰拉拢百岁。欲杀价,鹤峰阻之。武争,陈依此数。此处是鹤峰义气。

因不响排,一点二十分回。

因思生活艰难,不能合眼。五点睡着。

3月10日

晴。上海总工会欲将各种戏剧团体添入工会。九时开会。八时起。九时半到京剧公会。十点半开会。流泽来,上总未来人。了许多会务。我辞主任职。众挽。流泽起立,讲工会加入意义。以后当以后台为基础,来确定业务云。林鹏程、姜振海会总上之后,再开大会解决之。先向各舞台号召云。开到一点。车送流泽回。云:天蟾共和或老板独开,今日定规云。自回。

邵长龄昨去,至天明六点回,为公债认购。丽去探望。又来查看。连亲友都查问来由和住址。长龄六时还要去谈话。昨围谈已认一千二百份。不允云。长龄欲去香港,购车票为发现,所以查户口取保皆有意而为也。丽回。我去新中国理发,一万二千元。绕静安寺书摊,买《文汇报》回。便购小日记本。每本三千元,购两本。丽云:张世恩来过,贺玉钦约他去汉口。六百单位一月。在审慎中并询天蟾事云。周禧如来,亦探问。想系有风声。十一点方去。倦极。十二点睡熟。

王德和因开支节省,付款使去。今日去杭州。

3月11日

晴,冷甚。有张姓送来一函,胶东文联胜利剧团周亚来。托因未起,留信去。十一时起。饭后,陈鹤峰电话,留四张票请看戏,并云生意不佳。

顾□翼是无锡金城戏院,托费剑隆询问。费剑龙是小生票友。四时来云:曾有人向顾建议包账邀我,有些不敢做,分账则可。告不知。想又是周禧如等吹嘘。要出门须有计划,有意则通知。费任天,新切纸厂经理,今关厂闲居旧宅方浜路陈士安桥联源里六号费宅。电话17750。不在时多,电话之处难得去。费宅无电话,留地址去。

丁毓珠来。她服务处:福州路120号(四川中路),工业部人事处。电话:13470-29室。

裘家又出事。剑飞报告其妻吃白粉和通奸。公安局带去白粉三包和姘头，还有砒霜一包。丽去裘家。我和蕴芹二女、英儿到中国戏院看《逼上梁山》。鹤峰眼嘴乱动，不似林冲。百岁素不使力。鲁智深松懈。座亦不佳。据云：各家皆不上座，此处最好。吕君樵云：几家小型剧场亦在败落，势将瓦解。费剑龙要我介绍鹤峰、百岁。丽带儿女去看剑影。高、陈卸装后到前台。百岁意在要我加入。他们并云：欲去天津。要我同去。一点回。临行，高约星期一来我家。

3月12日

晴。十一点起。甚冷。文艺处送卅万元评奖车马费，贴汽油六加仑之数，并送《戏曲报》二、三两期。三个月一万八千已扣除。晚饭后，丽、我、蕴、芹、英同往大上海戏院看影戏，侦探片。

云燕铭来一函，云：汤某靠不住，要我邮去。

3月13日

晴冷。九点半评奖会评判。十日推销会开会，未去。来函约九时接洽。八时起。九时到文艺处接洽。现有数字二千九百九十七分，恐不确，着鹏程查。十五日前报。恐兰芳、君樵所捐皆未括入，伶支会、影戏、越剧皆未呈报云。恐各剧种都在风雨飘摇之中。

十点开评奖会。《赤叶河》分数最多。刘厚生报告，以《万户更新》第一，以创作为词。各方争持甚多，终以创作去压改编。其中甚多偏向《万户更新》（一），《幸福门》（二），《赤叶河》（三）。弹词《李闯王》因属于曲艺，另列荣誉奖。京戏之《三打祝家庄》，是否应列荣誉奖？为问。伍月华请赐与。兰芳代表许姬传代言，请放宽尺度。伊兵言：京剧至今毫无成绩。我：赐与放宽，不同意。当与可与，不得亦不为辱，赐与反是辱耻，不得可为警惕、激刺而促其努力。经众通过，仍列荣誉奖。据云：当时评议，七票对七票。君樵弃权避嫌，并因中南公家所领，又是地方戏大哥之故，批评严格之故云。直至一时方散会。到家，百岁、鹤峰、玉昆约今日来，已在。丕承、中原欲去香港华北卖字画，来辞行，先去。百岁云：中国最多两月，回汉口太早，欲去天津或在上海另谋地方演出，但须我加入或加入中国戏〔院〕。皆未允，只允介绍和设法。百岁云：高盛麟去汉口，张世恩自投随去。我用时即可使来。这分明是釜底抽薪。答：这是两事，他欲去，演时再觅人。无结果而去。

奚家大姨病重。丽去探视。至十二时方回。

晚饭后，邵长龄夫妇来，谈捐公券经过。说服者七八十人，轮流说话。其中敌伪时人和小流氓等人，色色皆善说，戏、吓皆有云。十时去。

3月14日

晴，稍暖。十一时起。今日空袭，高射炮轰射最烈。饭后，三轮车到天蟾舞台开会。为京剧演员加入工会事。流泽、君樵、鹏程、君武商议开会步骤。杨马代表工会来发言。两点开会，由鹏程主持。我鼓励大家劳动团结，不要消极，来渡过难关，解决大众生活。流泽报告各戏院情况，涉及祖师爷。王喜云起护。杨马发表加入工会之必要福利，并告知组织方法和从此由后台为〔基〕础来领导。以每一戏院为单位进行，业务上困难。流泽告我：昨晚共舞台已觉悟是非，向慵懒剥削者检讨，前台亦自动引退，减轻大众担负。流泽约我散会再谈，同车到文艺处商议。以后文化部和文联各立实验剧团进行事，并将联系各地来解决整个演员生活。五点过金都，购《文艺报》《建设杂志》《旅行杂志》，回。为奚家大姨病，电蓝绪彰亲家，请心脏专家。

丽去看视，六点半回，云：医生说危险，先服药安神后，再医心脏。

晚饭后，同丽到光华戏院看陶金、李丽华的《海誓》。戏止回。十一时眠。

纪玉良由北京来，带燕铭口信，催行头去。打电话来通知。

王德和由杭州来函。通信地址：柴木巷乐安坊。

3月15日

晴。晨光未现，醒。辗转想生活计划。再睡着。十时，奚家电话：奚家大姨天明故去，约丽同去看寿衣。十一时，剑飞电话来，岳母邀丽同去看寿衣。丽起。我十二时起。同午饭。丽去。

章受苍来，向阿绵取衣。杨玉华拜姜妙香，自来下帖。明日在康乐酒家。杨去。周炳华来。我绕静安寺电车站，补六、九、十二，三本去年份《旅行杂志》，每本三千元。又买日记小册一本，三千五百元。归时，路遇恽五小姐。晚饭后，丽未回，自往国泰戏院看影戏《二度梅》。回家，丽已回。

3月16日

阴冷，有风。十时起。十一时半，同丽到乐园殡仪馆吊大姨丧。准十二时到康乐酒家。郭玉昆、杨菊蘋、杨玉华已到。今杨玉华拜姜妙香，共两席。到者：苗胜春、费剑龙、惠然、老九、俞萌寿、何时希医生、百岁、鹤峰、世恩、郭效青、许姬传、韩金奎、武克仁、吕美莲等。两点半席散，电车回。林鹏程电话来约，天蟾看《云萝山》。周禧如来，云：张世恩和姜鸿奎月底同去汉口。电话给丽。丽回。同去看《云萝山》。旧戏，依照翁偶虹意改编演出，加"偷子"、"认子"等节目。同看：兰芳、姬传、流泽、文艺处十余人。戏止回。告知丽：天蟾之事又不偕。丽问其故。告知：示意加入天蟾，彼故意拖延。看《云萝山》成绩而定。未演出已半价为号召。今定八千，虽生意不佳，地方大，能售七百万已知足。事又延缓。各戏院，文艺处欲俟其倒台，再定制度。全盘生活，自不关心。中国因我不欲加入，中南邀去张世恩、姜鸿奎，作釜底抽薪计，逼我就范。大舞台张翼鹏《西游记》不卖钱，另换人演，实行其平均主义。在眼前可说生路断绝，犹加上折实公债和房捐、地捐之担负，债务逼紧，东西无人买等，正端集猬而来，苦闷异常。中国戏院自共和班春正分钱多，这两天每人只分一千三百元，心意不定了。吕君樵也不似当初活跃了。中南将分团，趋向难定。前进少赚，害了别人。现在经费不见得汉口贴补，要自去设法。大势崩溃，都在吕君樵、李长山。高百岁等辈恐怕到头自食其果。

心烦，未看书。愁思有顷，即睡。

3月17日

阴晴。七点半醒。愁思到九时，又蒙眬睡去。十一时半，飞机低飞，震耳惊醒。起，午饭。饭后无聊。周炳华来。推销委员会文艺界分会来函，并附购讫报告书五十份。欲去京剧公会。昨夜归，车中一声响，今日发觉风扇皮带断。候福生买回。配时觉短。车到购处换带，并唤修理工人来配好，到会通知交汪先生。逢姚雪涛闲谈。姚言：昨中国开会秘密商议中南去后，欲我入中国。可见天蟾延缓，是君樵等之故。果在料中。回时，载雪涛至华亭路口。姚乘电车去福开森路。到家，沈芸生在。沈去晚饭。下雨甚大。到大华戏院，同丽带芹看《一夜惊魂》。戏止回。福生稍离，小乞丐碎玻璃一块，后身垫子翻身，幸无物。时局日趋穷乏。昨见各店萧条，橱窗标字皆穷极关店等字样。小丐击窗采取之大胆行为，亦不景气之一。夜雨甚大。

3月18日

阴冷。筹思终夜，不得进行方法。睡至十时起。颇愁闷。饭后，徐介夫来，久谈，将晚方去。亦皆苦闷之事。

晚饭后，戏剧学校小鬼凤子来。去。八点半，同丽和芹女到美琪戏院看《桃李飘零》(*The Hard Way*)。演一女伶故事。其情节，中国演员环境亦多。戏止回。睡时，又筹思之。生活日趋艰难，自觉衣带日缓。

3月19日

阴。流泽十点电话云：皖北灾情严重。陈荫南有事要求，定十一点会晤，定是演义务戏。赵桐珊来。即起会晤，略谈。流泽、君樵同陈荫南来。陈亦政协代表，告知皖省因历年战争破坏，并淮海战役和水灾，造成灾民八百万。日来死亡最多，要求演戏救济。允之。桐珊先去。流泽报知：《赤叶河》反感事。上施登报求主持。（二）各戏院事务如何调〔剂〕等情。流和陈先去，留君樵饭。一点，同吕三轮车到解放剧场（旧文化会堂），看《思想问题》话剧。戏止回。吕去大陆饭店（今改土产公司），去寻陈荫南，去见兰芳。我自回。周炳华在。周同丽、芹去炳华家，同去大光明看影戏（《三岔口》）。这戏看过。连日看影戏，上座今天最好，余皆零落之状。想是今日是星期日之故。

查政协名单陈荫南。

3月20日

阴。丁是娥十时电话来约，明天上午十一时来，有事领教。想是为《赤叶河》名次之意。起。饭后到地地丝买蛋糕，去看黄金荣，便问黄金戏院情况。地地丝冷落状，大蛋糕不备，转飞达购得。飞达亦无座客。到均培里，黄已去。遇黄源焘。闲谈，道及大世界、黄金状况不佳。黄金五十余人开支，日须三百余万。因职工皆以来计算。

到文艺处，为了解丁是娥事。刘厚生亦为此事寻我。明日九时半开会。《赤叶河》事，且为皖北、苏北赈救灾民事。上施，因开会名列第三，故意气冲动，登报讽刺，贴标语等情。使人请代表谈判亦不理。后经厚生召集，经伊兵对代表责其登报等事不当，不欢而散。上施荣誉奖不受，或转让。文艺处亦表示保留。明日开会解决。意恐上施坚持或僵持，欲我主席转圜耳。丽电话来：范恒成来。回家。

丽约范问情况。范云：不能维持，请求共和班，捐税加不出，逼得一走了事耳。范去。徐警庸在闲谈。徐去。同丽到裘家。晚饭在裘家。十时到皇后戏院，解洪元、施春轩、丁是娥谈。亦承认登报错。文艺处中，洪荒以过去不当，[作]打击，又以摔子不妥来藉口。刘厚生约代表谈事，已寝。伊兵则拍案申斥，并以反抗政府作高压，不许剧团登报。申诉，则艺剧室出稿，以保留荣誉奖作责罚等等。现《解放报》亦来了解情况。闻夏衍亦知，劝彼明日出席，保持原议。事实已证明《赤叶河》完备，以创作而排于第三。沪剧本地风光、男女合演，近于农村，把握现实，是极有前途的。不必斤斤计较名次，当以事实来表现。新越剧不会[僭]越的。沪剧同人接受我建议。同出皇后戏院时，近十二点。到裘家接丽回。林九如来过。因公债三万份，焦急懊丧不去，以香烟熏头脑，坐久方去。

3月21日

阴。七点半醒，八时起。吃粥。九时半到文艺处。曹寿春以大舞台临时委〔员〕会和长期共和班利害书给流泽看，又向吕君武问步骤。亦无主张。十时后开会，至两点半方散。皖北、苏北灾情报告，陈荫南来详细报告。（二）上海戏曲界救灾工作，以春节竞赛委员会人员而附为救灾委员会。陈荫南去。展开《赤叶河》问题。伊兵《赤叶河》问题经过叙说，亦自认对上施代表态度不好，但表明没有偏向的。刘厚生对问题看法，亦补充和自我检讨，亦希望上施自我检讨。解洪元代表沪剧放弃名次，不争，当以后以事实表现和争取。熊佛西自责评奖批分不够，不尽是上施错误。处长陆万美表示，昨受夏衍、黄源对此问题检讨，深觉干部经验不够，并领导上不够意气，也不够冷静。互相认负责欠缺之下，名次仍主原议，保留取消，圆满解决。定发奖日期。百岁亦因君樵回报《祝家庄》通过勉强而询评奖会后，散会已两时半。到家。饭后，同丽到裘家。今日大姨头七。先和剑飞到奚家。宝姑、张园某太太、岳母、丽后来。剑飞先去。尧官回。德身留饭。饭后奚身搬字画古玩给我看。十时车送宝姑、岳母、张园太太回。和丽回。天凉有小雨。到家则心绪不佳，因生活不能解决。夜大雨。

3月22日

大雨。采藻来电报要衣服。九时起。十时看报：政务院通过华东军政委员会人选。各委部局首长名单全部发表。

两点去天蟾舞台看《云萝山》。购票注改明日，便往新华书局购杂志：五期《人民文学》，二卷一期《学习和文艺》创刊月刊，共价一万五千六百。又购《新教育》创刊号和《河北文艺》五期，共价八千七百元。共二万四千三百元。本喜购书购杂志，如今已无力购书。渐渐购杂志力量也没有了。车回，三点三刻。雨未停。

中苏友好协会来二人推销五万和三万两种。付三万两张。要求推销通讯处：汾阳路七十九号，电话六八八四〇、七〇五九三。

饭后，炳华来，十时去。取五万两张代销。

日间，龚晓岚来过。寄天津钱杏邨信。中南欲去演唱，持介绍信要我盖印。龚云：武克仁回汉口。俟回定夺云。

看杂志。睡时风雨更大。

3月23日

雨未停。八点起。九点半，文艺处开会。第一次戏曲界救灾委员会。十二时回。救灾会各戏剧支会分头开筹备演出会。星期六汇报。

流泽兴办戏院，云和君樵商过，拟出名单，定开支。华东人员留精练者，开支甚微，余名额则是实验剧团一班人，显然还是那个包围计划。李慧芳一千四百单位，李玉茹两千四百单位，我定三千单位。只要这般人有了着落，别家和别人死活不管。是否自私？

枯坐终日。晚饭后，罗选斌来，为要公债三万份烦恼。云：近来自杀者多，卧车者时有。有一人在车站徘徊。疑，检查。查出绝命书。检者以手摇铁路运车送回。过一河，其人跳跃下河。连送者带下河去。结果救出自杀者，送者未能救得。可惨！十时，罗去。十二时眠。

3月24日

阴。十二时起。午饭。报载：麦克阿塞放日战犯。日本海空人员充战中国志愿兵。冒元美来一函借贷，撞伤人赔偿无款，借二百万之。我现状拮据无法，只好写信回复，不能为力。实情也。

吕君樵来。韩金奎继来，谈中南去后出演之事。回绝。因其担负太大，冗员太多，习惯亦太坏之故。

周斌华来计算。中国戏院亦不佳。饭后去。又雨。

同丽、采芹到杜美戏院看《银河艳后》。

夜，大雷大雨。

3月25日

下雨。十一时起。十二时午饭。

流泽两点半来谈组团演出之事。地点：中国、皇后或黄金。中国有意让给政府。只三五千万而已。留点后去。

晚饭后，早眠。

3月26日

阴晴不定。昨早眠，时睡时醒。十二时起。一时后午饭。

李士俊来。因中国将失业，欲入中南剧团，求介绍，并谈中国之腐化和彩头等舞弊。冗员多，只分五百元，是最坏之一天。谈前去菲律宾，刘文奎卑鄙，张盛侯之胡闹，木匠等等无知，坤员之无耻，以致短期回来。留地址：中正东路一〇七〇号。三时去。

罗选斌、周天宝、周炳华同来，谈到五时。留点。七小姐、五小姐来，先去。今日五时，天蟾舞台为救灾会开会，定期演出。罗、周同车，到同孚路口下车去。到天蟾商派后先行。本想找唐平凡，据云：今日天蟾贱价卖六百余万元，很好分派，故未启齿。吴胜卿仍在天蟾。到家，周禧如在，道：各工厂资方纷纷逃走。道：资本家被工人围困不能出。其第三妾有金砖一块，钻石最大有七只，正和另一人结婚，工人查出告知，某某闻讯昏厥去。

君樵向范瑞娟签票。丽带芹去，陪岳母去看新越剧《马□□》。我看兰心舞蹈剧《天鹅湖》。饭后同出，到兰心，五十分。据云：俄舞剧皆营业，只此一场为中苏协会筹款。被《红旗歌》延迟。八点方散，《天鹅湖》八时半方上演。邻座炳华、玉茹，坐前兰芳等。全场各机关各艺术团体人多。据玉茹所知，《天鹅湖》演员无苏联来者，尽是本市各舞场歌舞者集成。戏止，散出。丽带芹来接我同回。见有《大众哲学》一本，知丁毓珠来过。去年丁送书，皆有，丁云：能换。我疑：先送者为旧书自有者，今送者定是工资领取购买送来。可见一般都在困苦艰难之中。夜有小雨。一时眠。

3月27日

阴。十时起。饭后，吕君樵电话催写救灾稿。

上海政府送来第二届代表大会会刊。又邮寄来五期《戏剧报》。

高步云天津来一函。晚饭时雨甚大。

隔邻刘志平来送认购单，月底填付款。因地捐在十八倍，感觉难付。明日三时同去见张主任，要求缓付和减付。刘去。和丽格〔外〕心焦。雨声不止。焦闷甚。十一时入寝。两点睡着。

3月28日

阴。今日九时春节竞赛委员会给奖。七时半醒。八时食粥。九时到天蟾舞台，到京、沪、越、甬、绍、江淮、维阳、常锡、弹词、滑稽等戏剧艺人二千余。由于伶代表政府致词。刘厚生报总结。兰芳、我、天民、雪芬、熊佛西说话。文艺处陆万美、伊兵也讲话。五个荣誉奖之外，有优胜奖和二奖、三奖，发给后散会。时，十二时卅五分。到家一时，进午食。沈素秋转来王菊贞一函。三时和刘志平到古柏新邨见张主任，要求减和延期。答不能。答复反映上去再回答。和刘步行来回。

五时半，同丽到裘家接岳母、剑飞同到奚德身家。今天大姨二七。尧官亲自烧菜，甚佳。晚饭后闲谈。十时后归。又雨。十二时眠。

3月29日

阴。文联事,夏衍、陈白尘、黄源、冯雪峰召集文联在沪全国委员开座谈会。九时到河南路(汉口路口)文管会。到胡风、熊佛西、沈浮、叶以群、陆万美、袁雪芬、陈望道、黄佐临、吴晓邦、董天民、吕复、(许姬传代)梅。推冯雪峰、陆万美组织,在四月完成上海文联。十一时散会。同董天民到家,谈各剧种分治立会研究。

今日算文联筹备会第一次会议。在委员除五位未到会,二十一位当然委员再增加章以靳、刘厚生、陈烟桥、米谷、沈之瑜、章枚、王云阶、李纶八人为筹委,推定雪峰、黄源、白尘、吴晓邦、厚生、章枚、烟桥、天民、我十人为常委。四月内完成。

三点,石荣芳来调嗓。周玑璋同吕君樵来。荣芳去。

华东因规一百五十人,越剧分去七十人给养,华东京剧团只余额八十人。如自立,可能扩大选四十人留,余改工作。需要戏院行头、开办费,周、吕计划京剧研究院,拟计划表,至七时后方去。晚饭后有雨。

3月30日

阴。九时醒,起。剪手足爪甲。饭后到天蟾舞台。当中因现卖和推销未妥善,余皆售罄,韩金奎欲我到中国,何毓如约我入大舞台,李宝奎欲我入天蟾。连日尽是购义务戏票。中南今晚只有三排定座,天蟾昨只一成不到,赔出一百四十万开支,班底无法分钱。石荣芳胡琴不准,开口即知,速减词了事。可见手法高低价值。今日演《泗州城》《鸿门宴》《甘露寺》,售款四千余万。戏止,同阿绵、小茨回。当中高价未妥办,无人座,故阿绵、小茨来。丽云:禧如来过,去问天蟾情况。天蟾有意,因条件,不敢问云。同丽到裘家,陪岳母到明星戏院看徐玉兰演《待郎归》。全用林冲情节,略变故事。戏止,徐约后台坐。遇吴琛。十二时回。下雨。送岳母回家。自回。

日间戏止,会周玑璋云:计划太大,另拟企业办法。

3月31日

阴。九时起。饭后,一时半到天蟾舞台。今日七万少,只以两排,余四排改四万。售出五千余万。本定京戏救灾款七千万,今超过任务。苏州文教部、文联组、戏协着柳以真来,为苏州艺人演义戏一场,以渡过难关。因被中南邀去场面,种种不能,婉辞。归想不忍,但也无法。生产救灾会来通知:王芸生、杨秉儒、刘鸿生、徐国懋、李文杰筹备上海节约救灾运动。四月三日青年会开座谈会,附计划草案一份,内有吃糙米运动和一两米运动。

韩金奎、王瑞林托为范雪君书字。

周禧如来。李玉茹、周炳华饭时来。中国宣传李玉茹定局,李云:未允。周等饭后去。

姜椿芳由京回。夜来,告知弄戏院和各戏院情形,并告知地价税等种种困难。姜十二时去。夜月甚明。

4月1日

晴暖。七时半醒,起。望隔邻园中桃花盛开。盥洗后静坐。粥后,去京剧工会为大场地佃户包耕立约,并为乡人藉乱时伐树纠纷。顾及农民,删去无论灾熟愿包等坚定字样。立约人沈庆根、邱宝兴、沈林宝。沈老头云,是海门人,民国九年到真如。都是前付后种。名为交租拆利,实为[剥削]。今先种后付,已是快乐之事。并旱可挑水,懒惰才会田旱。水不过一尺,无碍庄稼云。语皆忠厚。盗卖事已明。狡猾也只好作真作假了之。清明下乡解决。

养老,有不安分妇人,欺侮养老中人。十二时半散会。和君樵、鹏程同车。故意问君樵大舞台、天蟾哪家合宜?自是天蟾合宜。林、吕中途下车去。到,吃饭。

4月2日

阴风甚大。

周禧如来,云:昨晚天蟾事确定。寻周炳华电话李玉茹,李云:中国条件接受,事已成局。丽电话北京,因风听不真。燕铭母接,只说烫头发去了。晚饭后,再问长途电话时间,明日才有。因明日马彦祥、云燕铭结婚,发贺电。汽车有损。同丽金门看影戏。三轮车去。福生去发电报稿。周炳华来过，同采芹去冯家，着菊傲三轮车接芹到金门。影戏止，丽同芹女三轮车回，我和菊傲步行回。一点眠。因报载明晨三时九分开始月蚀，我国可看月全蚀。三时九分初亏，四时四十四分全蚀，叫食甚，五十九分到六时十九分。

4月3日

阴。京剧公会义演。十时半醒。午饭后，一时到天蟾舞台。仍演《泗洲城》、《鸿门宴》、《甘露寺》。戏原单卖四千零九万。

生产救济会在青年会开会。有戏，不及去，着福生持片告知。

榛苓小学学生持函来告副校长姚雪涛。显是陈作祟。

戏止。叶以群约锦江晚饭。有黄源、伊兵、陆万美、吕君樵、吕君武、林鹏程。客为兰芳、张英杰和我。为中苏友好协会邀请演戏招待苏联。欲演《打渔杀家》、《武松打虎》。盖叫天还是不让大轴。

晚饭后，梅先去。英杰去后，大家商讨，为难。

到家，罗选斌、周天宝在。晚饭，九时去。后因徐警庸托购车票，再约选斌来。十一时去。

禧如约林鹏程、赵东升戏止来。因有事，东升电话来约明日来。电话毕，禧如来。一点方去。正逢大雨。

4月4日

阴。十时起。隔邻桃花将谢，风吹花片飞舞。刘志平云：所认公债须填写报入。到刘家填写。

昨约林、赵。饭时，十二时半，林鹏程、赵东升来。周禧如亦来定买价和发出云燕铭电报。两时十分去。禧如略坐亦去。

徐警庸托买车票，持款来，并托其带采藻衣服。留点后去。

丕承来时，正赵、林等来，即去。丽云：中原、丕承将去香港，家属在，可能范围照料。

今日奚家大姨三七。正欲去奚家，周炳华来。和丽料理开支后，同丽带芹到奚家。晚饭后闲谈。十时送岳母到张家花园后回。

选斌和蕴、菊、英和蕴之学友游戏。十二时方去。

夜有雨。

4月5日

晨大雨。十时起。流泽电话来谈文联事。因昨何毓如约两点，故约三时晤谈。两时卅五分未来。到文艺处谈戏院组团事。伊兵、周玑璋、流泽、吕君樵参加。谈到四点，赴云南中路三十五号育婴堂内生产救灾委员会，参加节约救灾运动会筹备会。王芸生、李文杰召集。共议出七条，并着拟章进行。

归时，作家书屋购《新华月报》三月份五期，两万四千元。二卷二期《学习》，二千四百元。

丽同徐警庸同出。采藻衣服托带往香港，朋友赶船。

君樵和京戏公会都有电话来。明日去真如，因雨改期。

4月6日

晴。云燕铭电报回，不克来申。十时起。饭后，何毓如、黄慧庵来，告知大舞台事：将正式成立共和班。现紧缩以备将来成立日并请到场给与帮助。何、黄去时，托黄询王熙春事。因黄荐王故，托代询待遇。禧如亦去过王家，云已外出未遇。

文联三时在文艺处开会。到文艺处遇林鹏程，告知燕铭不能来。林云：明日决去真如。三时到楼上开会。到倪海曙、董天民、陆万美、黄源、陈白尘、吴晓邦、陈烟桥等。由冯雪峰召集决议文联代表一百五十名，另邀卅席。五月三日、四日召开。全国委员为当然代表。文联组八个协会，上海仍照八个分配代表。白尘云：电影占卅席，有影评，须分五席。戏曲、曲艺占四十席。这许多剧种只占此数。戏曲局本有暂停活动，但上海剧种多，应立协会。黄源曾问：这两部是否有干部？这也〔是〕实情，艺人实无自立之才，终是被动的。陈白尘说：田汉通过信，仍照戏曲和曲艺合并施行。话剧、电影竞争票数。旧艺人对票多少漠不相关，主被已经判定。开会至六时。归时车遭油塞，候至七时方回。丽本去萧家，时已过。龚晓岚陪巴南岗来，告知中南分团，鹤峰去汉口，百岁、菊蘋、玉昆由京沪路唱奔江西转汉口。龚、巴去。晚饭。罗选斌来，同丽、我、蕴、芹到愚园路萧家。萧是萧淑萱之子。萧留点。十一时方回。

4月7日

晴。七点半起。吃粥。八点三刻到马霍路赵家。林鹏程、吕君武、汪志奎、伍月华、王瑞林、潘宏勋、谭芝苓、汪庆祥等一行人。电车挤不下，三轮车到曹家渡，再转雇三轮车到真如。车价便宜。解决伐树转卖纠纷，立租大场田四年契约，养老中陈姓妇欺谭月明之妻谭老太之事。又到大场看田，坐脚踏车。鹏程、月华、芝苓、我同坐一车，原车回到曹家渡，再雇三轮车同鹏程到梅龙镇酒家。中苏友好协会请兰心招待戏演出者。本定明日改期再通知。盖叫天杭州宅中兵占，代转叶以群转杭。四点回。江淮剧救灾义演央题字。写好取去。禧如到王熙春家去过。王的母亲要一百二十张，至少一百张。还要速答复。九时，禧如去。总觉王熙春不值此数。筹思无人，颇费心思。

4月8日

晴暖。十时醒。因燕铭不来，王熙春本事不好讨价很大，又无人，突想出黄桂秋。去问问价值。中南剧团有百岁、菊蘋、玉昆，可解决旦角和武生、花脸。十一时起。着丽预算开支。

黄慧庵电话询王熙春之事。丽答暂缓，容考虑。但黄欲八成以上八十张之外再加钱，立等解决。答：不能解决。饭后，禧如电话来云：黄在商决定熙春之事。未允解决。着禧如来商。

饭前电话：中国约中南剧团百岁、晓岚来。剑影接话云：百岁开会。约龚晓岚来。饭后，龚来，告知约中南加入演出。由我收入分三成。龚云：南京约则无钱，苏州亦不佳，无锡有童芷苓演出。前后之事，着开会表决，立候回音。但伙食、送走盘费不管。龚去。

禧如来。徐警庸来。公事不能谈。徐去方着禧如去。着袁行宝向黄桂秋问讯能否合作。

梅兰芳介绍苏雪安来谈写作之事。苏写《宋江》，要我看过，提供意见。谈甚久。两点半〔来〕，四点去。留地址：南市望云路竣德里九号。借电话谢宅。

晚饭后，同丽及采芹到美琪戏院看《劫后情焰》。戏止，丽、芹回。我到大舞台。今日共和班成立总工会。文艺处到人。各班都有代表到。一点散会,送君樵、君武回,送流泽文艺处。自回。

4月9日

晴暖。云燕铭来信,愿来,怕犯自由施行错误。如需要,给田汉电话,借两月云。

十一时起。饭后两点,袁行宝和二胡方姓同来调嗓。袁云:时见黄桂秋,表示很好,来此在开会。后,两时半周禧如来。正调嗓。龚晓岚来,持天津信签名,并云无锡事成,合同已订。团员闻讯懊悔,但合同已订,不能毁约云。龚去。候至四时,黄未来。知有错误,行宝二人去。电话来:黄候周去。四点后去柴〔家〕。禧如去柴家和桂秋接洽。晚饭时回,无难状。明日一点去确定。天蟾布景设计者来设计《文天祥》。

岳母带孙女来。七小姐来。胡英二官同来。留饭。禧如同饭。周去。岳母等同去,时十时。

4月10日

晴。榛苓小学八个教员互相倾轧,学生亦以开会排挤为时髦,欲攻讦副校长姚雪涛。是陈隆路等所使。今日开会。唯剧义演,不及去看戏。生救开会不能分身出席。

饭后,一时半到京戏公会。文教科庞科员来。董事多数出席。教务长张先生碍口,不敢直说。各级学生代表本界子弟多。反复问询,显见是拿学生作工具。经过劝导,并告知董事会对经济困难和希望学生认真读书。庞亦训导,并保证召集教员检讨和劝导,使校务进步。四时半散会。鹏程、君樵、君武同车到金神父路下[车]去文艺处。我回。

禧如,黄桂秋处去过。不开价。对禧如开价,云:对小坤角语甚不满。事不成了。再设法进行王熙春。

晚饭后,同丽、芹女去看影戏《千里姻缘》。罗选斌来,同去。罗买票。戏止回。

禧如电话来去:本言八十张,今日场也要分。立即答应,不然黄慧庵不去讲。嘱暂缓去。夜思云燕铭，也是人情、财物都要，还要盘川、住食，并日期相近。忍耐进行吧。

4月11日

晴。上海代表大会，文艺处召开小组筹备会。七点半起。九时到文艺处。华东实验越剧团成立，改明日。

十时开预备会。问各方现状和困难。预提出反映，以备代表会中小组等讨论和提案。关于各方政治经济等，提出甚多。对民情现状亦提出甚多。至一时方散。明日各种地方戏代表各开会征求意见。到家后，杏宝和二胡来调嗓。知桂秋情形，再欲去问究竟。徐警庸来。调嗓后，禧如电话来，和杏宝通话。四点，鹏程、振海、东升来，告知桂秋、熙春进行经过。希望同人们接洽。候禧如再探桂秋实况后，再进行熙春。林、赵、姜去。再和禧如商洽桂秋价格。今日大姨七日，徐和禧如去。和丽带英儿、茨女到唐家湾奚宅。晚饭，有胡英兄嫂。九点送岳母回。自回。禧如电话来：桂秋公事相近，但开〔价〕惊人。

4月12日

晴。越剧实验剧团今日成立。八时起。九时到文艺处。十时开成立会。

4月13日

晴。十时起。林鹏程电话来，为日戏价目问题，比夜戏少两千。日夜所收一样。丽云：这是扣这一面。杏宝、方某来调嗓。两点去。和禧如、东升同到桂秋处定局。我到文艺处代表会。车夫通行证，向刘厚生报福生牌号。吕君樵交给我代表证。向鹏程、振海问日戏价格事。果如丽料。为王玉让事，向文艺处讨信，通知南京文艺〔处〕商借。此亦做作。其实南京赋闲，或许怕共和班不给钱不放行之顾虑耳。回家，东升、禧如来。桂秋已办妥。就是还有旧风戏码等。日价作试演两星期。如落价，先由这两千作格，再落则做比例。告知林、姜在文艺处候。赵去。徐警庸在，知桂秋妥。

钱淼来。丽知裴正庸钱庄银行事烦琐不堪。钱去。丽行裴家。我欲买书，六时过，店〔打烊〕，绕大马路，家家萧条。购《文汇报》、《旅行杂志》。杂志六千，急售落价五千。顾彼不舍急售之状，可知一般情况了。到家，钱淼、正庸电话，约我去晚饭。情不可却。福生饭后到裴家晚饭。福昌浦东因二子为经理，命脉相连，负累万状，摆脱不易。十点三刻回。

4月14日

大风大雨。八时起。

10月27日

晴。午饭后，到改进处，同刘厚生到文化局局务会议。于伶主持。

叶以群由北京报告中苏友好总会开会情形，并电影今后工作。各处报告。

会散后，车送椿芳往捷克领事馆，回家。

晚饭后，到兰心戏院。捷克纪念日。捷领说话。会结束看捷克片《捷克风光》。

归，写小传（文化部要）。到五点，睡甚迟。

10月28日

晴。十一时起。上午有会，因迟起未去。

钱淼来。丽托带东西来。钱去。饭后到中华书局。一点半，新华书店购书后到戏改处。四点半回。

晚饭后，同菊傲美琪戏院看《吕梁英雄》，中国片。十一〔时〕半回。月色好。誊小传。

10月29日

晴。炳华托其购笔两支，每支十六万。

采蘩、本立、外孙，慕敏带孙子、孙女四人同午饭。

徐警庸来，同点心后，四时全去。

夜饭后，同芝林、采蕰到中央戏院看沪剧《毋宁死》。邵滨孙送下梨果。戏止，到后台。十二点半回。写寒衣宣传稿，迟睡。

10 月 30 日

阴。同洪荒在青年会汇报。劝募寒衣工作稿交刘北汜。两点,同吕君樵到京改协会,欢迎广东大光明粤剧团,并合影。大光明剧团去后,开会,料理事务。

今夜,采蘩、本立请圣公会。同席有中原、采蘋、李元稷夫妇、李世光和其妹、金兰及妹倩金。金由香港来。九点席散,回。

10 月 31 日

阴。写张洵、尚贤扇两页。饭后,到戏改处,同刘厚生到大光明戏院追悼任弼时。四时散会。到天蟾舞台京协,为寒衣劝募开会,已散会。

11 月 1 日

晴。两点到处。姜振海天蟾电话给虞金迅,云:谭富英伤腿,今日天蟾停锣。处中科务会。

今日劝募寒衣宣传周开始。四点到沧州书场三楼麟记亚美电台劝募。七点半到唐宝琪家赴约。都是药房事业同业,所识屠开徵老票友。其中谈吐皆有见地,觉有专业或杰出者,皆能认清时代。

裘家和陈家所会者,皆无能为者,所言皆逆时代。

饭后,再到电台。君樵、鹏程、邱玉成在。赵东升、姜振海云:谭富英《战太平》抢背屈筋发作,恐不能再演。今晚开会表决,欲我演出。拒绝此请。

方才唐云:谭、裘内有斗争。富英生日,裘妻未拜。谭大闹后,被谭妻[制止],并为戎被连续下期。谭故做此举。非宝琪言,亦无代替之理。

播音十二点止。君樵、君武同出。自回。

11 月 2 日

晴。一点半到处。处中整风。今天洪荒、流泽〔……〕

五点到建成电台。要我唱了一段。裘盛戎到。裘云:谭家仍是老作风。要休息,故做作云。

七点回。饭后,大上海戏院。菊傲、英华、芝林看影戏。美国片。

11月3日

阴。上午九时,上总剧影工会、戏改协会、院商同业公会联合开会。地点:戏改处。为劝募寒衣临时委员会组织成立举出负责人。

会散,和鹏程、毓如、振海、昆麟商讨戏影,已经进行江淮,择九日合演京戏。富英伤,难以演,最好推动大舞台、共舞台先期演出。毓如云:本戏班对义演从未出力,当推动演出。下午会议提出单演和合演问题。

回家,见君樵在。我因中苏友好协会开理事会,不能去天蟾。

饭后,我到中苏协会。叶以群、蒋燕参加全国会议,今日传达并讨论今后工作如何展开。

无徽章者付给徽章。

回。炳华、警庸、禧如来。彼等同饭,九时去。

写明日大光明传达人代大会提要。到十二点眠。夜下雨。

11月4日

大雨。七点起。八点到大光明影戏院。今日由剧影工会、戏改协会、院业公会合召,并人代会代表出席,共同传达。十点后方来多人。马培佑主持。我和刘厚生讲话。工会由□□□讲话。回家吃饭后到新华书店买书,曹素功买笔,便买原子笔一支。到改进处,五点后回。

饭后无聊,美琪戏院看《普希金》。影戏全由画片摄制,呆片叙事。

11月5日

阴。苏联教授、哲学博士尤金讲演会。共三次。

昨日第二次,"论苏联由社会主义逐渐过渡到共产主义"。因开会,今日讲各民主国家。由陈毅主持。姜椿芳相信南京戏院,讲地址写沪光,今改南京。夏衍、叶以群在门首招待。时间八时半。九时半方开始讲。讲到十二时五分。回家午饭。

今日来者:周炳华、罗选斌、丁毓珠、采蕴的速写先生。

突有人送素珍单条,着递进。上款送我,学郑孝胥体,下款张谦。

11月6日

晴。劝募寒衣临时委员会开会。

杨华生剧团同人来,为曹大庆登《活菩萨》、《播音鸳鸯》比较一册来理论。吴宗锡、汪培同研讨,到十二时。允检讨文字后,再做研讨。群去。刘厚生回,怪杨不该聚众来,自失威信。

洪荒由育婴堂电话来。开寒衣劝募会,到会商讨并汇报。饭后再议事,到两点。同洪荒到文联。今日夏衍主持举行抗美援朝座谈会。夏衍主席。讲后,各协〔会〕都有发言。

11月7日

晴。庆祝十月革命三十三年纪念。苏联驻沪总领事馆举行酒会。十一时到黄浦路二十号后,遇姜椿芳,引入另一间进食。介绍尤金博士。遇二苏妇非干杯不可。出领事馆,沙利文冰激凌。

三联书店购书。

二点,大光明戏院庆祝。陈毅主席。

少数民族列会,奇装异服,济济一堂。西南十九种,东南十二种。由陈毅致词致贺和各团体说话。会后,到处。

回家。饭后到中苏友好协会。七时举行酒会。有跳舞,有卫仲乐音乐,有歌唱。某拉我和其夫人跳舞一次。

陈毅舞兴甚高。散时甚晚云。我先行回家。

11月8日

晴。两点到处。今天大舞台带头为寒衣义演。五点去道辛苦。买四百九十八万。逢筱文林、曹寿春忘记误场,每人自罚一万,成五百万。大舞台全部茶资、戏单捐入,并捐寒衣。

再回处。六点同刘厚生同到中苏友协。共五席。文化局新闻出版处具名,请苏联人士、苏联副领事。席散,看夏衍编影戏《人民的巨掌》。

十点三刻回。

11 月 9 日

晴。地单来。一点半到戏改处。

文联招待少数民族，要加京戏节目。鹏程因前许青年团表演后赠章未行，感为难。后烦小王桂卿。同洪荒到天蟾舞台。

江淮戏。趁换班时候，为寒衣合演出《淮河放粮》。演后，本江淮协会要求，加讲话宣传。

到处。罗马尼亚在逸园展览会请参观，并聚餐座谈。五点同刘厚生到逸园参观后，登楼座谈会。晚餐由姜椿芳叙说罗马尼亚历史和进步过程。毕，刘北汜请大家谈和笔谈。后还有影戏放映。因今夜有少数民族表演，和厚生各写一篇对参观感想。同去大光明戏院。陈毅、熊佛西说话。各民族说话。各种舞技、歌唱。西南、中南演毕，是本市各种技术表演。未看，行。鹏程、小王桂卿已去苏州，改请班世超。因汽车周炳华借去接李玉茹，我和二吕步行到重庆路，三轮车回。

今天欢迎会通知印有：不要围观，见了服装和携带品不要惊怪，切忌摸弄，不要叫番子、蛮子、回子、苗子，这都带侮辱性的，应当有诚恳、和蔼、热情，感到友爱合作的温暖。

11 月 10 日

晴。上午九时，戏曲改进协会筹备会召开常务委员会扩大会议，并座谈目前时事问题。各剧种迟到，十时方开，到十二时三刻。

11 月 11 日

晴。十二时到南京路慈淑大楼四五〇号星五聚餐会内，开各界劝募寒衣委员会二次常务会议，汇报后午饭，再讨论工作。陈已生主席。两时各散。

到戏改处。五点回家。

苏联维夏金得利方诺夫、罗雪赋请文化界名流看预演片《勇敢的人们》、《他们有祖国》两影片，并晚餐。并有夏衍、姚溱、付东相约，六点半到安福路三百二十二号苏联对外文化协会上海分会。酒点后，先看《他们有祖国》。甚佳。还有一片看过，先辞回。

11月12日

晴。十时起。恽荫棠电话来过,约午饭随便谈谈。十二点到恽家,有其女婿和同事,由北京来,同饭,谈到两时回。

11月13日

晴。

下午一时,京剧改进协会开会。为劝募寒衣义演开会。富英演《借〔东〕风》,请俞振飞。推往杭州。雪涛、毓如亲去,云:去杭州,意嫌去迟。因不知富英演毕将去,不得准备,烦毓如饰。富英嫌十五日日夜两场累不了,欲在十六日演。未定。交赵东升办理,并赶办广告。

下午七时,到百老汇大楼十六楼,欢迎罗马尼亚驻华大使鲁登科暨夫人及一等秘书孟天努来沪主持展览会。陈望道、夏衍具东。九时回。

11月14日

晴。十时起。饭后,王瑞林电话来云:富老二来调嗓。我去郑福斋调嗓,遇李培初,云:郑福斋有关系,加入股本云。二点调嗓后到改进处。

上海戏曲评介工作委员会成立,推赵景深为主席。

11月15日

晴。十时起。饭后一时到郑福斋调嗓。王瑞林招待李培初谈丕承。富老二来调嗓后,两点到戏改处。华东戏曲改进局伊兵等来处,了解情况,谈至六点方散。送伊兵回家。我回。饭后,同二小姐到红宝剧场看蜜蜂剧团姚慕双、周柏春《播音鸳鸯》滑稽戏,甚佳。

11月16日

阴晴。九点十分到文联开时事宣传委员会。由上总剧影工作委员〔会〕、戏改协会、戏院业商业同业公会召开。到十二时半。推人选,通计划,并请讲叙宣传大旨以便传达。

回家。饭后一点半,到天蟾舞台演《群英会·华容道》。售一千八百万,生意不好。原价加七千。只有我一人加入,不能少卖,影响别家。小生何毓如。角色减少,戏太熟之故。

六时后止。到家,七时。起大风,寒冷。饭后十时眠。四时醒,六时再睡。

11月17日

晴,微有风。十时,霍均衡来过,云十一时再来。二小姐告知我。醒,起。虞金迅来电话,云:北京开会日定。开会只少数。

今日罗马尼亚大使鲁登科请客。帖子在戏改处。

霍均衡云:扬州班散,家眷尚在扬州,欲入剧团,拿钱接家眷。彼当是私人剧团搭班之事。告知是华东京剧团,非上海所办。霍去。

福生去验体格,并答政治问题,下午不开车。至戏改处取帖子,到中华书局购六期《人民戏剧》、《情探》、《金钵记》。到九华堂配扇,买稿子纸。到百老汇大楼十六楼赴罗使约。陈望道、潘汉年答词。四席。到两点,坐于伶车到文化局。今日局务会议,因京剧编导组预备会,约我加入。我去文联。于云:公家剧院款已定八亿云。于伶送我到文联。

周菊芳随邱玉成去长沙,并约何润初,引起中国纠纷,来函求排解。电话邱、周、林。何毓如、鹏程、玉成来,和君樵同讨论。明日开会处理。

今夜欢送谭富英,在梅龙镇。厚生先在。到于伶、黄源、伊兵、姜椿芳、高盛麟、张英杰、裘盛戎、言慧珠。中国赵燕侠〔演〕新戏不能来。杨盛春来。谭富英为魏捐薪上篇不来了。伊兵告我:戏改会议廿三日在北京报到,就要动身。车送伊兵后,回。

11月18日

晴。饭后,到华东戏改处会。吕仲云:二十日行,已着人买票。上海将于廿一日行。今回一切自备云。我归华东招待,别吕,到上海戏改处。华改处电话买票。无。亦于二十一日同行。托买《杨乃武》票,有五排两张。五点回。七点三刻饭后,到中央戏院,戏已演。邵滨孙又送栗子、文旦。戏止,到后台略坐。回。

11月19日

十一时起。吕君樵在，同饭。两点同到华东京剧团。周玑璋座谈，留点。五点半回。

岳母在。饭后收拾文件、行李。睡已两点后。

11月20日

阴雨。八时起。九时半到文联。今日夏衍做时事报告。有事，陈白尘来讲。并做解答。到十二时半。《亦报》摄影。

回家。饭后到戏改处。今日领薪。两点一刻，到溏沽路三〇五号民政局三楼礼堂。救济总会上海分会召开二次执监委会。刘鸿生主席。曹漫之讲救济，并带时事。五点行。雨甚大。回家。饭后，同芝林到北京路丽都戏院看东山剧团《宝莲灯》。客满。到九星戏院，沪剧施家英华合作剧团《花弄影》。戏止，回。收拾行李。

吕仲电话来，明日午前送行李，一点送票子来。

虞金迅电话来：明日九点半开会。

日记·1957年[*]

12月1日

丁酉年十月初十日。十月小建，十六日大雪。今日阴寒夜雨。

今日无事，迟起，十二点。一点半，午饭。两点，教菊傲《凤凰山》"薛仁贵救驾"，到三点。丽起，和选斌、菊傲谈学戏演出事。

报载山东文化局局长、人民代表、诗人王统照于1957年11月29日逝世，享年60岁。

晚饭后，同丽、采茨、蕰、广业、菊傲到大众戏院，看戏曲学校插班生演出。《钓金龟》、《春秋配》、《搜孤救孤》、《小放牛》、《铁弓缘》、《蜈蚣岭》。戏止，大雨。送广业、采蕰回。自回。12点半眠。

12月2日

寒雨。

丁酉年十月十一日。

十一点一刻起。一点午饭。

捡出零杂期刊，一点半携往旧书收购处。近处，捡出无用称斤，共卖了八元

---

* 此本日记前两页有周信芳笔录文字，第一页写："1958年，向江西、湖北、四川、甘肃、陕西、河北、河南作巡回演出。1月下乡演出：3日东郊区高桥镇。5日洋泾镇。6日杨思镇。7日军医大学（北郊）。9日巡回演出开始，离上海。10日到上饶演三天四场，到罗桥演一场。15日由上饶到江西省南昌，玉茹、正阳、正勤演四天五场。回上海，去北京。21日大风。22日大风雪。23日望城岗一场两次，兵校、农民。24日洪都机械厂。"第二页写："1957年12月1日用起。日记本是1951年所购，在1957年12月用起。计划在1958年1月起开始巡回演出。在1957年12月中排练演出戏目。12月31日除夕接续。1958年1月1日是夏历丁酉年十一月十二日。1月下乡演出。3日东郊区在高桥镇演。5日洋泾镇区政府礼堂演。6日在杨思镇白莲泾船厂礼堂演。7日在北郊军医大学演出。1月9日巡回各省演出，离开上海。10日到上饶。11日在上饶剧场演出三天四场，罗桥演一场。1月15日由上饶到南昌。玉茹、正阳、正勤演四天。〔之后〕回申去北京。望城岗演一场，分二次：学校、农民。洪都机械厂演一场。"

零八分。邮局发行社购报两份,《译文》十一、十二月合刊（六角）,和《学习译丛》（四角）。到京剧院,车回。

袁雪芬电话来,吴小楼要学《秦香莲》。候到五点,未来,约明日。

墙报：白宝山脑充血死〔于〕南京。

到新华书店（淮海路第一家）。购《柳毅传书》评剧本（一角五分）、《连环计》京剧本（八分）、《三关排宴》、《四郎探母》本（两角）、《索弗洛诺夫剧作集》（两元）。购糨糊二瓶、小历 1958 年本,共六角八分。雇三轮车回,两角。七点晚饭,仍下雨。

12 月 3 日

阴寒。

丁酉年十月十二日。

因早起,睡至六点醒,七点半起。八点三刻到团部,九点开干部下放、下乡号召报名〔会〕。丁国岑主持。发言人：李仲林、沈金波、汪志奎、王正屏、幸熙、童葆苓、郭启山、王美玉、王熙春、申阳生。休息〔后发言〕：龚三元、童芷苓、王泗水、王桂荣、陈西汀、周俊臣、马俊良、许俊。刘厚生作了分析指示。我说话后散会,已一点钟。回家。饭后到京剧院参加讨论会。休息时离院,过第七新华书店看书,坐三轮车回。

七点晚饭。因外事处约看音乐,七点半到艺术剧场,听波兰钢琴家海伦娜·采尔尼—斯捷潘斯卡钢琴演奏会。节目：拉摩四首钢琴曲,斯提拉提二首奏鸣曲,巴哈（布索尼改编）《恰空》（西班牙舞曲）,肖邦《升 F 大调夜曲》、《g 小调叙事曲》。休息。肖邦《c 小调夜曲》、三首《马祖卡舞曲》、《降 E 大调圆舞曲》、《升 f 小调波兰舞曲》,李斯特《狂想曲》（作品第 12 号）。叫幕再奏数次。同金仲华副市长、钟望阳副局长到后台道乏后,回。

天冷。今晚燃火炉,十二点入寝,眠。

12 月 4 日

阴雨寒冷。

丁酉年十月十三日。

十一点一刻起。一点午饭。《新民报》张志让来电，对戏曲学校学生演出鼓励。王汝官来电话，越剧演《秦香莲》，吴小楼来学戏。一点三刻，到京剧院给吴小楼说王延龄。到三点，吴小楼去。

今日曹荻秋广播讲话，为下乡下放问题。院中上下听报告。吴去，我参加听广播报告，四点止。离院，步行过第七新华书店看2—2500。三轮车回，五点一刻。森林、鑫海等在为菊傲响排《定军山》（第三天），并录《叹月》唱、念和《华容道》挡曹。留饭。八点晚饭后，听曹市长报告录音。

12月5日

晴寒，有月。

丁酉年十月十四日。

吕仲昨言：召集新民剧团同院中演员集合，十点开会。

八点醒，盥洗后早餐。九点五十分到团部，无人到院。询问，云：刘处长有事，此会不开了。

吕仲云：宁波来求院中支援演员，因明年都作巡回演出，无人欲荐。微华去，怕不能胜任。

十一点，到福州路邮局购报和《西方语文》第3〔期〕，七角六分。又到图书发行所，购戊戌年历书两本，八分一本；《古代东方史纲要》，三角；《林则徐的故事》，壹角五分；《稼轩词编年笺注》、《邓广铭笺》，一元九角；《黄庭坚诗选》，四分。十一点五十分回。

两点到。陶雄民盟开会，院室无人。无事即回。

汉口剧协庆祝话剧五十年，求题字。

丽去湖南路家看房子，先去。我写好字亦去看房，略坐同回。

夜同广业、采蕰、菊傲、敏祯、采茨、丽同到文化俱乐部晚饭。饭后同丽、广业、采蕰到国泰戏院看匈牙利喜剧片《十块美金》。戏止，送蕰、广业回，同丽回。

12月6日

晴暖，夜有月。

丁酉年十月十五日。

十点起。一点午饭。两点到团部。新民剧团明年（1958）同作巡回演出，今日起排《四进士》。

汉口协会纪念话剧五十年求题[字]，写交吕仲寄出。《四郎探母》座谈会文章稿费给吕仲。

离团部，绕书店。四点回。

夜饭后，同丽、菊儿、祯媳到愚园路张英达家。因张今年正生日，多菊傲两轮，亦属狗，同日生。正日未去，今日送礼补足。十一点回。

12月7日

阴雨。

丁酉年十月十六日。

睡至九点醒。忽忆及上午有会，即起。

车接广业、采蕰和苹果同去看病。我进早餐。九点十五分，车来送我到京剧院。

院和新民剧团合作，成立团的艺术委员会。第一次会，到有马世啸、李宝魁、萧德寅、迟世恭，院方有金素雯、刘斌昆、汪志奎、吕仲，进行讨论团务。由上饶来函，约请便道停留演出。会后，又参加厚生、鹏程、石坚、许俊、张显和周志勇讨论，进行整改。到十二点半离院。

采蕰乘车已来半小时，又到尤彭熙私宅诊视后回，已一点。

两点，丽和蕰又去就诊。随车到诊所。

我到天蟾舞台排《四进士》，车去。今日福生回浦东。排戏后到书店，逢雨。在图书发行所购《圆明园》，王威著，六角；《镇江的名胜古迹》，姚荷生著，五角。到仪器店购"地球"一个，十五元。雨甚大，三轮车回，五角。七点晚饭，到大众剧院看言慧珠、俞振飞全部《牡丹亭》。戏止，雨停，三轮车回。

12月8日

早阴，午晴，夜月。

丁酉年十月十七日。

十时起。一点午饭。

两点后,和菊傲说《凤凰山》"救驾"、"叹月"。杨宝童和女儿来。又着菊排《定军山》后,宝童父女去。七点,晚饭。

八点半,同丽、菊儿、敏媳到东湖影戏院看苏联五彩片《墨西哥人》。戏止回,步行回。

裘家电话来,岳母病有恶象。丽和菊去,三点回。宝姑同来,睡此。

12月9日

晴。

丁酉年十月十八日。

十时起。十一时,整理信件。十二点半,午饭,宝姑同饭。

市委会节约煤气小组通知:到江苏路276弄6号会募堂召开节约用煤会。指派总务及司炉去,未去。

张少甫七十岁生日,检出江寒汀画一幅,题签。两点,携往京剧院交吕仲,转交吴石坚带去南京转祝。

选斌同菊傲在院和吕仲谈宁波京剧团事。

张志让(《新民报》记者)在院,和吕仲谈二团和新民剧团巡回演出消息。

回家三点,并接采茨同回(她和母亲在沪江理发所)。

戒香烟会在新雅酒店聚餐,六点半,同丽到新雅酒楼三楼。石咏芬、李善生夫妇、孙□□夫妇、赵□□夫妇〔在〕。何太太不舒服,未来。孙□□夫人是王耀堂之妹。饭后,同到中国食品公司(旧新新公司)。出公司,各散。同丽回,便道到裘家。看岳母形状尚佳,但神志不清。同丽回时,九点。

12月10日

阴,大雨一阵。

丁酉年十月十九日。

九点半起。盥洗到十点半。

昨《新民报》来问巡回演出消息,吕仲末尾答"以代表身份了解戏曲",电话给吕仲,应说"以艺人更了解戏曲起见,更向各地了解"。

到练工棚，刘叔诏（刘天红）、乔志君和一□姓者（亦向天红学戏）在谈。至十二点二十分方去。

午饭后，一点三刻去天蟾舞台排戏。先到邮局发刊社，购《近代史资料》(6)，六角；《史学丛译》(5)，七角；《政法研究》(6)，二角。补《戏曲研究》(1)，七角五分；报纸两张，一角。

到天蟾舞台排《乌龙院》。刘厚生有电话来。车回，步行到龙门路，雇车到京剧院，大雨一阵。厚生告知：明日上〔午〕九时大会，报告关于整改开始内容。到五点。五点一刻，刘梦德会毕，不去制片厂看右派电影。步行到第七新华书店购书。《列宁全集》十四集，两元两角；《伟大的十月社会主义革命四十年》，一角四分；《治安管理处罚条例》，六分；《虹桥赠珠》，两角二分；《赛霸王》，一角八分；《中国上古史演义》，九角。六点半，采薀、广业约天鹅阁晚饭。八点，四人同回。

12月11日

晴。

丁酉年十月二十日。

九点在中国戏院，刘厚生作整改鸣放动员报告。

八点起。九点，到中国戏院。报告作到十二点半。回家一点，午饭。人倦烦，睡一小时。三点，到京剧院。参加同新民演出小组讨论，吕仲主持。参加者刘斌昆、汪志奎、马永春、孟宪英、张鑫海、朱春霖、刘少春、金素雯，讨论到五点半回。

文化出版社送来两本《追韩信》、一本《四郎探母》新出书。对外文化协会送来文化交流资料两本，一〔本〕是十一月份，一〔本〕是去年。

七点晚饭。饭后给菊傲排了《独木关》。这一程，夜间看傅雷译巴尔扎克五种。《高老头》、《欧也妮·葛朗台》、《夏培上校》，看了三种，再看《贝姨》。睡甚迟。

12月12日

下雨，夜有风。

丁酉年十月二十一日。

十二点醒。因昨晨开会早起,夜为菊傲说《独木关》累了。一点午饭。

两点,到京剧院看排《雁门关》,到五点回。夜起风。

李玉茹、孙正阳、黄正勤由镇江演毕。

张少甫昨日阴历十月二十日七十岁生日,李莉去南京,代表院祝贺,今日回。

七点,广业、采蕰、菊傲、敏祯、丽、采茨和广业妹夫陶茂芝到大福里晚饭。陶会了账。饭后,同回。徐介夫在。徐谈戏到十一点,取《演出集》一本去。

12月13日

阴。

丁酉年十月二十二日。

睡到九点未起,盹睡到十一点起。

戏剧家协会寄来十二月《剧本》,并转来印度人民戏剧协会一函,译文大意是:"大会第八次会和会演,将于1957年12月23日到1958年1月1日在德里举行。乌德拉斯总督和舞蹈学校校长拉吉马纳尔允参加开幕式。各地一千多印度艺术家参加。讨论多方面艺术、戏剧、运动等问题,文化界著名人士参加。十天晚会,以印度主要方言演出戏剧、各地民间民族舞蹈、音乐。邀请派出一位代表参加大会。印度剧协秘书长尼朗旂—森。"

饭后两点,到天蟾舞台后台排《清风亭》。信交吕仲复剧协。排戏后,到图书发行所,购《郁达夫选集》,七角五分;《西湖佳话》,八角;《黄飞虎反五关》,一角二分。到邮局期刊社,购《历史教学》12期,三角;《解放报》,五分;《文汇报》,五分。到古典书店,购《晚清戏曲小话目》,阿英编,五角五分;购《唐摭言》,五角五分:《唐音癸签》,八角;《醉翁谈录》,四角;《云溪友议》,两角六分;《本事诗本事词》,三角四分;《书影》,四角八分;《今世说》,二角六分;《剧说》,四角四分。五点回家。八点晚饭。十二点安眠。

12月14日

阴冷。

丁酉年十月二十三日。

上海政协召开,八点半在新华影院,听魏文伯报告《关于农村四十条》。七点起，早餐。八点到新华影院，早了半小时。盛丕华、胡厥文主持，报告到十一点五十分。回家。一点，午饭。两点，到京剧院。玉茹、正阳、正勤等听刘厚生录音报告（因彼等在镇江）。三点三刻，无事回。

昨日阿芝割带鱼手受了伤。昨晚魏贞病，引起胃病，甚烈。送沈医生看视，胃出血，因吐多要输血，送八十元去医院。电话给溧阳路，〔叫〕魏贞亲戚去陪伴，不在，着才宝去陪。

今日天寒甚，书房生火。八点半晚饭。宝姑来，陈宗望一点去，广业、采蕴两点半去。三点三刻眠，四点半睡着。

12月15日

晴。

丁酉年十月二十四日。

今日举行汤显祖逝世三百四十周年纪念会。文化局、作家协会上海分会、戏剧家协会上海分会举行。地点在新光剧场。

八点起。八点五十分到新光剧场，九点开会。文化局李太成、作家协会章靳以、我代表戏剧家协会主持开会。请赵景深报告汤显祖历史，讲了一小时。休息后，俞振飞演汤氏《邯郸梦》中一折"三醉"；言慧珠演汤氏《南柯梦》中"瑶台"一折。戏止，同李局长、冯少白处长到后台，为慧珠道乏。福生去医院照料魏贞事，送来即去。步行到南京路新华书店总分店，购《京剧汇编》二十二集，四角四分；二十三集，三角二分；《三关排宴·四郎探母》，三角六分；《一箭和》（三国戏），一角三分。步行到古典文学出版社，购《六朝乐府与民歌》，六角；《唐国史补·因话录》，三角六分；《唐语林》，九角五分。三轮车回，四角。购墨水一瓶，五角七分。

一点午饭。宝姑、清海未去，同饭。

魏贞医院安定，有了床铺，陈关寿（才宝）回。

〔赵〕福康夫妇请上海大厦晚饭，七点到。在楼下购雨衣一件，五十三元六角。同黄嘉元夫妇上楼，同席有□医生夫妇，有赵福康医生夫妇，还有女客□□。九点半各回。十一点眠。

12 月 16 日

晴。

丁酉年十月二十五日。

十二点醒。午饭一点。两点去天蟾舞台排《群英会·借东风·华容道》。

出门时，遇孙大奶奶，要借三十元摆杂货摊，允借十元。

两点十分，到天蟾排戏。到五点后回。

丽为叶家妹妹拜师，请傅全香，在五点半去。

《戏剧报》内夹《文艺报》58 年改版广告，印毛主席写词《沁园春》图片一张，甚美。

八点晚饭。九点同丽〔至〕山海关路裘家看岳母病。有 × 医生和 × 医生在。十点同丽回。早眠。

12 月 17 日

晴，有风，寒。

丁酉年十月二十六日。

十点醒，起。盥洗，十一点。一点午饭。两点到京剧院。孙大奶奶十元已来取去。在院座谈会谈工资改革，谈到五点半回。

同广业乘电车到外滩，换六路电车到白渡桥下车（因汽车待修上桥无力），到燕记食堂，同丽、采蕰、广业同晚饭。九〔元〕六〔角〕。八点半离食堂，步行过桥，再乘汽车回。为敏祯带回猪排一块、采茨炸明虾。

12 月 18 日

晴寒。

丁酉年十月二十七日。

十二点半方醒。一点三刻午饭。

今日天气寒冷，已结冰凌。两点十分到天蟾舞台，排《秦香莲》，到四点三刻。到邮局刊发社，购《文学研究》，八角；《安徽历史学报》半年刊创刊号，五角；《剧本》，四角；《文汇报》，五分。到图书发行所，购《达尔文生平》及其书信集第一卷，两元五角；第二卷，两元六角；《太平天国史稿》增订本，两元两角；《比目鱼》锡剧，一角三分；《临江驿》京剧，一角七分；《珍珠塔》锡剧，一角八分。

到家五点半。刘厚生有过电话。通京剧院，厚生云：有捷克文学家来访，明日在院两点半会谈。

明日林洲去北京，丽约晚饭，并约陶懋铸晚饭。同到新雅酒家，采蕰、采茨、广业、敏祯、菊傲、林洲、懋铸、杨宝童、丽和我晚饭。九点，宝童回，余同回。

12月19日

晴寒。

丁酉年十月二十八日。

十二点起。一点午饭。一点三刻到京剧院。院中第二次谈工资改革。

捷克斯洛伐克女教授丹尼和潘泽（女）来院。两点半，厚生和我接待，谈中国戏剧表演，四点去。参加座谈会，到摇铃散会回。

宁波人来过，约菊傲去试演，期在1958年3月。

12月20日

晴寒。

丁酉年十月二十九日。

十点半起。一点午饭。两点到天蟾舞台，再排《秦香莲》。四点到图书发行所，购《三国志人名录》，八角五分；《西游记》，七角。到京剧院，五点回。

饭后七点，剧协开主席团会。到赵丹、丁是娥、顾仲彝、冯少白、刘厚生、钱英郁、姚时晓、俞振飞、张骏祥、应云卫。由英郁报告一年多的活动；由姚时晓报告反对[右]派和今后方针。讨论决议，定开委员会后，再开全体会，九点半散会。

丽等去看越剧院《孟丽君》，坐三轮车到大众戏院。戏止，同丽、敏祯、菊傲回，十一点。十二点眠，觉身体不适，一点睡着，五点醒，再眠。

12月21日

丁酉年十一月初一日。

十点三刻起。十二点半，周信甫来。昨去院寻我，约今日会，为所聚俱乐部中会员徐通文要见，并说是宝童、富英所教。因出门在即排戏忙碌，俟回来相见。周去。

午饭后，两点去天蟾舞台，排《赵五娘》，到四点半。到京剧院交吕仲照片簿，翻印做封面。到京剧院时，齐英才持花一束，厚生告知：美娟已生产女孩，难产开剪，幸无恙。齐持花是院列名[赠]。

五点半回，宗望、长龄、清海在。晚饭同丽、采茨和敏祯在燕记食堂，食毕回。同丽在国泰电影院看《四海之内皆兄弟》，法国片。同丽回，车送广业、采蕰。回，十点半。十一点三刻睡，两点醒，不成眠。

12月22日

晴寒。

丁酉年十一月初二日。

电影工作者联谊会在瑞金剧场开成立大会。

洪谟今日下午结婚。

马永春来取行头。

七点起，早点。八点二十分到瑞金剧场。由李伯龙宣读主席团名单，柯灵开幕词，沈浮报告筹备经过。投票，休息。周而复、徐平羽、我、厂长讲话；白杨讲话；郑君里致闭幕词。散会。十一点五十分回。饭后两点，到国际饭店向洪谟道贺（和金姓结婚），三点半回。

前沈尹默谈古人唱歌以情，白香山诗已道及，有绝句一首《问杨琼》，句为："古人唱歌兼唱情，今人唱歌唯唱声；欲说向君君不会，试将此语问杨琼。"元微[之]诗注：杨琼本名播，少为江陵酒妓。

马永春未来。丽去裘家看岳母病，五点半回。我盹睡到五点半。

丽云：京剧院来电话，有电报，着财宝去取。党委[会]通知：明日上午开会。

同丽、敏祯、菊傲、广业、采茨、采蕰到李七姑太晚饭，十点回。十一点半睡。魏贞丈夫由乡间来。

12月23日

晴暖。

丁酉年十一月初三日。

昨见报，见周总理接见科学医。今日党委[会]通知座谈会，料是总理接见。八点起。五十五分，到延安西路33号，到文艺界人。果是周总理！陆定一部长伴来，石西民、魏文伯、陈丕显同来。开会到一点钟。

饭后两点半，到美琪大戏院听周总理报告，到六点半止。场内遇到刘念义，给我的照片是视察工厂时摄。回家七点。同宝姑、广业、采蕴、丽到大福里晚饭。八点半丽、广业、采蕴去看影戏。

上午座谈会题：

（一）右派如何处理。（二）劳动锻炼如何下乡下放。（三）薪金稿费如何合理。

下午报告题：

（一）国际形势。（二）十五年建设情形。（三）知识分子如何改造。

两日早起，倦甚。早眠，时十点。

12月24日

晴暖。

丁酉年十一月初四日。

昨日早眠。两日早起，疲倦，醒时十一点。一点午饭。吕仲电话来，今新民和院小组成立，刘厚生做指示。两点，到天蟾舞台会新民剧团和院小组。刘厚生话：合同到各地巡回演出，不仅为生活，并有任务：（一）扩大京剧影响；（二）向地方剧学习；（三）院团联系和团结；（四）整改。总的为工农兵服务。余讲：内部矛盾、行为作风、团结问题等。我以这些问题加以解释，到四点后散会。

步行到期刊社，补八日和十九日《文汇报》，一角；四期《美术研究》，五角。到图书发行所，购大地图，一元一角一分；《中国分省地图》一本，一元四角六分。摊头购北京戏剧研究社发行的《雁门关》、《得意缘》、《鸳鸯冢》、《苏武牧羊》、《汉寿亭侯》共五本，一元四角五分。到古典书店，购《西安胜迹志略》，九角；

《炳灵寺石窟》，一元。三轮车回，四角，五点半。六点，徐介夫来约，介夫和丽、广业、采蕴、采茨、敏祯、菊傲在大福里晚饭。饭毕，同丽、采蕴、广业、菊傲、敏祯到国泰戏院看影片《柏林情话》。戏止回。十一时三刻睡眠。四点醒，再眠。

12月25日

晴。

丁酉年十一月初五日。

十点三刻起。一点三刻方午饭。

院自《七侠五义》在中国戏院上演，上座不衰。京朝派鄙视连台戏，查《元人杂剧》全集中，载有吴昌龄《唐三藏西天取经》，共分六本，由"陈光蕊"写"江流儿"到"取经"，已是连台本戏形式。

三藏名陈祎，河南陈留人，祖名陈康，父名陈慧，因世途黑暗不仕。三藏第四，第二名长捷，为僧。元曲写陈蕚字光蕊，是淮阴海州私农人，官洪州知府，《录鬼簿》载吴昌龄是。

两点一刻到京剧院，交待些事务。

三点到古典书店，购《西厢记说唱集》，傅惜华编，一元七角；《录鬼簿》新校注，贾仲明选，八角五分；《录鬼簿外四种》，一元四角。补报。回家时三点半。

广业、采蕴来饭时，刘韵芳、陈宗望来。饭后，陶懋芝来。十二点，陈去。丽等吃酒到两点，为食橘子不愉快。我先眠，时两点。后夜雨。

马永春为取服装开一条子，晚饭后上楼取出。

印度尼西亚雅加达旗杆街五十一号许可来贺年片。

12月26日

午晴，下午阴。

丁酉年十一月初六日。

十一点起。一点午饭。两点到团部。为工资改革开大会，刘厚生作报告，为"关于国家剧团（院）工资问题几项规定"（草案），文化局拟出草案，并结合院讨论意见："上海京剧院的工资改革建设方案"（草案）付众讨论。会后集合劳动，关于消防演习。

回家四点半。天转阴转寒，升火炉。丽和宗望、敏祯去晚饭。和菊在家晚饭。饭后谈谈家常。丽回，采蘊、广业来。十一点睡眠。

今日腰部作痛，着鞋袜痛楚，食散利通一片。

12月27日

阴雨。

丁酉年十一月初七日。

倦睡到十一点五十分起。腰部仍痛不便，胸襟亦气闷不舒。上午淮剧团到苏北演出回，作报告。未去。一点饭毕，向菊傲谈做人之道，努力和进步。

吕仲电话：马永春来取服装。两点半，永春来。将行头交马，取桌围椅披。丽起，又闹得不愉快。

到京剧院。知杭州大礼堂已定，话剧不去了，出行即去上饶。阳历元旦有农村三日演出并活动。

五点一刻回，下小雨。淮剧团报告、奖励。吕仲云：主席团未点名，袁亦未去。

广东寄来《南国戏剧》二期，附增刊《一定要把粤戏改好》。

饭后菊傲头痛有热度，亦食散利通去睡。

为温州艺人之家题字，到十点五十分。

丽未在家晚饭，此时未回。

《新民晚报》载明日要冷。十二点眠时食服散利通一枚。

吕仲云：今日上午何叫天报告谈两点可取：（一）未去时表示对家乡熟悉，到时方知八年建设发展到新的面貌；（二）离乡时在一桥头立誓掷瓦片云："瓦片浮起方回。"如今是大桥、宽河，显见瓦片已动流翻身。还有乡老称誉他，他们当初是叫化戏，如今天官戏。武小凤谈"种大麦"行腔不同，农村有他生活的美和朴实美。

12月28日

沉阴。

丁酉年十一月初八日。

十一点起。腰腿仍不遂。天气沉阴灰暗，已雨过。群（孙女）随七小姐、荣健、丽去看尤彭熙医生。菊傲亦病。见园中丹枫落尽，茶花蓓蕾满树，腊梅亦开几朵。

刘少春来电话排《赵五娘》，两点到天蟾舞台后台，玉茹参加，排到四点半止。到邮局期刊社，购十二期《知识就是力量》，四角。到图书发行所，购川剧六本，六角五分；《京剧丛刊合订本》，四元五角；《谢灵运诗选》，七角；《明清民歌选》（1），九角五分。到家五点一刻，食粽子一枚。

人民委员会通知：三十一日举行第十一次会议。

菊傲说好了，起来玩。日间，广业说采蕰病了，呕吐不止。宗望、清海来，吉密和其内弟来。

十点后眠，看书后不安，迟到五点后再服散利通一枚，贴膏药后眠。

12月29日

晴。

丁酉年十一月初九日。

迟到十二点四十分起。动作时仍痛楚。

两点，陆文医生来推拿，是气集聚于腰间筋脉不灵活，故存蹲作痛。陆文去。两点二十分午饭。方欲去理发所，邵骏来，为菊傲演出取名，菊陪谈。我去南京理发所，遇三娘舅张×会了账。理发后，到王家沙新华书店购下卷《苏联文学史》，一元四角。到家知购错了，《俄国文学史》错购《苏联文学史》。

邵骏尚在。为菊傲起演出名字"宗麒"，或因缺水缺金起名"泰锋"。五点半邵骏去。

夜饭同菊、祯、吴元椿在大福里同餐。

同丽、广业、采蕰、元椿到艺术剧场看人艺演出《复活》。戏止时见乔奇。

回即安眠，时十二时半。六点醒，再眠。

12月30日

晴。

丁酉年十一月初十日。

醒已十二点三刻。一点四十分午饭。两点一刻，到天蟾舞台排《四进士》。四点半，开巡回演出委员会。为东郊演出三场和往上饶行日（杭州不去了），并拟奖惩制度等事决定。

到邮局期刊社，购新纪念邮票，六角八分。五点半到家。陆文来治筋骨，六点去。

晚饭后，同吴元椿到国泰戏院，看［阿根廷］片《血的河流》。丽和蕰去裘家，菊、敏去看《复活》。丽十二点回。眠。

12月31日

除夕。晴，有星月。

丁酉年十一月十一日。

十一点起。十二点三十五分午饭。一点十分，到邮局期刊部，购《萌芽》。到图书发行所，购《象棋初步》，两角二分；《全国农业纲要》，八分；《围棋对局解说》，五角；《资本论解说讲座》，一元两角；《舞台调度戏剧译文》第四集，九角。一点五十五分，到上海人民委员会，开十一次会议。讨论决议：（一）上委1958年第一季度工作纲要（草案）；（二）上委关于下放干部参加劳动生产的决定（草案）；（三）关于上海选出的全国人民代表中右派分子的处理问题；（四）上海市废旧金属市场管理暂行办法。

如今下乡已有四千余人。三十五岁以下和二十五岁以［上］的人，先去的是党员团员。主要干部下放，处长以下。由江苏省划出嘉定、宝山、上海，归上海市。本规定十四万人下放，今有三县还嫌不够，还要增加。这三县有面积128万亩，人口65万，上海市不连流入的已有七百二十五万，连三县将已八百万人口。

关于全国人代〔会〕上海选出代表沈志远、钱端升、杨逸棠和上海代表三十一人废除职务和代表资格提议，在六日开上海代表会上宣布。

曹副市长说：下放干部是长期锻炼，不仅是精简机构。

五点半结束会回家。韵芳、天保、元椿郎舅在。七点，同丽到孙允中家聚餐，仍是孙、李、赵等夫妇和何太太。今日是1957年除夕聚餐，闲谈到十点后备咖啡、茶。饭后十一点回，换衣。

采蕰电话给丽，宝姑、长龄、清海在荣家，约去。同丽又到荣家。陶懋芝在，采茨在，着送茨回。1957年除夕到1958年元旦到荣家。

日记·1958年

1月1日

元旦日，阴雨。

丁酉年十一月十二日。今日采茨生日。

1957年除夕，到范园荣广业婿家度1958年元旦。有宝姑、长龄、清海、陶懋芝和广业、采蕰。五点食鸡粥后，天明。电话车来接。八点半回。宝姑等乘电车、公共车自去。宗望、天保、元椿妻舅昨在我家，亦方去。

九点眠，醒时两点过。盥洗。三过半，午饭。天气阴沉。维尼·冯来，即去。罗选斌。

采茨生日，小朋友来。采繁、采蘋来。夜雨。

因今晚临别广播，食面一碗，去电台。又因武汉要求对下乡下放鼓励，录说话，要早去。自己车待修不能使用，叫祥生车等三刻钟方有，坐公共车（只价一角）到外滩和平饭店下车（旧华懋大楼），步行到人民广播电台，录湖北省说话，再录一段到农村演出的说话。

今晚节目，到电台已开始。孙正阳《连升店》；迟世恭、刘斌昆、萧德寅、马世啸全本《奇冤报》；李玉茹、黄正勤演《玉簪记》"定姻"一段；我和金素雯、朱春霖演唱《斩经堂》。戏止已经十二时。嗓好。车送到家（电台车），送吕仲、金素雯、王如官去。宝妹、长龄、清海、广业、采蕰、懋芝在，天明去。

1月2日

晴，北风。

丁酉年十一月十三日。

醒已一点半。两点半午饭后，三轮车到京剧院。北风甚大，感冷。

到院阅来信件，分发回复，并问明日下乡时间。五点离院。步行到延安路新华书店，购《列宁全集》三十卷，两元两角；《斯大林全集》五卷，一元四角。三轮车回，三角。

刘韵芳在，要《桑园寄子》剧本。

为菊傲检行头，春节去连云港演出。

七点三刻，广业、采蕰来。

1月3日

晴，夜有雨。

丁酉年十一月十四日。（过江东郊区高桥镇演出。）

东郊区为下乡下放农民干部演出。六点醒，到八点再眠，闹钟十点半，起。十一点半午饭。吕仲来，呼祥生车同到十六铺码头，新民剧团全体和许俊领院演员已在。同渡江到对岸浦东东昌路码头下船。区科长张革非和区长俞秉廉来接。同乘小吉普车，过杨思镇东沟高庙到高桥镇，到文化站。区长云：高桥、杨思、洋泾三镇成为东郊区，共三镇十五乡。区长、书记都下乡带头挖河泥，启发了农民，抛了大少爷脾气，都积极起来。团员乘公共车，较吉普慢，到后两点。同参观星光合作社。会着高南乡星光合作社主任沈友明（上海市代表）、副主任凌龙清、区合作干事顾建华。

新民团员到，在院中心团坐。由沈友明致词：社有两千多人工作，由生产结合除四害，并对我们表示欢迎。我也用沪语致词。随沈参观田园、挖泥、养鸭社。

结合除四害，庭屋积污扫除干净，垃圾可作肥料。挖河泥，泥可当肥料，水可积存，宽深流畅。粪缸添盖，可消灭蚊蝇。并见修竹整丛，篱牢密编，成纹图案。小径清扫，好似诗中描写成的田园风趣，处处出美。到养鸭社，介绍养鸭。四五间房，比联宽敞的鸭棚。鸭有数千，晨入水游泳，泳后在场晒羽毛。入棚后打扫，鸭污积成又可当肥料积田。棚中鸭〔粪〕积地下，所用本用稻草，今改用茭白梗。本卖出茭白梗只三角一担，买进稻草需要八角，今改用茭白梗，废物可利用，又可节省钱，换铺地草梗时可积成浓厚的鸭粪，这是最好的肥料，可见农民终年辛苦，不肯浪费一草一土，也证明农村遍地财富。

此次下乡很［郑］重。电台录音、摄影、采访，各报记者同来，区长陪同。又到海滨乡参观海塘，海阔天空，使人一畅。冬令海滨浴场关锁，未去。区长指一高架堡垒云：上海解放时解放军由此来，在此牺牲不少。沈友明亦说：解放时被伪军拉去作夫役，乡间房屋被烧去四十余所云。海中隐隐有岛，迷蒙不清。回到高桥镇文化站。张革非：农村学生也有轻视劳动之意，自干部、大学生下乡，区长、书记亲自劳动，才扭转轻视劳动的态度。学生说："寒窗苦读十二年，毕业之后还种田。"文化站有各种业余文娱活动。有京剧组，二十余人组成，大厅聚集表示欢迎。区长说话表示欢迎。我也说了话。京剧组二十余人和京剧团联欢谈话讨论。

玉茹去医嗓，电疗喉部，和刘厚生、周志勇同来。

五点，在一高桥镇饭馆晚饭。饭后，到高桥电影院。六点半开始演出。先致词，演出《白水滩》、《打鼓骂曹》、《拾玉镯》、《徐策跑城》。

有高桥中学教员来访。（一）王劲父：前是丁福保办贫儿工读院主持人。（二）恽西平：是恽震之弟，本做银行事。接见，谈些往事辞去。

十时止，同玉茹、周志勇、吕仲、何国芳（记者，和蕰同学）先行。俞区长送到陆家嘴码头，渡江到延安路下船。吕仲早电话祥生车在候，送回。

晚饭。睡时一点四十分。

《新民报》访问农民：此次下乡演出已再定计划，把生产加码：（一）一个月挖湖泥，定三千担改四千担。（二）生产指标提高到40%以上。提高劳动热情和决心。本是五年，在两年内完成［农］业纲要。沈友明说：现种两百亩茭白（本无锡产），无用无锡来。现养鸭四千多只，其中80%已转产鸭蛋。以后菜蔬应有尽有，不必外来。

1月4日

晴。

丁酉年十一月十五日。

昨日疲乏，一觉好睡，到十二点半。

饭后写昨日下乡情况日记，到五点。

张英达夫妇来。饭时，陈卓如夫妇来，十时去。

毛生来过，巡回演出随行，院中已遣同厨去调换。

1月5日

丁酉年十一月十六日。（过江到洋泾镇，在区政府演出。）

召开上海市人民代表大会第二届第三次会议，定期一天半。会前开人民委员会第十二次会议，通过决议：

（一）人委会1958年第一季度工作纲要。

（二）关于下放干部进行劳动锻炼及七个具体规定。

（三）召开代表会讨论：1. 人口；2. 除四害，吸血虫消灭；3. 右派分子处理。

（四）右派分子沈志远、钱端升、杨逸棠、江丰，撤销全国人民代表及沈志远市人民委员会委员。

（五）上海市废旧金属市场管理办法。

（六）同意嘉定、宝山、上海三县划归上海管辖等事。

因下乡演出，未去。

醒九点，十点起。十一点一刻午饭。十一点半，吕仲同李玉茹来，同丽、采蕰、采茨同车到延安东路黄浦轮渡码头。长龄、选斌、广业电车到江边。同渡江，由陆家嘴码头下船。俞秉廉区长在接，乘吉普到区政府。俞去开会，由区文化局张〔乃璇〕接待。福生来，同丽、广业、采蕰、采茨、长龄、选斌到唐家弄福生家去。

区政委书记李光伟来会。许俊、吕仲安排报告。团员到齐，两点在区政府会客室，李书记报告。报告四十条纲要实施并结合生产。并邀来五个农民劳模、社主任两位。讲话后，五点。我答谢。五点同晚饭，六点半开演，地点在区府礼堂。丽等在福生家晚饭后来，吉普车送往陆家嘴码头，自回。

丽去后，《白水滩》后，同福生同往唐家〔弄〕，穿过洋泾二道桥，趁月穿田亩到唐家弄□号福生家。恐误戏，同福生父女原路回，《击鼓骂曹》正在击鼓。玉茹仍演《拾玉镯》。我演《打严嵩》。十点半止。

吕仲明日去上饶，早回去。戏止，李书记来送。同许俊、王振全、迟世恭、李玉茹由陆家嘴渡江到岸，祥生车在，车送迟世恭和我回，许、李去。

到家。夜饭后，一点钟。

今日《打严嵩》，底音干，不润，回服散利通一枚。

前日厚生嘱杨思演出不去了，但三镇演了两镇，杨思要求仍去。明日约在三点半车来，四点渡江。

一点半，长龄、清海、广业、采蕴去。疲乏即睡着。

说话农民：新陆社朱金富和光辉社社主任。区政委李光伟报农业四十条奋斗大概。要赶上美国、英国，廖鲁言说要拼命十年才赶得上。中心问题在第二条，其他为它服务。第一条是说明原则，怎么样的发展？向社会主义发展。以前是建立，第二个五年计划是巩固。东郊区，有一百四十四个合作社，收入平均每人十二元。全国完成，提到六二年。每年必须整风一次。不满合作社的是富农、富裕中农。他们说怪话："大家看戏我也看戏，摔了一跤，到如今还痛。"有的要退社，经过大辩论、大字报，这些事已无。

第一条走社会主义道路，第二条讲生产。全国主要是粮食、棉花、猪，但上海除猪的饲养十八万头外，粮、棉指标没有达到。除三种外，上海还有蔬菜的，要58年必须保证供应（争万斤菜多样化）。长江三角洲雨量充沛、天气温和，为什么不能达到？就是肥料不够，农民口号："肥料就是棉、粮。"所以现在挖河泥。这两天月下作夜工，农民说："早起工，晚收工，明月之下称英雄。"又云："年纪大一岁，力气大一倍。"饲料也缺，要养鱼、种花、植水果、五保、兴学、扫盲、畜牧、除四害等，都在努力。

1月6日

阴。

丁酉年十一月十七日。在东郊区杨思镇白莲泾演出。

十点起。一点午饭。三点半，玉茹同车来。五十分同到天文台码头，同新民团同渡江。张乃璇局长吉普车来接，到杨思镇白莲泾。今日借白莲泾修理船厂礼堂演出。

付昨日饭票半斤。今日无晚饭，食玉茹带点心肉夹面包三枚充饥。

六点半开演，百分之八十农民，有一千三百人。仍演《白水滩》、《击鼓骂曹》、《拾玉镯》、《打严嵩》。到十点，演出效果好。张局长送至陆家嘴码头，张革非同回浦西。

到家。沐浴、剪爪。夜饭。睡。雨。

孟庆霖（大肚子）来一函，现在山西省阳泉县晋剧团工作。

河北省武清县蔡村搬运工会委员会郭宝华来一函，程毓章是郭宝华的姑父，问下落。转程家。

接《戏剧报》来函，十二期汪笑侬纪念一稿九十六元酬费，但收条未寄去，寄信来问。

1月7日

晴。

丁酉年十一月十八日。在北郊区军医大学演出。

十一点起。十二点三刻午饭。自己车略修，能开。乘车到邮局报刊门市部（福州路），购《戏剧论丛》4期，七角五分；《史学译丛》6期，七角；《人文杂志》5期，三角；《文艺月报》1958一期，四角。菊傲、选斌去五马路行头店。我到图书发行所，购《京剧剧目初探》，一元三角；《王国维戏曲论文集》，一元三角；《明清曲谈》，赵景深著，七角五分；《清音曲词选》，胡度，三角六分；古本董解元《西厢记》上、下两册影印线装本，两元五角；《癸巳类稿》，清·俞正燮，一元九角；《陔余丛考》，清·赵翼，两元八角；《隋唐史》，岑仲勉著，两元三角。

两点半回。杨宝童在。三点半，为菊傲说戏。四点，食宝姑送来小圆子。五点，军医大学派车，文化科同李玉茹同来接。路行半小时到军医大学，延至七时开演。

大学政委来看，要我和观众见面和说话，为鼓励下乡上山，前三日在东郊演出所得，东郊积极情况，作简短介绍。仍演《白水滩》、《击鼓骂曹》、《拾玉镯》、《打严嵩》。戏止，十一点。留团员晚餐，我和玉茹先回。饭后倦睡。

1月8日

阴，暖。

丁酉年十一月十九日。整日收拾行李。

十时醒，收拾行李。福生女儿二十岁，一定请吃饭，着毛生作西餐。采蕰、广业、杨定熙来，丽、我、菊傲、敏祯、采茨、七小姐同午餐。

再收拾行李。石咏芬送点心表示送行，一时后去。本立同小王桂卿、〔小〕三王桂卿来，谈甚久，五点去。

菊傲新排《战太平》《定军山》，鑫海等来助演。戏止，同去晚饭。许俊电话约我明日一点，厚生会议。徐介夫来，约我大福里晚饭。丽、我、广业、采蕰、采茨、敏祯〔同去〕，饭后回。介夫九点半去。收拾行李到十二点，粗备。两点半睡着。

上海人民委员会转来通知。全国人民代表大会常委会一月六日九十次决议：定〔于〕一月二十五日召开第一届第五次会议，于二十三日前报到。（一）1958年度国民经济计划；（二）审查和批准1958年国家预算；（三）批准汉语拼音方案等议案。

1月9日

晴。

丁酉年十一月二十日。

巡回演出开始，由上海去上饶。九点半醒，起。盥洗。十一点收拾零星之物，上磅行李已送车站。

一点到院会刘厚生，托调范敏儿，照料菊傲演出。人大代表，托询问去否，早作安排。刘通电话给田野，因《戏剧报》《戏剧论丛》要稿，题：（一）平生艺术记录；（二）京派海派之分；（三）连台本剧状况、优缺点。田约车站会。

厚生汇报工作情况：（一）演出定额研究；（二）请假或产假，因工受伤究竟如何算；（三）变〔革〕工资等，讨论暂时定最高八百元，最低三十元。

今年还有武戏出国，京剧院〔成〕立几团，如何下乡等事，待研究后告知。西安之行和盖叫天演出。王征夫、刘梦德、严璞、王雨田等事。并言王鼎成和丽，和厚生会谈解释过。最末谈到政治进步考虑，程砚秋近已入党。防止刘少春独断。

离院到团看范锡林，右眼不明。

到期刊部，购报纸二张，又购《戏剧论丛》一本。回家两点半。取两百元及取大帐、桌椅披。宝姑来送。禧如来。五点，同祯、菊、广业、采蕰、禧如、选斌到火车站，五点半。李太成局长、厚生、冯少白处长、张显、陶雄来送。见周斌华、胡梯维、张桂芬、石永芳来送。六点八分离开上海，去上饶专区。七点半，同玉茹、素雯、斌昆餐车晚饭。车长照顾，卧处改移硬席稍宽之床铺，菜亦加多，吃不了，唤汪志奎来食鱼加饭。计算每人只出八角。九点睡眠，一觉到一点钟醒，三点方睡着。

1月10日

晴。

丁酉年十一月二十一日。到上饶。

七时醒。八时和素雯早点。我食面一大碗，四角五分。九点五十分到上饶。市府、地委、文教局、剧团来接。住上饶专署交际分处。处长名盛□冰。同吕仲、玉茹饭，十一点。饭后到上饶剧场，行李已到。场后面有宿舍，住技工和乐队；演员住前台楼；主要人住对河，旅馆名国际旅社。玉茹以演戏、说戏方便，亦愿住此。同吕仲、许俊谈日程，同到交际处。上饶各首长来看我，半小时辞去。上饶市越剧院和乡长来看我，谈半小时去。晚饭同毛生、吕仲。江西采茶戏来约今晚看戏，因疲乏未去，来人似有不悦之色。南昌剧场宋经理同一伙伴来接洽下一站演出事，同吕仲去和许俊会面。

此地天气暖，有苍蝇，蚊子很大，冬令还有纱帐。此地只有几万人口，新建筑很少。濯足后眠，时七点一刻。睡到九点半，不成寐。十一点一刻再起，食糕喝茶。十二点再眠。

上饶县：三国吴置，故城在今城西北天津桥之原，晋是省，南朝宋复置，隋废，唐再置，元末毁于兵，明徙今治，为江西广信府治，清因之，民初属豫章道。

信江：又名上饶江，源出玉山县环玉山，上干溪，一名玉山溪，俗名金沙溪，南流经玉山县南合玉琊溪，又南合下干溪，折西南流至上饶县南，名上饶江。又西经铅山县西北最深处，曰大王潭，铅山诸水皆流入。又西北入弋阳县界，为弋阳江。经贵溪县（芗溪）、鹰潭镇、余江县（安仁江）、余干县（龙窑河），而入鄱阳湖。

1月11日

晴暖。

丁酉年十一月二十二日。在上饶剧场演出。

六点醒,再眠,九点醒,眯盹,十点一刻起。十一点五分到上饶市人民委员会。在大礼堂〔开〕欢迎会,市长、政委、部长、局长、部队代表及越剧、京剧、采茶参加欢迎会;我、许俊、玉茹、萧德寅等二十余人参加。由市长致词,统战部、部队代表讲话,我作了答谢。联欢后辞归。

五点半晚饭,六点半去上饶剧场,七时开演。演出前文教局局长叶□□〔致〕开幕词。我致词大意:江西革命策源地,学习;弋阳腔是各剧的远祖,文艺上学习。团中由吕仲送来两百元。演《挑滑车》、《贵妃醉酒》、《萧何追韩信》。止戏,十一点三刻。采茶剧献花,政委致意。去年一年只演了《斩经堂》、《徐策跑城》、《古城会》三个剧,为演出担心。咳有痰不出,嗓恐不支,胸中气闷。幸天暖并出汗,嗓尚佳。到追时口涎于气不充,稍偷气,幸演完整。天气:此地夜时有雨,地湿,已下过。此地市、乡尚连,无卫生设备。回交际处同毛生、吕仲夜饭,一点睡眠。

小王桂卿由上海赶来看戏。

1月12日

阴雨。

丁酉年十一月二十三日。

十一点一刻醒。十二点午饭。今日星期日,日场玉茹、世恭等演《四郎探母》。吕仲去剧场。

写家信一封发出。付毛生十元购零物用。写看书札记到三点。天气午阴午晴,四点半下雨。五点晚饭。七点到剧场,演《四进士》。十点半止,归。夜饭。一点后眠。(戏止,上饶越剧团献花。)

上饶杂记:

散步,见运动场有一座台。此处前是教场,见有小学额书"金龙岗小学"。此处名金龙岗,交际分处是金龙岗最高处,交际处正修盖一座古式的亭子。

夜回时,见馄饨担。这是江西省皮薄肉多有名的食品。不远处又是一担,可见食者多。日见货郎担,饶存古风。

见信江中山可见,古人择地用意,防风防水,靠山近水,并不是无意识的选择。鹰潭、厦门铁路未通时,往福建此乃必由路,武夷山、仙霞岭近。

1月13日星期一

沉阴,有风雨。

丁酉年十一月二十四日。谒烈士墓,看上饶集中营址。

十一点一刻起。盥洗。

鼻左有小洞结[痂],拨去辗转变大[痂],到此[痂]大如豆,今洗面时[痂]落血流不止。处中取来红药水、酒精,血流被面更不止,橡皮膏贴上。

饭后一点,到剧场。同全体团员往茅家岭谒烈士墓,看集中营址。团体车两辆,小车两辆,文教局长叶□□陪同往。丁炳×管理员为介绍情况,全体到献花圈致祭。绕烈士三墓,集中营有七峰岩、周日村、李村、茅家岭等处。中间墓写烈士十七名,是1942年6月13日暴动牺牲者;左一墓写烈士,续一女同志作许多工作者;右墓写名张正坤,是1941年1月皖南事变被俘,暴动牺牲的首领一位,和陈毅、粟裕三人各领一队,暴动时打中腰间,虽开花犹跑出二百米牺牲。前立巍峨纪念碑,是周总理写。丁管理员遥指山左农民草舍,是当〔时〕被刑残酷之处。草舍前有鸦巢,秃树是吊打、逼供的树。到关闭烈士之所,院中有站笼,并谈虐待情况和暴动情况,郝某之残暴等事,剖心,轮奸,扣米,最后留下的是假囚特务等事。

解放后遗迹填平,受到批评。如今再研究,按图建筑,再立这革命的遗迹。正在修造。又指一桥,缚石人身逼投入水中,谈活埋和种种杀人情况。

这里遍种桐树,并植各种果树,使这惨绝人寰的杀人所在将变成陵墓园林、美化山区。归时又到中山谒烈士墓,直上石阶七十余级。再谒赣东北负责烈士黄道烈士墓。谒毕扶栏下瞰,信江两岸新建江堤,堤上新修道路,这山上旧有信江书院和亦乐堂,如今蠹烈士墓纪念碑。黄道墓,林石皆幽。对岸是市人民委员会,山水相映,此处最美之处。山后是上饶县所在。

回到交际分处时三点,又小雨。四点,医务员看鼻敷药后去。五点,天气转寒,下大雨。饭后七点到剧院,演出《四杰村》、《打严嵩》、《挡马》、《跑城》。戏止回。

许俊明日上午去南昌先驱预备。上海有电话来,玉茹出国换张兰云来。

一点半眠,换厚被。(三场戏止,业务剧团献花,文教献旗献花篮。)

1月14日星期二

阴沉，雨。

丁酉年十一月二十五日。座谈会，罗桥演出。

十一点醒。玉茹来。十二点，同玉茹、吕仲同饭。一点，同到工人俱乐部座谈会。参加：越剧团、采茶剧团、业余各剧团和文艺干部。由文教局叶局长致词。我谈表演，报告一小时半。李玉茹、迟世恭、金素雯谈话，文艺各团致词后献旗献礼，分散谈天，我签名，玉茹表演水袖和动作。摄团体全体照，辞别，回时四点，罗桥部队已有人来接。今晚罗桥演出，四点半晚饭，五点去罗桥，有乐平县矿厂书记杜□明（昔为此地委员）同去，大雨。

出市过五桂山，上有塔，行十余里到罗桥○○五五部队。解放时一片荒山，队中自己动手建齐兵营。到军政部，都下班，让一幢楼室。接待者杨政委略谈到大礼堂亦就地取材，兵士自己动手建成，非常宽大。

开幕前，杨政委介绍和欢迎。我致词后开演。七点钟，演全本《四进士》。戏止献花，军士们热情拥抱。杨政委来道谢，卸妆后仍同杜书记同回。

明日六点半团体起行，收拾行李三件送去。

1月15日

大雪，转寒。

丁酉年十一月二十六日。由上饶到南昌。

昨夜一点钟眠，今日七点醒，八点起。赴南昌。起，见树上挂雪，窗外屋顶、山地皆雪，昨落雪甚大。九点收拾妥当，文教局叶局长和科长等人来送行时，第一书记黄元庆、第二书记彭协中来送别。黄、彭到车站，候车闲谈。

交际处住苏联专家，是地质学家，初探画图，二次查勘后方施钻探手续。此地已发现有锌、锡，昨会杜书记，乐平所出是锰，炼钢非有锰不可。谈武夷山离此近，和福建省各一半，内富花菇、竹、木料，交通不便，需要之物不能运出。如今上山者，伐木、砍竹、筑路，内山民不多，内虎、豹、熊等兽类，但还是怕人。上山者房屋自己解决，山民用竹筑成，甚至不糊泥土，冬天透风。

时间到，上车，别文教局等同志，和采茶、越剧等男女同志别。十时，离上饶向南昌去。有〇〇五五新青兵士赴福建前线实习，要见我。会代表二人，云：每省出一百人，去南昌集合，前赴前线，共去二十余同学，谈话后去。我和玉茹集十余团员同志去第四节车，向军士慰问。回时过饭车，买饭票，和素雯、玉茹、吕仲午饭，时十二时过。过弋阳，据记载此地戏剧发源地。慢车到站即停，一时到鹰潭，上饶公路通福建，自鹰厦铁路成，上饶重要性减弱。到东乡，两点五十三分。据云：此处方出上饶专区。五点向西，向塘是南昌直达路。六点到南昌。省文化局石凌鹤同市文化局局长暨戏剧学校学生到站接。同登车，过八一大道，路已增加了许多建筑，并一新剧院演话剧。仍住洪都招待所207号，前在楼下，今在楼上。备两席接风，我、玉茹、素雯、许俊、吕仲、世啸、世恭、斌昆、德寅、志奎、石局长。

饭后辞去。团住剧院中。俟行李来，安排卧处。洗濯后记事到十二时。夜寒。

1月16日

阴寒。

丁酉年十一月二十七日。在江西省南昌。

昨日少睡，一日旅程辛苦，一觉睡[熟]。今日醒时十一点。十一时三[刻]盥洗毕。吕仲未回。下楼，绕前后一遭，屋已修理，树木添置整洁，室内物件仍照原样，改动不多。

吕仲回，同午饭。两点钟，孙局长来，许俊、玉茹、素雯、德寅、世啸、世恭、斌昆来，同到市人民委员会拜会市长、市委书记。市委全体职员出迎，市长、市委书记亦在此聚会。拜后，又到文化局拜石凌鹤省局长。三点，石局长陪往省委员会，拜见省长邵式平、白书记、各省委。寒暄后，辞回。

因玉茹有出国任务，演二十日。去后几天剧目安排，并下厂演出和下农村演出戏目安排。《乌龙院》排在后，玉茹本不[屑]演，看素雯不愿演或怕演，玉茹说可着玉凤演云。改演《打严嵩》和《描容上路》，因《跑城》放在第四天演。安排后，群去。许俊云：团员情绪很高。云：工厂一天不肯，演两天。下乡一场，排在星期一，多演一天。许俊去，同吕仲、毛生到对面市办商店购应用之物。毛巾四条：两条大号，每条一元一角六分；小号毛巾两条，每条八角一分；电筒一只，一元七角；电灯一个，一元五角；电[池]四筒，一元二角；闹钟一架，十七元三角五分；小刀，九角三分；剪指甲刀，七角；信纸信封，五角；墨盒、墨汁，五角。同回。

晚饭后七点，到赣剧看《还魂记》，送票请我等全体看戏，石局长来陪。并〔送〕剧本：（一）是为纪念汤显祖演出弋阳腔《还魂记》，石凌鹤改译；（一）是《珍珠记》赣剧，凌鹤改编上海版。戏止，送花上台致谢后回。天气甚寒，院中寒冷〔难〕支。到招待所十点半，十一点三刻眠。

1月17日

阴，寒冷。

丁酉年十一月二十八日。南昌剧场演出。

十点三刻起。十二点午饭。写家书一封发出。下楼一次，虽天寒，尚能耐得。绕一遭，回楼。和昌仲闲谈到五点半，晚饭。

今晚仍在南昌剧场演出。南昌剧场已修理过，也扩大了，新辟一所大屋，由此是后门。进时，七点钟。团皆住前、后台。扮戏〔处〕也隔了两间。全本《四进士》，十点止。赣剧、京戏献花，省委白书记、市委郭书记上台道乏。

座位两千，上座八成。同昌仲由后门出，观众在候，握手后上车行。回洪都招待所，夜饭。睡时一点一刻。

查赣江条，载有"水经清江县会袁水北流……"

忆及六岁时在清江县，堂叔祖周金箴为清江知县时，先祖父六谦帮助文案，我随父亲随侍清江。堂叔祖丁忧卸任去，祖父病，扶归慈溪。祖父病故后，随母离乡，开始学戏、演戏和流浪各地生活。

清江县有二，江西清江县是隋新涂县地，南唐始置清江县，明、清皆为临江府治，民属庐陵道。忆及六岁时，制服泥轿在临江府开学，知府把笔书字。南昌府，汉豫章郡，隋置洪州，五代南唐建南都，升为南昌府。宋初复为洪州，后曰隆兴府。元改为龙兴路。明初为洪都府，寻改南昌府省治，清因之，故治南昌、新建二县。南昌故城在今南昌县东，灌婴所筑，亦名灌婴城。城凡三移五改，隋徙城北，明又移今治，隋改名豫章，唐改钟陵，寻复南昌。明武宗时，宁王宸濠反于此。隋治洪州，故称洪都，明初尝置洪都府。唐王勃《滕王阁序》："洪都新府。"

赣江：上游为章、贡二水，章水即古豫章水，贡水即古湖汉水，会于赣县北，故名赣江。曲折西北流，至万安县，多险滩，故曰赣滩。三百里险滩十八，半在赣县，半在万安县，惶恐滩最为险恶（在万安境），然水清可鉴，碎石如铺锦，风景绝佳。自万安折而东北流，至吉安，会泸水，经吉水、峡江、新淦（新淦以下可以通舟）诸县，至清江县会袁水北流，经樟树镇，至丰城县北，分为两派，一支东北流，会盱江，正派北流，会锦江而复与支流会合，经南昌西，又东北流，分为十数支渠水，流至吴城镇，入鄱阳湖。

1月18日

阴。

丁酉年十一月二十九日。

十一点起。十二点午饭。今日约去江西省文化艺术学校，备送题字镜架，现购小墨海。

〔有〕许俊、玉茹、素雯、德寅、世啸、世恭。来不及书，林局长来，陪同到学校（新建，在车站对面，环境好）。到校，校中全校四百人夹道欢迎。到会议室（三楼），介绍校长、老师、学生代表。京剧有郑冰如、王超群。介绍后，由校长报告立校任务和进行经过。两个学校合并。（一）艺术学校，（二）戏剧学校，现合。学校任务：要培养各种文化单位。校中职员、院工减至六十人；演员现有三百四十七人；现有六个班：采茶、赣剧、音乐，赣剧已有一班到四年级，总有九十九名；还有调训工作，预备训练导演和团长。教学方法不是一个教一个，已是带一班的教授，学习理论文化，占功课是百分之三十四。目标，高中学五十个折子戏，五个大戏，轮训班学二十个戏。腰腿、筋斗请京戏老师教授。排戏以地方本剧种优点风格。表演是从基本功夫和原有优点相结合。"反右"中揭露了四个。整风大字报有五百多条，已行的有百分之五十七。批准上山下乡十三人。

报告后下楼，到校中礼堂剧场，看小学生两出：（一）《送衣哭城》；（二）《悟空借扇》。

《哭城》：始皇关心长城，着太尉巡边；孟姜行路，乌鸦引路；再到城哭倒，滴血认骨；末场，太尉因倒城，拿孟姜见始皇，始皇怜孟姜，释放。

昆腔《借扇》：与玉茹演相同，只未加工，看出原样。

戏止后，约我讲话。主要向学生讲话，但又有京剧来听讲，也无法准备，大致讲了一个钟头。大意：新旧对比，勤学苦练，戒骄尊师，努力接受老师衣钵，发扬光大，不但后一代有这重大任务，而中年人亦有承上启下重大任务。讲话后四点半，和全体合影后辞归。校赠瓷美女一架，携回。

林局长同车回洪都招待所。

候车时在楼下谈。不但幼年、青年要学，中年要结合京剧，甚是。京剧论调是：不进步，共产党不会不给饭吃。全省剧团，一百多团，京剧有十七个团。省中三个团，结成总团两个和一个队，还是三团。林局长车来，同宋经理宝生去。

六点晚饭。七点到剧场。今日满座。《斩经堂》未演过，又是星期六。《白水滩》、全本《乌盆记》、《拾玉镯》、《斩经堂》。演到十一点半方止。郭书记、石局长到后台道乏去。卸妆后回。晚饭。到两点方眠。

1月19日

晴。

丁酉年十一月三十日。

十一点一刻起。十二点后午饭。宋经理同九江、黄石两经理来辞行，去。写省文化艺术学校题字给同学们。

六点半晚饭。八点到剧场。《挑滑车》、《贵妃醉酒》、《追韩信》，演到十点四十分。日场玉茹演《红娘》，满座。夜场满座。戏止，此处京剧团要全体题名留念。回，同吕仲夜饭。到一点半各眠。

1月20日

丁酉年十二月初一日。到抚州市临川县。

十一点起。十二点午饭。吕仲云：已通知抚州市知道。许俊来，宋宝生经理同来。一点去临川县，拜汤显祖墓。

许俊云：景德镇来要求去演，已去信婉谢。司机云：去景德镇公路七十公里，但渡有三道河。江西省公路修得很好，因革命地区，国民党修建是为行军消灭革命。沿途过三家店工厂区，南昌县见农学院、农业研究所。沿途山陵满植小树密密。过莲塘、向塘，过抚河桥、梁家渡。沿见农村瓦房似镇，农民服装齐整。行三十五里，三岔路口牌写：去东乡县五十五[里]，去临川五十八[里]。到温家坝，已是临川县。过李家渡、云山、唱凯圩，入临川县、抚州市。到抚州专员公署，会专员张全智、地委宣传部谷虹，陪同到汤显祖墓献花、摄影。墓已重修，围墙新建，来路高山阶亦新修建。墓外乃菜场，据云墓周围已筑房，重新拆去扩大墓地，菜场前水塘亦汤氏地，旧地遍修篁，要渐渐修筑。

又陪同到玉茗堂地址。只一碑，上书"汤家玉茗堂"，是同治十二年建立，园以木竹栏栅，恐儿童毁坏。惜不得拍摄。

又到采茶戏院，会京剧院和采茶戏演员等同志。市有此两种剧团，采茶下乡，京剧演《封神榜》，京剧演员〔之〕一，是芙蓉草学生。

因梁家渡抚河桥过六点半不得渡，匆匆别行。在临〔川〕解放桥上，见临〔川〕江上樯桅林立，风景殊佳。摄影。过桥出市区，三点五十分。据云：王安石遗迹殊少，离市二十里有驻马山，但市旧有荆公路、茗士路（汤显祖）云。公路是山峦辟筑，时起时伏，望着遍栽新树，满山满谷，衬着晚霞映红，殊为美观。在三岔路停车，摄影留念。再行三十五公里，回南昌，四点五十分过。云有唐桂，因时已晏，未去。到洪都，五点五十分。留许俊、宋宝生同晚饭后去。吕仲去看《挡马》。今晚玉茹三人末天，演《挡马》《玉堂春》，迟世恭演《李陵碑》。九点，我到南昌剧场，演《徐策跑城》。十点半戏止，回。晚饭和吕仲谈天到一点。吕去睡。

由南昌市到抚州临川一百二十公里。

临川县，后汉临汝县，隋改为临川，故城在今县西，唐徙今地，明、清抚州府治，民国属豫章道，今是抚州市。抚州，隋于临川郡置时，总管杨武通，奉使安抚，因以抚为州名。唐复置，改名临川郡，寻复曰抚州。宋曰抚州临川郡，元为抚州路，明曰抚州府，清因之。故城在临川县。

临水：源出乐安县西北大盘山，名宝唐水，又名大溪水。东北流经崇仁县东，入临川县界为临水。又东北，合宜黄县水，又经县北入汝水。抚河即汝水。汝水经临川县，旧抚州治，故曰抚河。汝水即旴江，古称旴水。一曰建昌江，亦名临川江，亦名抚河，出广昌血木岭，东北流广昌、南丰，至南城县东北，会黎水；西北流至临川是汝水。临水合宜黄水、西宁水，流进贤、南昌，西流赣江，北入鄱阳湖。

睡时两点钟。

1月21日

阴,大风。

丁酉年十二月初二日。

十一点起。风声虎虎,天气转冷。李玉茹、孙正阳、黄正勤回申,往北京报到,出国任务,明早七时离南昌。梳头随行,黎秋觉父子候信回申。张兰云、熊志麟来代替,九时已到。袁杏宝同来。午饭为李等饯行,为兰云三人接风。十二点三刻到来,同午饭。饭后,嘱咐谨慎,玉茹等去。

许俊、兰云留,安排兰云的戏目。许俊云:明日随玉茹等去,顺便报告此地新民团对工资改革意见,请示对新国营如何组织,取服装等事。回见在九江云。

同许俊、吕仲、张兰云同车到南昌剧场排《三国志》,时两点半,四点回。五点三刻晚饭。六点半到南昌剧场扮戏。夜戏:《群英会·借东风·华容道》,到十点半止。大风沙。玉茹等演营业不佳,南昌人口少,看过戏不看,嫌票价大,总之经济力差。十一点回,夜饭。十二点吕仲去睡,我一点眠。风声大,尚未息止。一点四十分眠。

1月22日

大风,大雪。

丁酉年十二月初三日。

天寒,十一点起。天气阴沉,风仍大。盥洗时,风雪交加,大风斜吹,大雪纷飞,片时满园皆白。十二时半午饭后,风雪更大。

明日去新建县望城岗,为步兵学校、农民合作社演出。天晴在广场,如有风雪改室内,分两场演出云。毛生零用用完,共十元零四角七分,付零并再付十元。

南昌电台记者曹树伟来,访问对二次来赣感想并艺术心得事。三点来,三刻去。雪略停。五点半晚饭。六点三刻到南昌剧场。昨夜上四成多座,今天更差了,只两成座。演《白水滩》、《描容》、《扫松》、《定军山》、《打严嵩》。座虽差,戏很严肃,演到十一点一刻。回寓夜饭,闲谈到一点二十分。(希望演好戏,出好演员,觉有许多矛盾。)两点眠。大风未停止。

1月23日

晴。

丁酉年十二月初四日。往新建县望城岗演出。

十一点起。十二点半午饭。三点加衣。三点后，市副局同素雯、兰云同来，接往望城岗。过八一大桥，前次来尚是木桥，如今已钢骨水泥置成，美丽壮观。过赣江八一桥，是北南昌，再过乌沙桥、蔡家桥，到望城岗步兵学校（此地昔为伪中正大学）。副校长、教练主任、各首长接待。五点晚饭后，到大礼堂演出。今夜本想在广场演出，因恐天寒有风不便，改礼堂演出，将一场戏改为两场。半坐半站，满足人数，二千五百人一场，共容纳五千人。前一场为农民演出。新建县县委来，文教部致开幕词，劳动模范、省代表致词，我致词慰问后，六点开幕。张兰云、金素雯演《樊江关》，颇有趣，农民欢喜。我演《打严嵩》后，献旗。第一场止。第二场为步兵学校演出。因农民看过后还要看，安排甚久，兵士守序，安坐后，九点再开幕、致词，我致词开演。第二场：迟世恭演《击鼓骂曹》，兰云、素雯再演《樊江关》，我演《徐策跑城》。戏止，献花、献旗，非常热烈。卸妆后，留吃面。食毕，同孙局长、素雯、兰云、吕仲各回。两点，吕仲去睡。睡时已三时二十五分。

此学校学生，皆连、排〔长〕有经验者，且抗美有功绩者。据有一排抗敌，攻数次难成，并死敌五百人。资格如中学，南京如大学。

农民主要是长埭乡前进合作社农民。精耕细作，积肥造肥，推广优良品种。

地址是望城岗，此处最高。出校时望见南昌灯火，夜景甚美。今夜有新月一钩。

新建县：（一）三国时吴国置，隋朝废，故城治在崇仁县西南十五里，如今的新建是南昌地。宋析置新建县，明清时与南昌并为江西省及南昌府治。民国亦为省治。初设豫章道，亦治此。

1月24日

晴。

丁酉年十二月初五日。晚到洪都机械厂演出。

十一点半起。十二点半午饭。写家信一封发出。

吕仲拍〔摄〕昨农民献旗,后去剧场到团。

理发到两点二十分,四角。理《清官册》到四点。五点半晚饭。天气阴沉。

六点,宋经理和厂礼堂经理来接。汽车走八一大道,走南莲路(南昌——莲塘),过铁路,转到新溪桥厂中影剧院,到后台。厂长、政委首要人来,要和工人见面。七点半开演前,和在场工人见面,说了话,开演。《四杰村》,张兰云、孟宪英演《拾玉镯》,我和素雯演《斩经堂》。戏止献花,首要人到来道乏,并〔云〕本〔应〕献旗,未制好,明日送来致谢。卸妆后,同吕仲回。饭后谈到两点二十分,吕仲去睡。眠时三点。

1月25日

沉阴,夜雨。

丁酉年十二月初六日。在南昌剧场演。

十一点一刻起。十二点半午饭。两点排《清官册》。提前半小时到报刊社,购今年《文艺报》、《戏剧报》,已无。购得《戏曲研究》,七角五分;购南昌报数份。到剧场排《清官册》,前加"打刘御史",排到三点钟。明日日场定座只百余张票,萧(德寅)、马(世啸)预备回戏不演,前台宋经理亦同意。三点二十分到寓。

柴油机械厂持信见吕仲,据云工会主办只付三百元。吕仲云:已委托剧场,可向剧场接洽。理行李。六点晚饭。七点半去剧场。带三件〔行李〕到剧场交团。闻柴油机厂一场日戏已取消。夜演《史文恭》、全本《清风亭》,到十点三刻止。卸妆后,和剧场职工、宋经理合影留念,有世恭、世啸、德寅、素雯、兰云、斌昆、云亭、志奎。夜下大雨,出剧场已停。十一点半回寓。夜饭后一点,吕仲去睡。

1月26日

晴。

丁酉年十二月初七日。在南昌剧场最后一天。

睡到十二点。昨夜大雨夹霰珠,打窗沙沙作响。五时半醒一次,今日早九点又醒一次,再眠到十二点起,即在一点午饭。吕仲云:许俊已在九时由上海车来。

发出师范学生丁一、秦志藩签字一封。

〔收到〕抚州兵役局一封（希望再来江西到抚州）、吉安地方剧团一封（要《文天祥》剧本）。

许俊来汇报院中情况：出国人已去北京；金璐、熙春将去西安；工资改革情况；分团多少问题？见过刘宗治处长，请示新国营领导该如何？新民归新成区管（亦立区局），小结三份，暂托管，并教育报告，教育方式有上海柯庆施书记报告依据。带来二十五日《解放日报》柯报告全文一张，一月份"文字改革"信一封，内十元交吕仲，对丁（玲）、陈（企霞）反党集团的批判，作协党组扩大会上的部分发言一本（秘内），文化交流资料十二月份一本，《洪深文集》寄来精装两本（共四集），戏剧集赠。许俊沐浴后去，时四点。五点半晚饭。七点半到南昌剧场，《四杰村》将止。迟世恭《奇冤报》。休息后演《斩经堂》，演到十点三刻。副省长欧阳武、市书记郭、副文化局〔长〕上台道乏，赣剧学生演员献花。回寓，夜饭，十二点。一点，吕仲去睡。收拾零星物件到两点一刻。王仲平、张婉云来过后台，一作编导，一作教师。

1月27日

晴。

丁酉年十二月初八日。离南昌到九江。

九点半闹钟，即起。今日省市为饯。十一点，副省长欧阳武、张市长、文化局长石凌鹤、市副文化局长、京剧白云亭、赣剧潘凤霞、采茶剧□□、文联主任，许俊、吕仲、斌昆、世恭、世啸、素雯、志奎、兰云等参加，两席。谈叙到一点钟。一点四十分到南昌北站（过八一大桥即到）。石局长、孙局长送行。两点十分，离南昌去九江。

这条南浔铁路，是中国最老的第二条路。所过的站：乐化、新淇周、涂家埠、杨家岭、江益、德安、马回岭、黄老门、沙河湾、九江。包了一节车，都聚在一处谈说，不感途程之久。

涂家埠是大镇，据载在永修（县）东南十五里，上缭水入修水之口。修水，即于延水，一名建昌江，泾出修水县西境之幕阜山。屈曲东流至县南，会武宁水，屈曲东流经武宁县南，至永修县东南，会缭水。下流分入赣江、鄱阳湖。修水县，元置宁州，明因之，清亦名宁州，后改义宁州，民国改州为县，又改修水。

过修水，见江水清澈，大桥两岸都见垦置新地，许多人席地开会讨论，山地上测量设计……想都是上山下乡干部。过杨家岭，群山层峦，曲水穿流。过德安，停十五分钟，都下车购买食物，亦下车散步。德安县：唐浔阳县，五代杨吴置德安县。

六点五十分到九江县。市长卢永江、副市长张斌杰、文教局曹绍琼、翟举、越剧吴□□、采茶剧、宣教部李中裔等来接。同到江西省庐山管理处第一招待所。室前就是甘棠湖。又同到浔卢食堂，共两席，市长、局长、宣传部作陪。食后各别，回交际处。十一点眠，四点醒，再眠。

1月28日

阴，细雨，雾。

丁酉年十二初九日。

本约下午拜当地首长，联系上午在委员会约会。即于十时起，十一点同素雯、世恭、许俊、兰云到人民委员会。地在江边，专员、市长出迎。寒暄后辞回。朱专员、张专员、王政委、张市长、王政委、老练（明轩）。午饭后一点半，到地委拜谒，王政委见，云在北京学习方回，地址能仁寺隔壁，旧为法租界教堂。会谈后欲回，因行时张慧聪来，她现在黄梅戏中教戏，坚请和孩子们一会，同兰云、素雯到剧场后台会儿童演员。慧聪女儿演《天仙配》七仙姑，已是当家旦。内有京剧演员一名，为〔他们〕练基本功。

辞，由一商场穿出，上车。当拜本地剧团，穿过大桥，见桥下水虽枯浅，但流速甚急，入江水涌，见有急浪，此是溢水。溢浦，琵琶亭在此。

到党校内一宿舍，会越剧学员。再到采茶剧团。为其新造一所九江剧场方落成，正在布置。此团都是演员，学员少。座谈，知此地采茶剧曲调近黄梅戏，因黄梅在对江，挖掘剧目不多，将演之《失印配》亦挖出节目。谈后回，三点十分。

今日所见、所闻、所据：

九江：汉柴桑、浔阳两县地；隋废，柴桑改寻阳，寻改彭蠡，又改溢城，复改浔阳；五代时南唐改德化县；明、清皆为九江府置；民国废府，改德化为九江县。清九江镇总兵驻此。地当长江中流，江西省昔为门户。隔江与小池口相对，商埠在西门外。咸丰八年,《天津条约》订开长江三口之一,以茶为大宗。〔与〕湖北夏口、福建闽侯为三大茶市。本省茶与安徽茶集于九江,由此运出。

九江郡,秦置,包括安徽南部、江西省治寿春。柴桑山,在九江县西南九十里,汉以此名县。《山海经》:"柴桑之山,其上多银,其下多碧,多冷石赭。"晋陶潜家于柴桑。柴桑县,汉置,隋废,故城在九江县西南二十里。晋咸和中,尝移浔阳县来治,江州亦尝治此。溢水,一名龙开河,源出瑞昌县清溢山,亦名溢湖,东流经县南,俗名南河,绕城而东,会诸小水,东经九江县城下,又名溢浦港,又北流入大江。入口处故溢口也。溢口,为溢水入江之处,九江县西,亦名溢浦。六朝时为戍守地(《晋书·地理志》),柴桑有溢口关(《元和志》)。江州理城左之有溢口城,灌婴所筑(《通鉴注》)。溢口在德化县西一里。江州治德化,近溢口古城。

溢城县:晋时,隋废,唐改浔阳。溢浦即溢水,李商隐诗"溢浦书来秋雨翻"。李嘉佑有《登溢城浦望庐山初晴诗》。

德化县:唐浔阳县,五代南唐改德化。

浔阳江:在九江县北,即大江,浔本水名,在江北南流入江,汉以名县。白居易送客于此。

浔阳县:晋时溢口城,宋、齐、梁、陈为戍地。汉朝时浔阳在黄梅界,隋移浔阳于溢口。

甘棠湖:江西九江县南,一名景星湖。唐长庆间,刺史李渤经湖心为堤,长七百步,人不病涉,又立斗门,以蓄泄水势。人悯其德,因名甘棠。

未来时,知为《诗经》邵伯甘棠,又有人传说:湖中一台为周瑜点将台,湖中横堤是白居易所筑。皆非。湖堤是李渤所为,湖中台是宋朝大儒周敦颐所筑,是其子完成。周爱莲"庐山有莲溪",众称莲溪先生,九江县有莲溪桥。湖心台,名浸月台。甘棠湖,南庐山,地临长江,又近鄱阳湖,湖中有鹰、鸥飞翔。小燕掠水,水鸭浮群,但云雾凄迷,难见庐山。沿湖四岸,仍有捣衣杵砧之声。

演戏在文化街工人文化宫。当初此处名溪埂,如北京龙须沟,如今成为现代街道,但湖边尚有市民瀚浣,显旧新之状。昨到九江,车过涂家埠,甚见兴旺。会专员时云:是干部上山开垦,并设计在其处置大桑田养蚕,利用修水发电置水库。庐山有矿十余种发现。九江本产棉、产米,有草两种可造纸立厂,还可建立玻璃厂，有原料。有钨矿，再加旧时瓷、茶出省要道，人口再增加，当在两个五年计划之后云。

琵琶亭：云在江边被帝国主义侵略者建为码头。

浪井：日本侵华时，杀中国人填入浪井，后市民害怕，将浪井填满。如今尚有井座，井边绳痕寸许，是汉朝所筑，云即灌婴所筑浥口城于此。此井奇特，长江风浪，井亦有波，传知此井水通江。到站，车接，过桥，名龙开河桥，水即浥水。

许俊召集新民剧团各组开各组汇报会。晚饭后七点，开院团合作的团委会，到十点半。一点眠。

内容：传达上海团管理和柯书记报告精神，除四害，参加当地活动及武汉演出票价等事。由七点到十点半方止。

着吕仲复宜春中共解放军空军第四文化速成中学一部分学生，刘绍节执笔（约去宜春）函。

1月29日

阴，有风。

丁酉年十二月初十日。在九江文化俱乐部演出。

十一点起。采茶剧和黄梅剧要求作报告，因青年黄梅剧演毕，明日去鄂城，〔又〕因今夜第一天演出，黄梅团可明晚行，故改明日作报告。

一点午饭。写日记到两点。四点起风。许俊向全团作传达报告。夜戏六点半开演，本约市长来开幕，因要事作罢。晚饭。七点半到剧场。

张兰云演《玉堂春》，无彩声。《追韩信》难演，寒冷有风，台上寒气更甚，唱时寒气噎喉。前两出无彩声，江西人不习惯喝彩，戏更难唱热，费力。唱到二金殿、三金殿方唱热，后半段续热到底，观众满意终场。

地委、市长等首长上台握手道乏，剧团献花。去时，路近，步行至剧场，夜有风，车接回。此地车规，一动即费三元，故免，亦为节约。夜饭后，一点三刻眠。

1月30日

阴，夜雪。

丁酉年十二月十一日。

十一点起。十二点午饭。今日作报告，对象是孩童、青年演员、一部分业余，并有新民京剧团，措辞很难，故录白居易《琵琶行》作题来联系越剧表演。

一点半，文教局曹局长来，伴同到电影候室，参加有安徽青年黄梅剧、九江采茶剧、越剧、部分业余剧团和新民团员。未装扩大机，现装至两点一刻开始，到四点止。借《琵琶行》句，结合表演、情景、音乐、剧中综合各部讲解，并结合现行教育精神。黄梅〔剧〕献花、献旗后，同在剧场前摄全体照，和黄梅青年团合影。回已四点三刻。

见庐山微露，但风势转大，转寒。

饭后到剧场，演全部《四进士》，演得火热，不似昨夜前半场沉默。

风大，车送回。夜饭时飞雪。十二时，沿湖室外栏杆、地上已积一层薄雪。

写日记到两点四十分。推门外望，满天大雪。三点眠。

1月31日

乍晴乍阴。

丁酉年十二月十二日。

十二点起。一点午饭。时许俊在，刘少春在，我起，刘、许去。昨看戏，疗养院兵员多，院来信并着人来要求辅导。刘少春来问《别窑》上马身段，因事，已着素雯、志麟去。许俊云：今晨全体参加劳动，由宿舍扫雪扫到剧场。许俊、少春同去。

写日记到三点三十五分。

晚饭后七点半，到文化俱乐部（剧场）。《奇冤报》后演《斩经堂》，上座八成。九江一、三、五三天是学习日。戏止，汽车送回。

溧水县锡剧团来九江，在大众剧场演出，来信要会面合影。信吕仲交许俊处理。夜饭后，一点眠。

2月1日

阴，夜晴有月。

丁酉年十二月十三日。

十二点起。一点午饭。〔吕〕仲和许俊锡剧团已去〔过〕。下午全体扫除宿舍污垢。吕仲云：锡剧〔团〕有五十余人，戏有《三探御妹》，余是《荒江女侠》等戏（一是本身无物，二为自给所致）。有同住招待所干部，持购《陆游诗选》来，要求题字书上。借书中句："残雪幕还结，朔风晴更寒。……十年走万里，何适不艰难。……恨不以此劳，为国戍玉关。"喻正在大雪后下乡时。

写家书一函发出。五点半晚饭。三刻同到文化俱乐部。六点半开演《群英会·借东风·华容道》，十点止。今晚满座。车送回。夜晴，有月。夜饭毕，一点眠。

2月2日

晴。

丁酉年十二月十四日。

十点醒，不能眠，起。盥洗，尚未升火。升火后，盥洗毕。马世啸、刘少春来商量《文天祥》人选。许俊来。肖德寅来云：明日下工厂。明日又是一、三、五学习日之一，上座不佳，改入工厂。今日有日场《四郎探母》。因除四害运动，由五点锣鼓敲起，集合在文化路，如今正在游行。日戏不佳，今晚场也不会好。

世啸、少春、德寅去。许俊云：文化俱乐部熊振武经理已尽大力，宣传、送票，但定票因开会临时退票；昨晚场满座，又因公安同志开会，临时未来，看客亦着急，不能来看。许俊去。一点午饭。今日天气最好，晴暖，但庐山仍在雾蒙之中。昨夜有月，寒甚，湖中薄冰层结至湖中最深处。

午饭后吕仲呼许俊来，约我去栗里，怕我烦闷。请胡干事来了解途程，胡云：去栗里公路须三十公里，折行还有五公里，步行两公里方到，去陶渊明墓还要几公里，路经星子县鄱阳湖。去须上午，下午时〔间〕已不及了。

同许俊、吕仲、胡干事同步行去浪井、琵琶亭，一点三刻行大中路，见许多家卖桃符，已呈年景。行庚亮路到西园路，见"浪井"。行江滨路见对江黄梅（现划归湖北）。共坐汽车，过龙开河桥，到一江码堆栈。栈旁有庙，由侧门入，院中堆琵琶亭残碑。断碑两块，是清光绪时碑。由正门出视，庙是宣化宫，匾额下有横石，刻"古琵琶亭"。

回过龙开河桥，过火车站到甘棠公园，过湖北山入公园。园立烈士纪念碑于高处，下辟广场，探入湖中一处立亭。沿堤到金花宫，出园见内湖，为长堤相隔。内湖浣衣者更多，一片捣衣声音。汽车行长堤，过思贤桥（思周敦颐），回招待所，时三点一刻。

今日晴天日暖，层冰已消，雪亦融化。看书，摄影，消永日。许俊四点半去。五点三刻晚饭。七点到剧场，明月当空。《史文恭》《清风亭》，只四成座。刘少春对吕仲云：日在钟表店受欢迎，言老盖、连良来过，皆不卖力，我团来有好评。惜天天学习，只星期六、日看戏云。商店如此，机关可知。戏止，乘月步归。熊经理陪工厂干部来，即去。十一点夜饭。睡时两点半。

2月3日

阴。

丁酉年十二月十五日。

昨戏止后，熊振武经理陪兴中纺织厂文教干事来约。今晚下厂礼堂，为兴中纺织厂、电气厂、砖瓦厂工人演出。

十一点起。盥洗，十二点毕。院中随来同志约在此开会，仍为工资改革事。十二点半午饭毕。联日用十二元六角八分，连前付十元付清，再预付毛生十元。

现院中随行者：许俊、吕仲、素雯、兰云、孟宪英、斌昆、朱春霖、熊志麟、刘少春、汪志奎、张鑫海、郝德泉、张鸿翼、马永春共十四人。

文教局长曹绍琼来谈天。此次上座，因一起批准上山下乡一千四百余，其中包括戏曲爱好者；（二）因学习，里弄只星期六、日停。其实仅仅这些观众，电影院只有一家，只演一场，仍不满座，票价只二三角。

谈九江今后要建设大林七万亩、大桑园地五十万亩，建四万锭麻织厂、八万亩棉织厂。此地喜黄梅戏，不喜采茶戏，采茶戏站不住，欲建黄梅剧团，省不肯。谈保存文物、清湖、建琵琶亭、建设江滨……三点十分去。许俊等十三人谈工资改革，到四点去。四点半晚饭。五点，许俊来云：团已去厂。

熊经理同兴中厂长（姓石）来接。同到厂。厂内鞭炮相迎，厂委、工会文艺主任欢迎。五点三刻到后台。六点，主任介绍，我致词后开演。致词时扩大器不好，兼上坐喧哗难止，底音不佳。演《白水滩》《打严嵩》《武家坡》《徐策跑城》，未到十点止。卸妆辞归，厂长欲送，辞谢。归夜饭，因底音暗，食散利通一枚于饭前。睡时两点半。

2月4日

阴雨。

丁酉年十二月十六日。最后一场。

十一点一刻起。一点午饭。天沉阴。九江地委、专署约三时在浔庐食堂饯行。准时到食堂。时雨。两席，约素雯、世恭、兰云、斌昆、世啸、德寅、许俊、吕仲。主人吴政委（平），由南昌回。王政委（明轩）致词，答谢。四点半回（帖上写欢迎来浔公演）。七点到文化俱乐部。夜演《秦香莲》，戏止献花，政委、市长来道乏。今日底音哑，演出效果很好。陆军医院，我团为〔之〕导演《拾玉镯》《别窑》，教会，今晚来看戏，并道谢。兴中工人写诗，来颂扬信。上海院转来一函，表示欢迎，并欲效劳，情可感。四川达县来信要求去演。

夜饭后收拾行李三件，明早送去上磅。收拾零件，到一点半事毕。明日市人委、中共市委会宴于浔庐食堂，帖上写："祝贺首次来浔演出胜利结束，十二点。"两点睡眠。

2月5日

阴雨。

丁酉年十二月十七日。离九江，去湖北省黄石市。

九点半起，收拾行李。下雨。周局长来陪同到浔庐食堂。王政委、吴政委，市长同到文化俱乐部台上合影留念。再回食堂，三席。宴后谢别，回招待所。

四点到大众剧场，赴溧水剧团之约。吕仲、素雯、兰云同去。团长查万祥，坚请说话。以回忆、现在、今后，结合上山下乡精神，讲了一小时。剧团献花、合影、辞别。回时五点后，再食晚饭后，曹局长来谈，并送行。招待所程润祖来谈，并购《庐山导游》一本。熊振武经理、招待所胡五一、保卫曹水印来送。

听船到回声，八点方离招待所到码头。大雨如注。翟局长来送至楼上，别去。八点半开船。熊等下船，表态，依恋在码头，雨中犹招手示别。离江西省到湖北省黄石去。许俊介绍去恩市者。会一回家军官，云名师镜明。此船有二等舱和四等舱，皆洁净无〔尘〕。十点休息，十一点半到武穴。

2月6日

丁酉年十二月十八日。在黄石市。

船云三点十分到黄石市，不成眠。十二点二十分，雨更大。离武穴，船（江华）脱期，四点方到黄石市。下船，文教局局长邵浩、副局长张裕林、剧场经理李建中、汉剧团团长李长仙、副团长吴惠英、二等奖演员王汉琼〔接〕。同到工厂区住人委交际处十号。六点十分咖啡点心后，局长和我、同来主要人方去。昆苏剧团来。团员暂住长江饭店。

大雨。团住处隔离远，随身行李亦未拿来，将就睡眠，睡时已六点五十分。睡到十一点醒，一刻起。盥洗。俟毛生行李取来，事毕午饭，已一点。菜做法粗糙，不似九江会做。本欲去看昆苏剧团，吕仲云：黄石市市长三点来，等候。三点，张局长陪市长来。方叙谈，德寅等同昆苏剧团周传瑛、王传淞来，市长、局长去。略谈，周、王有演出，亦去。

晚饭后，同吕仲到黄石剧场，看苏昆剧团，云去厂中演出，不在剧场。

到长江饭店，同到大众剧场看汉剧团演出。共四个剧，《琵琶词》、《秋江》、《棒打春桃》、《盘河战》。戏止，上台握手致谢。回交际处。食点心两块，睡时一点一刻。

大冶县：汉为鄂县及下雉二县地，三国吴为阳新县地，隋为永兴县地，杨吴置大冶青山场院，南唐升为大冶县，清属湖北武昌府，旧属江汉道。旧县有铁山、铁务二冶，故以大冶名县。

大冶铁路：自大冶县西北铺起，东至江边石灰窑，计长五十四里，专供〔运〕铁之用。有支线一，从得道湾至狮子山，长十五里，皆光绪间十八九年时筑。

大冶铁矿：唐代永兴年间，已有设冶铁场。宋代继续行之，成绩甚着，今尚有遗迹。清光绪二年，盛宣怀聘英矿师郭师敦，觅得，光绪十七年赠与张之洞，遂建汉阳铁厂。二十二年，张举宣怀奏归商办。至三十四年，合汉阳铁厂、萍乡煤矿，定名汉冶萍煤铁厂矿有限公司。本铁地质属于古生代之石灰岩纪，其矿生于黑花岗岩大理石之间，为接触矿床，全体藏于八百尺高三大山中。其质坚结，难为空气所蚀，而大理石则易为腐蚀，故矿体易露于外。其体直立，微向北斜倾，方向为北偏西七十五度，其厚一百英尺、二百英尺不等。矿区面积二百方里（每里合英尺二千一百十五尺），开采之地，得道湾、狮子山、铁门坎三铁山，积约二万七千三百吨，每日出铁一千六百吨，每年计五十万吨，每年不加可采七十年。

此皆旧说，现经苏联专家帮助，藏量、采量皆不同。旧记载亦说："矿脉之深，尚未可知。"内含赤铁矿、褐铁矿亦多。狮子山之磁铁矿中，并富含铜质，厚七八尺，盖为铜液还原。附近一矿，产硫酸铜及碳酸铜甚富。

黄石港市：大冶县东北五十里，北接鄂城县界，东濒大江，江东即蕲水、蕲春二县交界，江轮要埠，大冶铁路经此大冶铁运出。《水经注》之黄石矶，一名石茨圻，有港西达四里达华家湖，华家湖与保安湖通，延汇于大冶县北境。

黄石城：一名流沂垒，汉刘勋居此。

黄石矶：湖北大冶县东北三十里，名黄石山，下有黄石港，一名石茨圻。（一在安徽东流县东北五十里大江滨，明正德十四年，宸濠犯安庆，经此问名，声近王失机，恶之。）

记演员：《琵琶词》：王延龄：胡汉泉；赵炳：张汉民；陈世美：杨惠亮；秦香莲：杨惠兰。《秋江》：妙常：陶汉生；艄翁：赵汉翔。《赶春桃》：春桃：傅汉菁；大娘：王汉琼；韩宏道：吴汉林；小二：王汉国。《盘河战》：公孙瓒：吴惠英；赵云：蔡汉华；刘备：包汉能；关羽：刘汉皋；张飞：萧汉阳。

记景象：交际处在大冶钢厂内，本日本房子，屋背后是长江，前是黄石山，阴云结顶。沿江立市面，厂本隔山，如今正轰开阻山，修建道路。市区向东发展，剧场离此甚远。亚洲第二水泥厂，在党委、人委附近山上。工人宿舍山上下甚多，等如蜂房。天气好时，山亦在迷濛中，因时有雾，再因工厂烟重，云水泥是白烟，钢厂是黑烟，烟雾更濛濛不清。

2月7日

夜晴，阴。

丁酉年十二月十九日。在黄石剧场演出。今日生日。

昨许俊说十一点来，疑是去拜会。时十一点起，世啸、素雯、兰云、德寅、斌昆、许俊、志奎、奚玉凤、马小龙来，因我今日生日，来祝。玉凤媳拎熟鸡子、蹄髈，马小龙送水果，来叩拜。马是莲玲的丈夫（甥女婿），结婚时去京，今尚是初见。大家又公分聚餐，云团中今日吃面，但言明何事。饭后闲谈。

一点半，张裕林局长来，同到市人民委员会拜会市长。赵市长（渤）、韩市长（次萧）、王市长（宝瀛）接见。再到中共市委员会拜，杨书记（锐）接见。杨谈此地情况，云此厂能炼十几种钢，也能〔产〕不锈钢，如做表用的〔链〕，今后还炼无缝钢。张局长云：工作效率亦不同，如当初一天只炼一炉，如今每天炼一百四十炉钢，今后还增加。

三点到江码头，送昆苏剧团去九江。和传瑛、传淞、朱国栋等握手送别。乘我团来时之江华轮。

回寓。六点晚饭。八点到黄石剧场。今晚在黄石剧场演出，七点开演。《挑滑车》、《玉堂春》（兰云演）、《追韩信》，十一点止。满座，加座，乐池是汉剧团观摩席。戏止，政委、市长上台致意，汉剧〔团〕献花。回时天晴有月。

德国使馆专员和专家夫妇，看戏后回交际处，在门前专候多时。我回，求戏单签名，并约到室中叙谈多时。并云：德国已知名。专员谈演现代剧，答：在摩挲进行中。饭时告辞。夜饭，食已十二点。一点方眠。

2月8日

晴。

丁酉年十二月二十日。

今日市人委和党委宴，十二点。并云十一点政委、市长到来。九点半起。十一点，黄石市各首长到，参加有文军、志奎、世恭、世啸、德寅、素雯、兰云、斌昆、鑫海。韩市长、赵市长、王市长、张市长亦出席，邵局长、张局长、杨书记、李书记出席。十二点到一点半，书记、市长、局长去。

为兰云说《乌龙院》。她在鞍山见演，过后即同赵雪樵按样演唱。这女孩颇聪明。许俊、兰云去，我盹睡到四点。五点时，工厂下工时，听见放送《追韩信》录音。晚饭后，七点一刻到黄石剧场，演《四进士》。仍满座，加座，乐池中汉剧团轮流观摩，据说看后回去讨论。《四进士》十点三刻止。戏止，德国专家夫人上台献花。

明日有日戏，因六天票子不够分配，要求加日戏。明日日场演《乌龙院》。看剧本，到一点半眠。

今日志奎忘形，酒喷市长，文军亦语无伦次。有二句噱语：（一）斌昆说：酒在瓶中不说话，到肚内就会说话。（二）有人云：鱼加酒可去腥味，肉加酒可去臊味，人加酒少人味。

2月9日

晴。

丁酉年十二月二十一日。

十一点起。十二点午饭。一点半到黄石剧场。日场演《龙凤呈祥》，很整齐热闹，演毕谢幕。后面是全本《乌龙院》，兰云、德寅、孟宪英都演〔得〕很好。一点开演，演到五点。今日汉剧团回戏观摩，出门时还未回去。

回交际处晚饭。日戏演后觉疲倦，盹睡半小时。八点到黄石剧场，夜戏《乌盆记》、《斩经堂》。回，夜饭，睡时两点一刻。

溧水县锡剧团前站，来即去，送合影照相赠。

2月10日

晴暖。

丁酉年十二月二十二日。

十一点起。十二时半午饭。一点到黄石剧场，排《文天祥》。台上开会，排戏在剧场后宿舍前大空场上。天晴日暖，不寒冷。四点回。五点半晚饭。六点半到黄石剧场。夜演《群英会·借东风·华容道》，连昨日日场都整齐可观。因为是有旧规矩，分行归路应行尽职之故，也因这些在上海的旧演员有旧的见识和规模，但近年来已消极随流，能使振奋还能提出旧有的精神发出光彩。戏止回寓。

大孙崇圣在广州体育专校来一函贺寿，并云：寒假时欲下乡锻炼。（崇圣，玉凤所生。）

《黄石日报》要亲笔稿，写到两点一刻睡。

西，华新水泥厂冒白烟，在东有大冶钢厂冒黑烟，有风时黑白凝结。是大冶钢厂大门，门临火车道，数武即厂门入内。交际处门前大道通东西门，见工人上下班手提饭盒，自如愉快。时女青工互见握手，愉快神情，憨气可喜。

2月11日

晴，有风。

丁酉年十二月二十三日。

十一点一刻起。十二点半饭毕。今日参观华新洋灰工厂。十二点三刻去黄石剧场聚齐，半路接张裕林局长同去。吕仲上午开会，已早在剧场。全体聚齐，步行先去厂，同张局长、许俊、吕仲车到厂，厂长和宣教部在候。同到厂中大礼堂，宣教部致词表示欢迎，我答谢后，厂一负责人介绍厂中情况。再由宣教部补充历史情况和生产情况。记下大致：十五年赶上英国之号召，可能十年就赶上英国。未解放前本官僚资本（有资源委员会办理），美国新机器本作托拉斯（亦有翁文灏股本在内）。将解放时试生产，恐破坏，先包围敌军，并联合地下党护产。产量逐年增加，今年定计划年产六十万吨，但计划逐渐修改，因产量超过计划。启新称水泥图书馆，此华新机械化见胜，经理下令黄敬部长集其经验自划各图。因计划时时自增，常开会。

厂长去。部长陪同参观。厂中自建戏院与黄石剧场同样。出礼堂，部长指看戏院正在兴工建筑。约一青年职工王□□领参观，并为详解：四种原料（石灰百分之九十，还有铁石、黏土，无土今以页岩石代替），工力同费，研磨多时间。见周堆石膏最终参入，见堆有许多铁球，此是夹入磨中滚击灰石之用。入厂参观，有两大磨滚和水漉石泥、平准器、配料器、运料器等机器，再到澄泥池水磨再漉清等机。参观窑场，顺长管到炼炉和仪器间和分化管。王指冷藏机云：此器只此处有。看张家湖，此厂用水用此湖中水。湖边正建筑石棉管厂，亦正在动工。包装间未去，别部长，同许俊、张局长、吕仲回。许俊到剧场，局长去办公，同吕仲回时四点。休息略盹，六点晚饭。七点半到黄石剧场。

少春云：上海有长途电话来。有产铜矿有人来要求去演。吕仲接见来人，约以下次。

前《史文恭》，后《清风亭》。座仍满，加座稍少。许俊接着上海厚生电话：除出国外，余两个半剧团，年贴十六万演六百场计划，众议后，演一千场贴五万。

兰云在九江时病，肠出血不言，写信回，〔方〕知。到武汉验看，暂休息。祥苓还有电话来。《文天祥》行头、布景做好，但春节前不能运，在设法。船也因春节载客，少运货，恐服装要由铁山火车去武汉，也正研究。

戏止回。饭时十二点。吕仲〔云〕：王征夫反革命案，已入狱。吕仲一点去睡。写日记到两点三刻。

2月12日

晴。

丁酉年十二月二十四日。剧场演最后一场。

十一点一刻起。干燥，鼻中瘀血，口中干塞，昨洋灰厂尘土、室内水汀故。盥洗后畅。

饭后一点半，许俊和裕林局长来。今日参观大冶钢厂，领了入厂允许，科长郭连甲来陪同入内参观（郭东北人）。剧场陈经理、保卫员、吕仲、许俊、张局长和我同去厂中。本可车行，因扩建路，堆建筑材料，不能通行，步行入厂。最远轧钢厂，沿铁道步行去厂。路过炼钢炉，郭寻该地负责人陪同登高炉参〔观〕。炉虽不高，据〔知〕此炉质高产钢最佳。到轧钢厂，厂小机器多，工作紧张。随负责人参观全厂，轧钢法皆同，机器较鞍山自动钢厂已是老式，钢条换入机时仍用〔人〕工帮助，看到最末完成钢条。到另一厂，是有电炉三座，一是美国置，解放后由上海运来；一是苏联炉，最大的，我国仿造；还有一座是自己设计造成。一架一百五十吨〔起〕重机，也是本国自造。还有三座炼钢炉。另一厂，锤机间，分一吨、两吨、三吨锤机三种，遍地钢材，分优质钢、普通钢。看见轧厂张明山所发明的，此处也发明置出。

别郭连甲出厂，到交际处，三点三十五分。昨日华新水泥厂参观忽上忽下，呈显疲乏，今日又步行全厂，恐夜间演戏吃力，强假眠到五点。醒时，会汉口经理李立才。黄石剧场李经理去汉口接楚剧团回，同来。因我眠睡，候多时。会后去。据李立才云：武克仁由东影调回武汉，今为武汉文化局副局长。

六点三刻晚饭。七点前到剧场。《白水滩》、《打严嵩》、《武家坡》、《徐策跑城》。吕仲云：此地反映迟世恭武汉四次、此地两次，不佳，反映此次来与前演出不同云。明日去铁山，黄石市剧场演出最后一场。戏止，儿童献花。卸妆回，到交际处,十点五十分。

武汉震寰纺织厂工程室胡骧来函,大意:麒迷连日看,怕买票难,上中价钱难。饭后十二点,欲睡,剪脚甲到一点,写日记到两点。

2月13日

丁酉年十二月二十五日。到铁山演出。

十一点起。十二点午饭。候车到五十五分方行。到局接张裕林局长同行,到华新洋灰厂附近转弯向公路行。张家湖颇长,深远幽美,渔船颇多,沿湖行颇久,直到疗养院始尽。加以修建,很好的风景区。团体十二点先行,三十里到铁山,五十五分。大车在候,同进矿区。张厂长和负责人在候,鞭炮相迎。入楼上会议室。由主任致欢迎词,张厂长介绍矿中情形,矿建设由乙方介绍。

三点半定时爆破,参观须在三点前,汽车盘山而上。铁矿现有三处:(一)狮子山,(二)尖山,(三)象鼻山。旧矿已装铁轨运送。尖山正在爆破中,用汽车运送,先到尖山看××机和钻探机。这尖山本与屏障的山峰齐,爆破去了一半,铁在下层,爆去上层露天开采,又安全又经济。四十年采完,这尖山成为一座人工造成大湖。山左已露矿苗。

三点,到对面狮子山看爆破。展红旗,筛锣禁人行。锣筛两遍,轰隆一声,烟冲山裂。爆破已有经验,远近方域火药多少,皆能掌握,不生事故。时间规定,载车又活动起来。此地工作主要是爆破、捡石、运输。日本在此胡乱开采,添了后来的麻烦不少,便于运去日本,要矿铁是大如人头、小如拳头,临去运了一千九百五十七万吨。矿石百分之八十优良,平均百分之四十二有铜质,此处设有分验所、研究所。

尖山负责人陪同叙说:此处新铁山,狮子山、得道湾是旧铁山。爆破分大中小,有计划分大中,每日逐改逐炸为小爆破,方才爆破是中大,狮子山正爆破是小的云。

汽车原路下山,到方才欢迎处之后面楼上休息,四点到五点(这所在机关都集中于此)。五点半到铁山影院(演出在此)前台楼上,同吕仲、张裕林、黄石李经理、汉口李经理、本院马经理同晚饭。

七点开演前,由主任致词,我上台致词后开演。《挑滑车》、《玉堂春》(素雯演)、《追韩信》，到十点五十分。后台有鄂城县京剧团贴致敬词。

十一点十分离矿山时，见满山灯火，每日三班劳动，为国家增添财富。五十分回黄石市，美是夜景。夜饭后记事，到两点三刻。

2月14日

晴。

丁酉年十二月二十六日。铁山第二天。演毕赴汉口。

十一点起。十二点收拾过磅的三件行李。十二点半午饭。一点一刻零件大致完毕。因春节，车、船不载货，人亦不能容多。去汉口，船去？火车去？汽车由公路去（到汉一百十公里，就是去铁山的公路，火车尚未正式运客，货亦由铁山上车）？尚未定。毛生运去三件行李交团，回云：安庆青年黄梅剧团已来（就是张慧聪在内的黄梅剧团）。

预备五点晚饭，五点半去铁山，第二天演出。吕仲云：交际处住、食，黄石市都不收费，作为招待（汽油在外）。饭后五点半来接，张裕林、李长仙同去铁山，傅汉菁、胡汉泉、陶汉生同团同来铁山观摩，同回。演《白水滩》、《打严嵩》、《武家坡》、《徐策跑城》。在铁影服务的吕汉鼎，十九岁，学三生，倒仓后在此服务。他说工人张启华说，没有党不会看到我的戏，今后加紧干，超前赶上英国。另一水磨工人送我汉白玉石一块、大理石一块，此矿山出品，打洗送来。

戏止，高主任来道乏送行。十点五十分离铁山，十一点二十五分到市内。今晚全体乘民众轮船行，明晚江新载行装。港务局帮忙，定一点二十分离交际处，两点开船。到交际处电话来：船一点到。十二点三刻去码头。十点半开船，因特为我团停泊，不装货之故。

十一点三刻饭毕。住房、伙食，文教局都作招待。汽油本定公提。十二点三刻离交际处到江，船未到，我团都在候船。汉菁、汉泉、汉生、汉能来送，无事谈谈学习业务。李经理让到船舶办公所，在楼下谈。汉剧团李、吴两位团长和汉琼、汉林等齐来送，邵、张两位局长同来，又到楼上办公室坐谈。

许俊同志云：保卫者请先到码头趸船上候，船已到，正靠岸云。在趸船又和汉林、汉能、汉鼎谈到船靠好。登轮船，一等舱安顿，两局长别去。两点一刻开船离黄石市。三点睡眠。

2月15日

晴。

丁酉年十二月二十七日。到汉口,住胜利街一百八十九号。

在民众船,(服务生)七点闯入收拾,出亦不关门。传话筒亦开始广播吃早饭,开始哄闹,只好起来。洗漱、整衣后,吕仲来,买粥和馒头,我食粥一大碗,欲再盹睡,船工友时来扰,不安。

另一人叩门欲见,云父死赶回,可能办到飞机票?颇怪,其状亦不像丧父。答无法办,彼亦去。十点到汉口,陈伯华、花碧兰、李罗克、胡桂林已早在候。十一点拢岸,下行客毕始下船。陈伯华献花,并云全体要来,因时限未来。

武克仁、董少峰、龚晓岚、骆文、陈鹤峰、剑影来接。同到招待交际处(德明饭店)。徐慕云来,陈瑶华(鹤峰女儿)来。巴南岗、百岁去孝感演戏,明日回来。谈到一点半。两席,同午餐后,别去。

住三层楼339号,亦是1949年来时住过一间。三点理发,到四点。吕仲去兄弟家。许俊略谈萧德寅不正,反浪费发动不起来。许俊去,吕仲回。同吕仲晚饭,在楼上。沐浴。八点欲眠。已上床,鹤峰同黄成美来,叙谈。武克仁来,谈至十一点方去,方安睡。到两点二十分醒,再眠。

来两函:

(一)长清里15朱霏,联艺乐队,父亲朱榜生、母亲宋瑞珠(小老五),引友[数名]:鹤龄、刘亚伟(皆不记识)。彼云:幼去同福里玩,在二十岁时,因婚离家,今年四十一岁,搞爵士乐队,不给登记证,要求诉冤。

(二)汉阳北城港二十三中学罗光明来信,略谈影片《宋世杰》稿,不满。见杨春谈谭,四十板加罪杨春,前略太多和剧本意见,希望谈谈。此稿寄《戏剧报》未登。

2月16日

晴暖。

丁酉年十二月二十八日。

醒,八点二十分,再盹到十点一刻起。十二点一刻,同吕仲午饭。一点半,许俊、迟世恭来，乘车到文化局拜会。由市文化干部梁广殿陪同到市政府，市长孙耀华接见。半小时后，陪同到中共市委会，部长于黑丁、李延绶接见，谈甚久，别后去武昌省府。由解放路行过铁路桥到汉阳，由新辟大路过伟大的工程——长江大桥。桥架龟蛇二山之上。蛇山上黄鹤楼和陈友谅墓已移，桥旁留一石，上刻蛇首。此蛇山之首已削低，路与桥平。先到省文化局，拜局〔长〕方壮猷。叙谈中谈及：水沟出名，年年丰收。杨东莼对我演戏爱好。农民谈一年一跳六七年，明年可完成五年。全省有一百多剧团，京剧十四个，业余团有一万多。方局长陪同到省政府，副省长兼书记张体学接见，后有李书记来。张谈：农民兴奋努力，高潮：一是大革命失败，苏维埃兴立时；再就是这次四十条纲要。当初壕沟，如今水沟。农民勤俭，三角钱办托儿所。别省长、局长回。因东湖近，到东湖眺望。水秀，山围，红梅发花。

五点回，仍过大桥，过汉阳。司机云：鲁肃墓移在龟山顶上。过伯牙会子期听琴的伯牙台，回汉口。到寓。云：有王书记访问，会后，上楼时五点半。晚饭同许俊、吕仲、迟世恭。（省书记，名王任重，今晚有联欢会在七点。）闲谈到时，杨玉华、鹤峰来，同下楼参加。今会：（一）欢度春节；（二）为欢迎我团提前一日；（三）接受新任务。所到文艺、京、汉、话等代表人物。由于黑丁部长致词，欢迎和度春节，并发展多种流派丰富剧目等词。市文化局副局长屠□指出，接迎新任务。剧协主任骆□致词后，我致词。大致响应号召，不满足现状，十五年赶上英国，文艺戏剧如何打算？祝春节。会见张世恩等，汉剧前辈名丑大和尚（李春生）参加。夜有舞会，伯华要我起舞，和她学生和陈瑶华三人舞三次。有素雯、董少英、兰云唱一段，相声等余兴。市长克文来即去。巴南岗、高百岁由孝感回。舞会到十点止，各去。回楼。牛奶、面包，和吕仲闲谈到一点，吕去睡。记事到三点方眠。

2月17日

丁酉年十二月二十九日。小建，今夜除夕。

第一天在汉口人民剧院演出。十点起。在整衣时，巴南岗局长来，谈到十二点去。谈及整改、反右等事，鹤峰不进步，群众有意见，只有自己革命，批评不戴帽子。探询、解、指……联艺乐队一函交巴局长带去。

十二点午饭（吕仲云午饭不回）。吕仲回云：参加刘斌昆拜大和尚为师典礼。吕云：大和尚说，丑行七补后方熬到当家丑，十一岁随汪天中学，七补到二十五岁才成为当家丑。试演《广平府》，师兄弟看，提出为什么许多路只低着头走？启发了这一场上山、下坡、跌倒等等姿势创造云。大和尚名李春生，刘斌昆作计划，师允尽量教。

同吕仲、毛生步行，欲买杂志回，安排车到中山路购物，购照相簿，两元三角；购糖，五元三角六分；荣宝斋信纸信封，九角四分。新华书店不开门，有定时，折回，三点二十五分。吕仲去兄弟家，云不回晚饭。着毛生去买水果，蜜橘、苹果，四元四角八分。写家信一封，航空信寄出，五点发出。

九江文化俱乐部经理熊振武来，送茶缸两只，临行合影一帧，来定剧团去九江。留饭。饭毕略谈，云：明晨船回九江。别去。六点半略盹。八点，吕仲带侄儿长安来。八点半同到解放剧场。《挑滑车》已完，素雯、兰云演《樊江关》，休息后演《追韩信》。前两出两次谢幕，《追〔韩〕信》五次。刘怀龙市长、孙市长都上台道乏，各剧团献花，并和市长合影留念。卸妆后出门，门前观众拥观欢呼。车回。

昨吕仲云：许俊等少数〔人〕夜〔里〕同度除夕夜。我藉此回敬：我生日时公份礼，并同度新年。约宝奎、世恭、世啸、德寅、文军、玉凤、云亭。院中同事：鸿翼、德泉、春霖、宪英、斌昆、志麟、永春、志奎、许俊、吕仲、素雯、兰云、鑫海、小龙未来。孙市长来招呼即去。叶来即去。两席，便〔吃〕到十二点五分。互庆。饭后一点别去。吕侄长安在，睡宿此。两点半眠。

2月18日

晴朗，暖和。

夏历戊戌年正月初一日。在湖北省汉口胜利街一百八十九号住（江汉饭店）。在人民剧院第二场演出。

十一点一刻起，毛生说：市委书记来拜节，李经理同来，即去。吕仲未在，约去兄弟家。盥洗后，玉凤和马小龙来拜年，坐谈后去。十二点四十分午饭。

春节日场：世恭演《四郎探母》；明日日场：兰云《霸王别姬》；初三日戏：世恭《空城计》。报载满到二十五日。《长江日报》载百岁写的文章。巴南岗来：刚才市委书记是李尔重，未上楼，过些日会云。吕仲回，谈谈戏，谈到《甘露寺》"防〔而〕不备、备〔而〕不防"，一定是"防而必备"。两点，巴去。有电报由北京来，仲翻字，是吴石坚和玉茹等贺年电。吕仲拿去复。

高百岁来闲谈，留饭，六点五十分去。吕仲亦去开会。觉干燥困倦，盹睡半小时。八时十分去人民剧院，仍演昨晚原单节目。昨许俊作报告，今日大字报涌出几十张，对李宝櫆，〔及〕院同仁对素雯意见。宝櫆未经过学习，感不安。吕仲、许俊开团委会帮助。

戏止，人民剧院开元旦团拜联欢会。宝櫆亦参加。人民剧院经理名石书环，日间李育才陪来贺年，非党委书记。李育才非经理，是科员。石主持，我亦参加，前后院团联欢会，互相道贺。和吕仲先回，已十二点。饭后一点，吕仲去睡。今日嗓较昨日润，但觉口燥鼻塞。服果子盐。两点睡眠。昨夜《追韩信》，内家多，吊毛提高，今日觉微痛楚。

2月19日

晴。

夏历戊戌年正月初二日。

疲劳发作，微感痛楚，睡眠不安，口腻舌干。十时起。十二时午饭，不甘舌，食一碗饭。时卧，时静坐休息，到三点钟。毛生去街上游逛。吕仲检印出照片，未出。三点毛生回。六点晚饭。因不适，午饭、晚饭皆少吃。七点一刻到人民剧院，演全本《四进士》。戏止，吕仲开团中小组会。巴南岗局长送我回，即去。在后台，李尔重市〔委〕书记来会，休息后去看戏。

2月20日

晴暖。

戊戌年正月初三日。

昨夜睡眠尚好，十一点起。一点午食，只一碗半。自来送花一盆，叶似桃，花似蓼（白色）。问招待员，说是洋种，名洋玫瑰，形不似，嗅之香似玫瑰。武克仁闻我病，来探视，谈甚久去。大致：来不久，相隔多年了，工作生疏；巴局长和屠公博副局长，还有一位李局长都下放；并谈戏曲事业等等。

许俊来，带来上海人民美术出版社《四进士》图影两本，并谈新民已发动起来，众欲减人省浪费，俟拟定再汇报。兰云检查，可能是病，休息，已去信准备赵晓岚云。许俊去。

李立才陪中医院院长熊济川来诊视。本在休假，由巴局长着李立才寻来。开方后去。吕仲令弟心来（勉福）看我，熊院长去，亦去。李携方去配药，并送药来，登三楼上下，我感不安。高盛麟、高世泰、高维廉、郭宗昆、倪海天、张洪奎来，谈剧目，并谈表演。郭问史氏体系如何？并谈理论，将有时一点半，四点三刻去。

七点一刻到人民剧院，夜演全本《四进士》。鹤峰领团去青山演八天，今日回看戏，来看我，明日再去。晚饭服药。戏止回，再服药。十二点夜饭后，早眠，两点三刻醒，再眠。

2月21日

晴暖。

戊戌年正月初四日。

十一点一刻起。十二点半午饭。玉凤媳送来鸡汤。本约全体看《奥赛罗》苏联影片，今改看话剧。一点半同吕仲、玉凤、毛生到中南剧院。（将去时瑶华来，鹤峰着她送药霍山石斛。）已上演。共四个独幕剧，喜、闹、讽刺剧：（一）《高等垃圾》；（二）《一口二舌》；（三）《黄谭探监》；（四）《哎呀呀！美国小月亮》。车去，步行回。到楼，四点三刻，服汤药。杨菊蘋、玉华、张秀华、郭兴德来过，并留条：来拜年，未遇，我母亲也特意要我致意（菊蘋口吻）。

这两天口味败，食不多，饭后又倦睡，疲乏。八点到剧场，演《斩经堂》，感嗓沙哑不力，敷衍演唱则精神已差。终场卸妆，汗流不止，到寓汗仍不止，更感疲倦。嗓音锁，药不敢服，改食散利通一枚发散。汗稍干，夜饭。饭后，换衣，洗濯，眠。不安，读剧本，睡时将两点。

2月22日

晴，更暖。

戊戌年正月初五日。

睡到九点，不能眠，十点一刻起。唇焦体乏，口咸人倦。因倦欲振作，去看长江大桥，并寻游龟山鲁肃墓。许俊来，吕仲、毛生同去。欲看大桥先作联络。一女职员陪同前去。到桥头，有女职员招待领看，并作讲解。入桥头休息室，内设电梯升降，先至底层观看江堤，再入会议室，升机两层，观看铁路。两边有人行路，沿道行二十分，边谈建筑工程伟大边试嗓开畅，越过大江到蛇山，出铁道终段。能摄影，领参观女职员每人赠大桥纪念章一枚去。拾级登最高段公路，车在候。登车由武昌蛇山到汉阳龟山。下车登山看鲁肃墓。有一碑，写"夏口太守鲁肃"。下是晴川鹦鹉洲，未去。到琴台（现是文化宫），此是俞伯牙抚琴处，下有入月湖，前是新铁桥架汉水上。想伯牙既停泊此，入月湖定是在汉水中。过大桥（下是汉水）解放路，是汉口。天气热，回寓身有汗，时三点半。

素雯、玉凤来看，即去。许俊打长途电话回上海。假眠，四点睡到六点。百岁来看我，同食面，七点半去。八点半到人民剧场，洪奎、慕云、宗昆、盛麟、郭玉昆、菊蘋等在。夜戏，昨夜原单：《拾玉镯》，《骂曹》，《斩经堂》。嗓虽哑，无疵音，较昨晚正常。嗓有力，戏亦演得正常。戏止，巴局长、鹤峰、盛麟等来。谈及打针，觉打针速，好为快。巴局长寻医生。今日星期六，医生全回，只值班一医生，云：非喉科，不敢打针。回寓，巴局长寻来医生陈正检查（武汉医院）。吐舌说"一"字检查，因吐舌开口不够，只看见喉一半，要每日十一点半到武汉医院上麻药检查。见嗓音哑，就嘱休息不演，此亦是经常医生语。医生去，汽车送，便取药。巴局长亦去，时十二点。饭后一点，药来。服药水两格和药片，眠。

许俊留条：厚生云，丽在申，未必来，刘不一定来，局中最抓紧，正在订指标，在创作来个大跃进，三月变面貌，刘忙。兰云再检查是否胃出血，袁灵云有孕，本赵代，今再作打算。新民多人，刘亦同意遣回，反浪费指示进一步云云。

2月23日

天阴黄，有风。

戊戌年正月初六日。

十点半起。本约十一点半去武汉医院，怕硬弄和上麻药，昨已嘱吕仲婉谢不去。医生亦云：十二点开会，忙，约早去，恐影响睡眠。如此两便。

春霖、斌昆、世啸、许俊来看，即去。今日有日戏。百岁来，谈久去。四点睡到五点三刻。六点食面。七点到人民剧院。夜节目:《白水滩》、《打严嵩》、《武家坡》、《徐策跑城》。鹤峰来,戏止去。同吕仲回。

有刘文奎者持信求帮,付七元。司机云:梅兰芳来时,此人亦求帮过。选斌寄两本《四进士》(摄影、联影两本),今又寄来上海人民美术出版"戏剧小画片"两套(每套八片)。夜饭后,吕仲十二点去睡,我睡时一点二十分。

2月24日

晴,有风。

戊戌年正月初七日。

十一点一刻起。十二点半午饭。饭后,同吕仲要车,一点到新华书店购书。今日星期一,书店休假。到精益眼镜商店购高倍放大镜(五元)和1×4倍放大镜(一元一角五分)。到百货公司购胶卷四卷,共二十一元。又购钢精小锅一个,一元三角一分。再到荣宝斋〔购〕墨一段,一元一角五分;紫毫笔两支,八角;冬狼毫笔三支,一元七角四分;笔套两个,两〔角〕;信笺六刀,一元八角六分;信封两套,一元;和二十支信封两套,六角四分。

回寓,许俊来谈运动情况,欲回申请示,去川前回。我嗓发毛,许欲再请医生调看。许去。盹睡一小时起。巴南岗局长同李立才来,并请熊济川院长来诊视。开方后去,巴局长亦去。

晚饭。七点五分到人民剧院,仍演昨晚原单剧目:《白水滩》、《打严嵩》、《武家坡》和《徐策跑城》。挂上嗓音失润牌,但今嗓音已趋恢复。慕云、盛麟、玉昆、洪奎、海天、宗昆等来。卸妆,各回。服药后,晚饭。十二点,百岁来,约夜戏止请夜饭。百岁去。吕仲十二点半去睡。一点半再服药,眠。

2月25日

晴,有风。

戊戌年正月初八日。

今日起稍晚,十二点起。十二点三刻午饭。一点半时欲去购书,恐又将休息时,未去。今日响排《文天祥》。因恐嗓方好,托少春代排。吕仲去看响排,贴照片。许俊来打长途电话,云:厚生忙,不能来,他自去汇报,并云:丽可能来云。兰云验明不是胃出血，是有虫。四点略假眠，即起。六点饭毕，乘车到剧院。七点开演，演《群英会·借东风·华容道》。嗓将愈，右脚趾又肿痛。许俊今晚已定行期，明日清晨七点开船。百岁请夜饭，约李宝櫆、金素雯、汪志奎、刘斌昆、朱春霖、许俊、吕仲，并约巴南岗局长和武克仁局长，到十二点二十分。百岁送霍山石斛一两（十元）（仁仁堂，在陈华街，在大智门）。

饭后别去。许俊去，托带回《洪深文集》两本和九江送来茶缸两个，别去。睡前服药，一点二十分眠。

2月26日

大风，大雨，大雷。

戊戌年正月初九日。

十一点半起。一点午饭。今天响排《文天祥》，同吕仲到人民剧院排戏，到四点四十分回。雨未停止（排戏时雨更大，有大雷）。吕仲云：三月十日有金门轮船开往重庆，留在剧院开会，安排行程。

接信一封，岳母于本月十三日（旧历十二月二十五日）下午五点二十分逝世。菊傲三月十八日去甬，名"如芳"。丽和广业、采蕴二十八日动身来汉口同赴川。着吕仲发出电报，告知赴川行期。饭后七点半，到人民剧院，雨仍下。夜戏《阳平关》和《清风亭》。鹤峰来看戏，戏止去，雨已止。出剧院上车时，有观众提意见：（一）父母跪时面向外跪；（二）雷劈不可，可让群众打死继保云。（是啃教条，反历史的。）唯唯，登车，同吕仲回。十二点夜饭。

吕仲云：人民剧院演十八天，座已定妥。武昌、汉阳不去，有意见。如今剧院演至星期日止。汉阳演一场，武昌演两场，还有青山演三场（到九日），还要住洪山、青山，搬两次，十日再回，上船行，云云。

睡时一点半。

2月27日

大雪。

戊戌年正月初十日。

十一点半起，见窗外下雪。盥洗后午饭。两点下楼，到园中拍雪三帧。大雪铺地甚厚。今日发出重庆书函，并周慕莲一函（周函盖章），吕仲要求赠乃弟吕心来剧照签名。签送熊济川便照。写航空信一封寄出，为菊傲艺名和菊要图章。饭后又倦，眯盹片时。七点半到剧院。夜演《定军山》、全本《乌龙院》，演到十点半止。

眯盹后到剧院，后台升火，又觉嗓暗不畅。戏亦不如在黄石演得好，第二次以为熟了，演得快、飘、不实。兰云、德寅、宪英皆是如此。三刻回。晚饭后，背《文天祥》，到十二点。看武汉市新编《杨继盛》剧本一半，到十二点半眠，两点半方睡着。

2月28日

下雪。

戊戌年正月十一日。

十一点半起床，见天沉阴。十二点半又下雪，午饭。吕仲和李立才去武昌洪山、汉阳青山，去看舞台、宿舍，九点时同去。

谈《文天祥》剧本，到两点一刻。并自排练并改动到四点。四点五十分接到丽琳电报：二十八日乘江安轮来汉。五点半晚饭。六点去人民剧院。夜演《文天祥》，到十点五十五分。世恩、鹤峰、宗昆等来看戏，〔戏〕止去。

董春柏来贺年片。

中国针织品公司沙市批发站来函，要求去演出，有十个人签名，由省文化局转来。

一点睡眠。

3月1日

阴。

戊戌年正月十二日。

昨累，反不安眠，到四点睡着。今日市长请客，十二点。十点三刻闹钟起。十二点下楼。市长刘惠农具名和政委李尔重。到有副市长孙耀华、局长巴南岗、武克仁、屠公博……在江汉饭店（本处）。陪客高百岁、陈伯华、沈云陔。我团到有世啸、世恭、素雯、斌昆、兰云、吕仲。到一点一刻。宴后，市长等去开会，别去。吕仲等去参观军事展览会。一点三刻上楼。盹睡〔少〕时，但未睡着。吕仲五点回。五点半晚饭。六点到人民剧场。演《文天祥》，到十点五十五分。盛麟、百岁来看戏，剑影生病。今日看戏，慕云来，吕心来来。还有云是当初《楚报》记者来后台看我，即去，不记其名。

戏止，回江汉饭店，十一点一刻。饭后，吕仲去睡。看完新写《杨继盛》，写得很好，"骂相"、"写本"、"金殿"、"斩杨"都很紧凑。睡时一点钟，睡了两小时又不成眠，到天明六点方睡着。

3月2日

晴。

戊戌年正月十三日。

睡到十二点三十五分方起来。一点一刻午饭。看《鸦片战争》，到四点二十分，看了十七场。吕仲同其弟勉福去街上购物去。今日天晴，眺瞰屋面积雪全消。付除夕请客、度节、还生日礼费五十七元零八分，电报（上海复电）费一元零五分。

六点晚饭。饭后欲盹，恐又睡后嗓哑，强制不盹。七点三刻到人民剧院。嗓略〔暗〕，后亮畅，亦微有汗出。前演全本《甘露寺》，我演《追韩信》，到十点五十五分。戏止回。烟犯刘文奎又来，由吕仲申斥，还要一元去。江安信息：明日十二点前后到。明日八点打听，方有实在的钟点。饭后，看完《鸦片战争》剧本和旧刊本，两点三十五分。

3月3日

晴。

戊戌年正月十四日。

丽〔乘〕江安轮船到汉。夜场在汉阳演出。

十二点起，丽等尚未来。十二点三刻到，吃饭。今日参观长江大桥，全体去，要吕仲去拍照片，吕仲去。长江大桥委员会在候，希望我去，因时晚不去，吕仲着人来云。一点半出发，丽和广业、采蕴要去参观，饭毕同去。车坐四人，因玉凤接丽，告假，如今同去，两部〔车〕。出发到大桥，团体未来，游国龙和全体职员在候。到会客室，候团体来，游作介绍。两面等，发觉众在求吕仲拍照。出看底层，拍照时久，拍一半，坐电梯到二层火车路，步行穿过长桥，到武昌一面。俟大家拍照毕，到上层公路乘车回，四点。

六点晚饭。今晚在汉阳演唱。鹤峰曾去接丽，并约今晚看《比干挖心》。电话不通，亲送票来。丽倦，谢不去了。李立才陪我去汉阳，吕仲去看《比干挖心》，同车，送吕仲、鹤峰到民众乐园，我同立才到汉阳区大礼堂演《四进士》。戏止，伯华、胡桂林率汉剧团献花，并约明日一点午饭。同立才回汉口江汉饭店，高百岁、剑影夫妇在。谈到十二点半去，一点刚睡眠。

3月4日

晴。

戊戌年正月十五日。人民剧院最末一天，包场。

十点三刻起。昨约午饭，由立才[来]接。恐是今日，候至一点，陈伯华、胡桂林、吴天保、杨秉林具名请帖由玉凤送来，是明日一点钟约。方进食。玉凤去看电影。

四川省万县人民委员会来信，约演四至五天，文教科书章。武昌铁工业学校、冶金工业部学生王华康一函，学戏。丽带来俞飐笙地址：西安西门外人民路，石油工业部西安供应办事处。

玉凤看完影片后，同宝樾、兰云来看照片，即去。鹤峰来谈戏，并约明夜餐，五点后去。晚饭时，熊济川院长来为我诊视，消痰化气。并为丽诊视：血压高，微[有]腰子病和心脏大，开方后去。七点开会，广业不及诊视。

剑影来。巴南岗来。巴局长云：明日可住洪山云。巴去。七点一刻到人民剧院。包场，演《四进士》，末天。戏止，巴局长来道乏，送到饭店后去。百岁、剑影同夜饭，谈到一点，夫妇去。

到戏院时，萧德寅云：刘厚生来长途电话，又着吕仲打电话回上海中国戏院，向厚生问事，并抄录谈话。两点睡眠。

厚生长途电话：院中所拟计划。上海京剧院主要演员周信芳、李玉茹、童芷苓、俞振飞、纪玉良，向全国演员提出个人[红专]规划：

1. 全心全意跟着党走。

2. 二年内实现成为一个又红又专的京剧演员，要以共产党员的水平来要求自己，并且争取作一个共产党员。

3. 经常参加体力劳动。

4. 与群众打成一片，每人要有工农朋友，不计较地位，建立批评与自我批评。

5. 努力政治学习、理论学习，听党课。

6. 要使自己的艺术水平经常不断提高，把自己的艺术送上门去。

7. 有计划地学习艺术理论，参加传统戏目的整理工作。

8. 要把自己的艺术传给青年一代。

9. 在剧团带头勤俭建团，在家勤俭〔持〕家。

10. 爱护自己的工作，经常锻炼自己身体。

3月5日

大雨。

戊戌年正月十六日。在武昌省〔府〕大礼堂演出。

汉剧〔院〕请午饭，并为丽接风，约一点钟。提前一小时，十点半起。十二点赴约，下楼。伯华、天保、李罗克、胡桂林、杨秉林、李春生（大和尚）、素雯、斌昆、吕仲、世啸、龚晓岚、巴南岗、武克仁。吴天保代表汉剧院致词，我答谢。食毕，两点，别。本约赴东湖，因雨未去，约剑影来。为人民剧院、为致谢题字，四点写毕。五点，剑影同广业去看病。五点半晚饭。今晚场在武昌省府大礼堂演出。立才来，同吕仲六点同去，过武汉长江大桥到洪山省大礼堂，演《四进士》。戏止，儿童献花。副省长赵□、□□两位和两位书记、部长后台道乏。卸妆，同立才、吕仲、素雯回汉口。

今夜鹤峰请夜饭，妻云艳霞、女陈瑶华、吕仲、张世恩、广业、采蕴、我和丽，西餐。饭后世恩先去，同上楼，鹤峰谈去西藏。两点半夫妇同瑶华去。丽脚肿，睡。睡时三点四十分。

3月6日

阴，夜月。

戊戌年正月十七日。日游东湖，夜在青山演出。

十二点半起，一点后午饭。丽脚消肿。两点后，同吕仲、毛生、广业、采蕴、丽，车两辆，到车站路江边接百岁、剑影，越汉阳，到武昌，至东湖游览。红梅开放。车到，步行浴场，沿湖行到行吟阁。云屈原曾在此行吟，有屈原像和呈屈原诗文。登三层阁，眺览全湖。折回，出东湖，到招待所（现名客室）休息。是西式平房，有客室十九间，甚精致，对珞珈山、武汉大学，侧对洪山，景殊佳。

青山剧场人来接，到汉口，知在此，赶来。五点半晚饭，在招待所，百岁会钞。六点，离招待所去青山。百岁在武昌演出，到武昌解放路下车，去。毛生在十一路公共车站下车，过公路桥，改搭一路公共车自回。丽、剑影、广业、采蕴坐一车自回。

今晚在青山戏院演出。行四十分到青山。本定讲话，又说不讲了。六点五十分到青山，夜演《四杰村》、《击鼓骂曹》、《斩经堂》。戏止，工人献花，区委和武建委员来道乏。十点五十分离青山剧场，回武汉市。

王文军要向其师高维廉学戏，同我车回，江汉路下车去。夜有月，到汉口寓所时，十一点三十分。剑影在，同夜饭。百岁来，一点同剑影去。睡时两点。

3月7日

晴，有月。

戊戌年正月十八日。在青山武钢剧场演。

十一点半起。一点午饭。明日交团行李过磅，整理行李，不用的托人寄回，到三点半。服熊济川清理药第三帖。六点半晚饭。七点同吕仲赴青山。

今夜在武昌钢铁建筑公司剧场演出。《四杰村》已演完，素雯、兰云演《樊江关》，我演《追韩信》。剧团同人都住在剧场后面。戏止，同吕仲回。夜有月。到汉口寓所，十一点三十五分。明日参观十二点半去。睡时一点。

3月8日

戊戌年正月十九日。参观，在青山武建剧场演第二场。

约一点半参观青山工程。十一点起。十二点十分午饭。许俊由上海回，同饭。饭后，同广业、采蕴、吕仲同去青山，十二点四十分出发，一点三十五分到青山武建剧场。到工地，六项重建，参观了第一高炉和焦化两大工程，都〔是〕

最新自动建设，高炉方成一半。工地书记要求广播说话，并唱了一段《追韩信》。看炼焦、化学各大工程后，因正施工，路变化难行，余未看。以生产最著之发电站，和富拉尔基同，未去。离工地到招待所。一周姓招待，云是翻译，宁波人氏。六点，在招待所晚饭，四菜一汤只付四元。六点三刻离招待所，游百货公司一遭，到剧场。夜演全本《四进士》，十点半止。四十五分行，十一点三十五分回。丽云：百岁约夜饭，同广业、采蕰、丽到百岁家。时小雨，坐三轮车。饭后谈到两点十分。天晴，步行回。睡时三点四十分。

3月9日

戊戌年正月二十日。在青山第四天，武建第三场，武汉末一天。

十二点起。重庆有长途电话来，吕仲不在，未接。饭后，长途电话来，我接。云：大跃进学习时，能保证满座。市委议，票价一元四，低四角，地区也和武汉有差云。答：此番是和新民同来，也须斟酌同意回复。寻吕仲青山地址不着。毛生送行李四件到人民剧院，便经洞庭街寻吕仲。两点，吕仲回，通知青山许俊及新民团，再长途电话重庆。

五点二十五分，同吕仲各食汤面一碗。乘车到新华书店，购《陆游诗选》，八角五分；《颜习斋学谱》，四角；《海瑞》，三角四分；有关曹雪芹八种，四角四分。到百货公司购胶片四卷，二十一元。到民众乐园接陈鹤峰，同到青山武建剧场。

七点开幕前，致词慰问。演《白水滩》、《打严嵩》、《桑园会》、《徐策跑城》。戏止，谢幕献旗，书记、经理道乏。卸妆，回。饭后一点二十分，齐英才由北京来长途电话云：程砚秋心脏病今日逝世，治丧会有我列名。又去一个！

3月10日

戊戌年正月二十一日。离武汉，承荆门轮船去四川重庆。

到汉口就闻杨宝森逝世消息，后证实，使人惋惜。昨夜又听到程砚秋噩耗，又死一个好的，感叹不止！百岁、菊蘋率团巡回演出，昨晚上船，今晨开船去九江。

十一点起。有热水，沐浴，丽亦浴，午饭一点半方食。鹤峰来，托其设法寄回箱子一只，并伴我到京剧团。本去宿舍，因响排《哪吒》，先到文化局。巴南岗病，武克仁公出。许俊同去文化局，出来，许回。同陈到民众乐园，正响排，会玉昆、少英等。再到汉剧团，云伯华、天保和全体去参观反浪费展览会，都不在家，所以陈伯华家和汉剧宿舍皆未去。到京剧宿舍放箱子，会见鹤峰原配，会见姜鸿奎爱人，郝德泉在（鸿奎、世恩随百岁去），看黄成美，黄病已痊愈，坐谈。别黄，再到菊蘋家会其母。鹤峰回，自回，时四点。到楼下理发，到五点。

七点，同丽、慕敏三轮车到邦可饭店。晚，广业、采蕴同饭，十八元。德泉、鑫海、杏宝亦在晚饭。到寓所收拾零件，有大小二十余件。慕敏沐浴后，九点，去听许俊报告，丽等收拾到十点方毕。李立才一刻来，三刻离饭店，车送到第二码头。时下雨，桂林、李四立、沈云陔来送。因雨劝回。

到船中，鹤峰、艳霞、陈伯华、武克仁、李罗克、董少英、陈瑶华等冒雨来送。伯华上楼碰了腿。锣声催客下船，十二点前起碇离岸。送者扬手示别。过汉水，穿长江大桥下，〔见〕武汉无灯火，方入舱。整理到睡时，已两点四十分。

3月11日

阴。

戊戌年正月二十二日。在荆门轮中。

起到六点，船烧柴油，响声更大，转舵拉链声、广播声、摇铃早饭声、群起杂沓声交织起。不成寐，勉强睡，十一点起，赤壁已过。午饭后将两点，广业、采蕴、慕敏、丽同饭。到洞庭湖口拍两帧，天气有雾。许俊两点召开团委会，未参加（研究补贴）。写日记到两点三十五分。

七点半晚饭。九点半卧。读《生死板》改本，看《比干挖心》备改，看《薛刚反唐》（绍剧）和川剧改本《阳河堂》。十二点睡着。

3月12日

大雷，大雨。

戊戌年正月二十三日。在荆门轮船，到宜昌。

六点醒，六点半再睡着，十二点起。昨日阴沉迷濛，时有小雨，今日十二时三刻大雷大雨。过荆江分洪，远见长坝隐隐，此亦一大工程。一时，同丽、广业、采蕴、慕敏午饭。饭后查地名，记岸沿所过，沙市未停泊。沙市近荆州、江陵、公安。

荆州，古九州之一，《尔雅·释地》：南汉曰荆州。李巡曰：汉南其气燥刚，秉性强梁，故曰荆。荆，强也。又曰：取荆之名，因名也。九州时其地大，后汉刺史治汉寿；刘表治襄阳；孙吴时治南郡（即江陵县）；晋初治襄阳，后治江陵；陶侃移荆州治巴陵（今岳阳县）；明、清的荆州府是江陵县。江陵府，是汉时南郡地，唐、宋、元改上路，又改中兴路，就是春秋时代的"郢都"。

公安县，三国时蜀置。晋改江安，故城在江油口。

南郡，秦时置。湖北旧荆州，有汉阳、武昌、黄州、安陆、德安、施南，治于郢，故楚都，今江陵县东南。汉以江陵为郡，三国吴移治公安。

此船以荆门为船名。记荆门山在湖北宜都县西北五十里大江南岸，与北岸虎牙山相对，上合下开，大江绝险。荆门、虎牙，楚之西塞，水势急峻。

郭景纯《江赋》："虎牙桀竖以屹崒，荆门阙竦而磐礴。"

到宜昌时已九点半，停泊靠岸，停当已将十时。同丽、广业、采蘋、慕敏下船，江水浅，码头离岸远，行过长渡桥，再登高坡，催三轮户入宜昌市，梆锣已敲二更。商店只几家尚未上门板。问车役得知，宜昌有京剧和汉剧。往京剧场，正散戏。入剧场，被人发现。这个京剧团有于黑豹、琴艳芳（马丽云的学生）、杨得财（今年六十五，昔随四立到上海，在宜昌已十余年），有学徒二十余人，自给自足，已买了宿舍，还有上交。今日演的《跑城》《闹天宫》。下月去重庆巡回演出云。告辞，街上三轮车已无。云已通知市长，并备汽车送。坚辞，觅三轮车来，汽车到。市长朱青和副市长阎锦华来，让至市政府。京剧团希望演出，因船直放，不果，时晚告辞。阎市长亲去买点心招待，并亲自车送回船。一点睡眠。

3月13日

戊戌年正月二十四日。荆门轮泊宜昌，晚演出。

船定昨晚两时开船，夜起三时见船未离宜昌，六点亦未开船。因三峡多雾，[枯]水时期（水浅难行），恐不安全，有雾停驶。船上客都起来看三峡，今日不开船。睡至十一点起。十二点，宜昌阎市长和文教局张明一、于黑豹等来，约午饭，婉辞不可，并约演出。无服装，着港务局开舱。和许俊谈，拒辞。坚约午饭，只得同许俊、吕仲、世恭、兰云、素雯下船，到市人民委员会。京、汉演员来陪，我团演员都下船沐浴，寻着刘斌昆、汪志奎来同饭。琴艳芳到船请丽，未来。迟到四点方食。

干部求演出，剧场夜场未卖票。许俊向众要求再等机会，群驳许，并再要求晚会。只好答应。五点回船安排。

街上群众挑湖泥积肥。宜南有南湖，四五百年未浚，今积肥并浚湖。日日夜夜劳作，上下午是市民群众，夜是干部，挑泥肥田。

六点，开舱取行头。六点半，同到剧场宿舍。宿舍都是京剧团所建，外面还有宿舍，亦盈余所建。七点半和群众见面，由阎市长介绍，我讲话（无稿）。胜利剧团演出。《紫林记》"余洪大战"一段，迟世恭、张兰云、孟宪英演《桑园会》，我演《徐策跑城》。戏止，政委王明、张三杰、市长朱青来道乏。新民演出要费，市付一百五十元，并请四桌晚餐。我先回，张局长送回即去。夜饭后，下船，在浮船上看捕鱼。都在浮船边撒网，想是浮船有灯，莫非鱼见光集聚耶？十二点半睡眠。

记宜昌府宜昌县黄牛山。

3月14日

戊戌年正月二十五日。在荆门船中，过三峡。

两点开船离宜昌。五点半，丽夜起，回云：船上光照两岸，奇美。起视，见船两边各有大照灯三个，照耀两岸岩石。两岸沿途有灯标，船向前由灯引行。仰视山壁，离灯照暗处隐高悬。古谣有："朝见黄牛，暮见黄牛。"大约黄牛山在黑暗中已过，现入西陵峡空舲滩，新滩最险处。

黄牛山，在宜昌西北八十里。江水经山下，有黄牛滩，南岸重岭叠起，最外高岸间，有如人负力牵牛，人黑牛黄，江湍迂回。昔古人途经信宿，犹见人牛石，故行者歌谣："朝发黄牛，暮宿黄牛，三朝三暮，黄牛如故。"

西陵峡，是巫峡、瞿塘峡三峡之一，长二十里。峡在湖北宜昌县西北二十五里，为东峡入峡之首，蜀江之险此始。《水经注》：东经西陵峡，山水迂曲，两岸高山重嶂，非日中、夜半，不见日月。绝壁或千许丈，林木高茂，猿鸣至清，水谷传响，泠泠不绝，所谓三峡之一也。《荆州记》载：自夷陵溯江二十里入峡口，又名夷陵。《寰宇记》载："吴志"：陆逊破刘备，还屯夷陵，备蜀，守峡口，即此山。以上所记，为所见皆同，只未见高茂林木，山猿哀鸣。

空舲峡，是西陵峡险处，现名崆岭峡。记载：在湖北秭归县东南四十里。《水经注》：江水自建平东界，即建平、宜都两界，峡高峻，有五六峰，参差互出，上有奇石如二人形，攘袂相对。《舆地纪胜》：绝崖壁立，湍水迅急，上甚艰难。昔船行此必须尽去所载，然后得过，故名"空舲"。最险处有大石三，峙伏水中，舟行甚险，土人称三珠石。明万历时，知州吴守忠凿平，名通舲峡。然三石仍伏水中，不知毁去否？湍水迅急，上甚艰难，仍是实况。见一人立礁石上，兜鱼。船使双马达力量催行将一小时，仍未越过此礁石。并见一民船行此，涡漩使船不前，见舟中人下船，牵行过此，正是空舲之状仍存。过此，另一最险处，名新滩。过牛肝马肺峡。

新滩，又名青滩。湖北秭归县东二十里。陆游《入蜀记》：新滩南岸曰官漕，北曰龙门。龙门水湍激，多暗石，官漕差可行，故舟都率由南上。然石多锐，易穿船，为最险之处。明嘉靖时，久雨山颓，两岸壁立，大石横填江心，水涸时尤险。商贾至此另觅小舟，分载而过，名曰起拨。

此处水湍激汹汹，有小轮引导前行，并有缆站，缆船助拽上滩行。两船不能并行，候来下水船过尽，候上水船，先到先上滩。我船候，但须开动机轮，不然被激水冲退。由六点半过两空舲峡和青滩，到九点半方过得这两个最险之滩峡。

九点半再睡眠，十一点起。十二点再看"巫峡"。过兵书宝剑峡，过香溪后眠，九点半钟。

香溪，一名昭君溪。水有二源：西源白沙河，出湖北兴山县西北、老君山东南，流回当阳河、三堆河；东源曰深渡水，出兴山县北凤凰井，西南流曰马家河。至县治西南，两源俱合，南流至秭归县东北，注于江。其入江处，谓之"香溪"。《寰宇记》：兴山县有香溪，即王昭君所游处。

十一点起。十二点后午饭，已是巴东。过湖北界，入四川地界，入巫山峡，看巫山十二峰，只有仙女峰显著，为人所识，峰顶有形似仙女下视状。

荆门轮船上《长江航行全图》，另画此《三峡图》抄录。(图略)

巫山峡：在四川巫山县之东，接湖北巴县界，因巫山为名。《水经注》：江水东径巫峡，杜宇所凿以通江水。江水历峡东，径新崩滩，其下十余里，有大巫山，其长首尾一百六十里，谓之巫峡。自三峡七百里中，两岸连山，略无[阙]

处。重岩叠嶂，隐天蔽日，〔自〕非亭午夜分，不见曦月。每〔至〕晴初霜旦，林寒涧肃，常有高猿长啸，属引凄异。故渔者歌曰："巴东三峡巫峡长，猿鸣三声泪沾裳。"今不见猿。

巫山：四川巫山县东，巴山脉特起秀峰，旧传形似巫字，故名。重岩叠嶂，隐蔽天日，成为巫山。有十二峰。苏〔辙〕《巫山赋》：峰连属以十二兮，其九可见〔而〕三不知。陆游《入蜀记》：十二峰〔者〕不可悉见，所见八九峰，惟"神女峰"最为纤〔丽〕奇峭。《方舆纪胜》：十二峰曰望霞、翠屏、朝云、集〔仙〕、松峦、聚鹤、净坛、上升、起云、圣泉、〔登〕龙、飞凤。峰下有圣女庙。

三点三刻，进入瞿塘峡地段，到奉节，入夔门，已六点钟。

瞿塘峡：四川奉节县东三十里，一名广溪峡。《吴船录》：每一舟入峡数里，后舟方续发，水势怒〔急〕，恐猝相遇，不可解〔拆〕也。峡中两岸，高岩峻壁，斧凿皴皴之痕然。瞿塘峡乃三峡之门，两岸对峙，中贯一江，地当全蜀江路之门户，为古今兵事攻守必争地。滟滪堆当其口。

滟滪堆：在奉节县西南瞿塘峡口，亦名"滟预""犹豫"。《水经注》：白帝城西江水有孤石，为滟预石，冬出水二十丈，夏则没。李肇《国史补》：蜀之三峡最号峻急，四月五月尤险。故行者歌曰："滟预大如马，瞿塘不可下；滟预大如牛，瞿塘不可留。"梁简文帝《滟预歌》曰："滟预大如璞，瞿塘不可触。"《寰宇记》：滟滪又名犹豫。言舟子取其犹豫不决，其水脉也，故曰犹豫。又俗呼为燕窝石。石上磨崖书"对我来"三字。舟人对石行，则随水旁流，可以避石。如先避石，则碰为粉粹。究不知三字何人所书，俗附为武侯笔云。

过滟滪堆，白帝庙、永安宫（传是刘备托孤处），一在半山，一在山顶。过此一滩上有碎石块成堆，传即诸葛亮之八阵图。孟良梯、夔门在对岸，都在奉节县。

奉节县：春秋时国之鱼邑；汉，名鱼复县；三国名，蜀称永安；西魏，名人复；唐称奉节。故城在今县东北，宋从今治。地当川鄂交通要冲，拒三峡西口，全国门户。

白帝庙祀公孙述：西汉末东汉初，述据有四川、甘肃、陕西部分地区，是刘秀强大敌人，称帝西方为白德，故色尚白，号为白帝。刘秀招降，述说：止废兴，命也，岂有降天子？后，吴汉围成都，述自领数万力战，被刺洞胸堕马死。

七点半晚饭。十一点睡眠。两点到万县。到万县停船，下船人客甚多，亦有上船去重庆客。夜看万县，水浅，山坡亦高，且较宜昌高，灯火亦较宜昌多。本定万县过夜，因宜昌多住一日，所以今夜夜航，补足路行日程。三点开船离万县。

万县：汉，朐忍县。三国时，吴置羊渠县；蜀改南浦县（属四川夔州府）。地滨大江，形势险固，商业颇盛。光绪二十八年，中英续议"通商行航条约"，开为商埠（境产石油）。船开，再睡眠。

3月15日

戊戌年正月二十六日。在荆门轮船中，夜停石家沱。

十点半起，江行已在酆都县界。两点半过酆都县。查看地理抄记。

酆都县：后汉置平都县；三国蜀省；隋置丰都县；明初改"丰"为"酆"；清时属忠州。

酆都观：在酆都县东北平都山，本名仙都，唐朝建，宋朝改景德观，又名白鹤观，相传汉王方平、阴长生得道处。方家瑛《使蜀日记》：县有仙都观、麻姑洞，号紫府真仙之居。不知何时创森罗殿，因[附]会为阎君洞，以为即地狱之酆都，盖道流惑世，失其实也。范必大《湖船录》：一说忠州酆都县，去县三里有平都山，碑牒所传，前汉王方平、后汉阴长生皆在此得道仙去。有阴君丹炉，是酆都阴君，是阴长生，俗讹为幽冥之主，因以酆都为鬼伯所居，殊谬。

五点半过涪陵县。

涪陵县：汉置，故城在彭水县，战国时楚国枳邑；汉亦名枳邑；隋改涪陵县。

涪陵江：是贵州乌江下流，由贵州入彭水县，至涪陵县入江（水延江支津），亦云涪陵水。（司马错泝舟此水取黔中郡。）

有人对我说：万里长征，乌江是渡第一道江，即此。

八点，船停石家沱，过夜宿。明日到重庆。

石家沱：涪陵县西，大江南岸，近长寿县。

饭后船长卢永慎率全船海员开联欢会。船长致词，欢迎和欢送。答谢词后联欢、叙谈。知船有安全奖状；知宜昌多停，并昨夜夜行，使我们按日到重庆。知船上有最老练的引航员，六十五岁的宋宏春。为我安全，又加了向□爱同志。这几日饮食安全关心备至。又谈：这样的加拿大造柴油船有两只，还有四只在广州湾，本可加货，因使旅客便，为专运客用。

到十点半散会。船长引向工作间看操作工具，云此尚是半机械化。

写抄地理到十二点半。睡时一点三十五分。

3月16日

晴。

戊戌年正月二十七日。荆门轮到四川省重庆。

六点半醒，起。盥洗到八点。丽等起，收拾行李。饭毕十点半。一点五十分到重庆拢岸。裴东篱文化局长和川剧院长张德成、周慕莲，京剧厉彦芝、厉慧兰献花。

重庆是山城，水〔枯〕时上坡更高，见长江和嘉陵江在夹着重庆。据所议，将取武汉大桥经验来构通全市。人口有两百多万人。上坡乘汽车到重庆宾馆新楼二楼，住209、211、213室。接者辞去。点心食炒面和菜汤，甚美，可口。六点晚饭。七点到重庆剧院，看川剧演《借亲配》(古董借妻)。十点止，献花，上台握谢。回重庆宾馆，十一点睡眠。

解放军剧场经理王孝廉、科长朱龙渊来接，交际处长贺光、宾馆科长刘□，厨师李隆来会招待。

3月17日

早阴，午晴。

戊戌年正月二十八日。

十点起。十一点，裴局长来。同吕仲、许俊、世恭、世啸、素雯、兰云等同到地方委员会拜政委。任白戈市长兼政委书记见，并有鲁大东、辛易之、李唐彬（未在）。会谈，拜别。〔另有〕办公厅主任李企舟。又到市政府，〔见〕副市长陈筹、邓肯（管文教）、岳林、周钦岳。出市府，参观山顶大礼堂。到文化局，会副局长李衡、萧秦。局中遍栽，裴云：重庆不但绿化，而且要花化。

欲去拜京、川两剧院，慧敏、慧兰都在开会，和杂技团长都未见。由科长引往游艺场拜张德成；到川剧院拜周慕莲。到王爷石堡我团宿舍，送许俊。同吕仲一点回。一点半午饭。

胶卷两卷，三峡风景印得还好，付五十元。六点，文化局晚宴。到任白戈、鲁大东政委，陈筹、邓肯市长，李衡、萧秦、张德成、周慕莲、越剧□□，京剧慧敏、慧兰，我团世啸、世恭、鑫海、文军、兰云、素雯、志奎、斌昆、查□、宝櫈，裴东篱主任，还有文联副主任邓君吾、美协李少言、文艺科谢代。到八点散，共三席。抄日记到十一点。一点眠。

3月18日

戊戌年正月二十九日。解放军剧场演出第一天。

十点醒，十一点起。一点半午饭。饭后，慕敏来，同广业、采蕰去购物。吕仲：除解放剧场演出外，要到工场、农村去演，地方是九龙坡、沙坪坝、北碚。

六点晚饭。六点半到解放军剧场。五十分，裴东篱局长讲话，我说话后开演，七点。谢英庭《挑滑车》，素雯、兰云《樊江关》，最后《追韩信》。戏止，慧兰和京剧青年演员献花。任白戈市长来后台道乏。十二点同丽回。夜餐十二点半。三刻睡眠。

重庆，巴县：是春秋时巴国都；汉置江州县；南齐末改垫江；北周改名巴县；明、清皆为四川重庆府治，有镇总兵驻于此。地当嘉陵江与大江会口之西岸。全蜀之水，倾注于此。川省东部锁钥，运输便利，贸易总汇，《中英烟台条约》允开商埠，市肆殷阗，商舶比栉，繁盛见称。蚕桑亦盛，丝织物巴绫。现此有二百万人口，仍是繁盛。巴绫已无。旧载：城踞山坡，道路崎岖，现在却是现代化的城市。

3月19日

戊戌年正月三十日。

十点起。一点午饭。美术公司要求拍照。三点，同吕仲到服务业公司摄影部，拍便装（地址在民权路24号）。到古籍书店，到竹器店，到报刊发售处，到新华书店，四点半回。购《山西地理概述》，二角四分。购竹笔筒一个，一元八角五分；《戏剧论丛》五八年一辑，七角五分；《文艺理论译丛》，八角五分；《太平军三下扬州》，两角。

盹睡三刻钟，五点半起。上海政协无党派大会《把心交给党》，列名主席团，长途电话来征求同意，吕仲接，答同意。六点半晚饭。七点十分到解放军剧场，演《四进士》。戏止，苏联□□来献花。曾在上海京剧院接待过她，她到此考察川剧。摄影部又来拍《四进士》剧照。十一点回。十二点夜餐。

3月20日

戊戌年二月初一日。

今日一点半，约参观博物馆、琵琶山，约一点一刻出发。慧敏、慧兰来看，因出参观，即去。十二点三刻午饭。饭后，同丽、广业、采蕰、毛生到中兴路王爷石堡宿舍，团员正集合乘电车。我车先行。到琵琶山候团员到来，吕仲去九龙坡、北碚、沙坪坝亦回，同来。

马馆长耕渔陪同参观，先看历史博物，再看现代植物矿石等作样，看土地改革时各物，四川恶霸地主刘文彩和母老虎种种罪恶物件。尚有革命史物，因钥匙被管〔理者〕带去，二因夜戏需休息，别馆长。回时，四点四十分。

饭后，七点前到解放军剧场。夜戏《白水滩》、《打严嵩》、《桑园会》、《徐策跑城》。戴国恒带陈嘉祥第六子思□来见，云：大龙在万县和潘鼎新在一处。汉口《乔府求计》寄来。十一点回，写给罗选斌一函（美术出版《追〔韩〕信》事）。十二点晚夜饭。

3月21日

雷雨。

戊戌年二月初二日。

睡时八点，大雷雨，十一点起。一点午饭。两点许俊来谈院团事，四点去。在汉口感不适，常服药，到此亦感不佳，并头晕，欲量血压正常否，并延中医调理。抄日记到六点。

七点，由科长陪同到第三人民医院急诊部诊视。张主任量血压，云：高了。换器再量，仍是高了。明日再来量，看是高低。广业看风寒，丽量血压，赎药回。

八点到解放军剧场，《四杰村》演完，正演《乌盆记》。后演《斩经堂》。嗓较昨日好。第二天《四进士》嗓不佳，没有高音，并缺底气，腔不能贯足一气。戏止，同吕仲回。服西药一格，含西药一片。饭后，抄日记。十二点四十分眠。

此地广柑好，又便宜，又大又甜，肉细，只一角一分一只。买了五十只。

3月22日

戊戌年二月初三日。

因知我血压不正，文化局把一切活动都取消。睡到四点，不安眠，到七点方再睡，亦不安，十一点起。吕仲留条：有中医来诊视。饭后，候到将三点。接熊雨田医生（看嗓专家），候唐院长阳春久。熊诊视，正开方，唐阳春院长来（七十余岁，内科），诊视，合拟方。头额昏胀，咳嗽，疾出不爽，时唾黄色痰，苔薄黄，口干苦，脉浮弦而款，方拟疏风豁痰化气为治，唐云：此地时候不适，服两帖即愈。同摄影一帧，车送去。

川剧院招待，张德成老先生演出，不得不去。同丽等到重庆剧院，已演过《盘关》、《盘宫》，正演《思凡》，将完，时三点半。演《思凡》后休息，再看川剧《戏叔》，最末张德成演《刻碑三打》。戏止，我团献花，我上台道乏。时五点，我去第三医院，再诊视，量血压。兰云头痛身不爽，同去。丽、薀同去，广业回寓。

今日是一女医士量，血压已低。兰云诊视，配药回。西药未服，服中药。大游行，六点饭，服药后绕行到剧场。夜演出《群英会·借东风·华容道》。此处对此戏非常欢喜。戏止，出剧场，有白发老太太欢候相见。回，服药。饭后抄日记。一点半眠。

3月23日

晴。

戊戌年二月初四日。

今日安睡到十点，盹睡到十二点起。两点过，午饭。抄日记。四点后，广业、采薀云：昨曾闲步，发现附近有一巴蔓子墓。我曾看在《华阳国志》中有此巴蔓子故事，在九一八事变预备写巴蔓子，不期巴墓在此。同散步到巴墓。巴墓前，列躺椅，是茶客品茗处。摄数帧，惜少光和墓被栅栏所阻。回，拾阶上，并拍牌标一帧。到寓门前，买纸回。广业、采薀去市中游玩去。

晚饭吃面。七点十分到剧场。夜戏《定军山》、《乌龙院》。裴局长云：因杂技团出国，裴明日去京接洽。同丽回。十一点半夜饭。十二点半眠。服中药第二帖。

3月24日

晴热。

戊戌年二月初五日。

因排戏,十一点半起。一点午饭。两点到解放军剧场。排《赵五娘》,四点回。

六点,食抄手(馄饨)。此地名品,甚美。七点一刻到剧场,夜戏《阳平关》、《清风亭》。夜戏止,回。十二点夜饭。一点眠。夜雨。

3月25日

晴热。

戊戌年二月初六日。

此地天气如初夏时,到此桃李已开,闻北京尚下雪,今日特别热。十二点三刻起,少穿毛裤。一点半许俊来,汇报上海来信运动情况,信上写王征夫、严璞先后被捕,并言刘少春表示自己屡犯错误。许俊去。三点方午饭。饭后,接素雯、兰云来,说《投军别窑》、《打渔杀家》,四点半去。

交际处科长关心慰问,会见谈近况。刘云:气候,来久尚不惯,服桑菊饮一包或两包,当茶饮即愈云。两角钱购四包。并着吕仲,大字报介绍给团中。六点进食。六点半到解放军剧场。夜戏《花蝴蝶》、《投军别窑》、《文昭关》、《打渔杀家》。天热,汗流几身。戏止回。十二点饭。抄日记到两点。

桑菊饮:(温病[调理]方)处方:桑叶二钱五,菊花一钱,连翘一钱五,薄荷、甘草各八分,杏仁、桔梗、芦根各二两,规格纸包五钱装。适用范围:风热外感、恶风发热,头晕咳嗽,口渴心烦。用量及服法:每次一包,白开水泡当茶饮,稍熬也可,每日服两次。

3月26日

阴,有风。

戊戌年二月初七日。

十二点二十分起。毛生云:今日两点排《文天祥》。两点午饭。饭后二十分到解放军剧场，排《文天祥》，毕，四点。

杂志发行所购《译文》三月期，六角；《学习》，一角一分。本约唐院长五点时，早回。五点，同吕仲到临江路十号唐宅，见其宅是古式的楼房，诊室悬方孝孺字一幅，船山书对："明月到楼终是夜，桃花翻浪不因风。"院中有芭蕉一株，此处芭蕉成树。唐阳春院长赶回，诊视开方。唐云：前方初看慎重，如今可放胆开方，吃两剂再来看两次。回宾馆。丽和蕴去理头，和吕仲食酒酿圆子。同去解放军剧场，六点半。

四点半起风，如今稍大，天文台云有大风。夜演《赵五娘》，到十点四十五分。戏止，徐特立、谢觉哉两老上台来握手道乏。

写公债两千元，分七、八、九、十四个月付。回，盖章。十二点饭。抄补日记。一点半眠。夜落小雨。

3月27日

阴，大风雨。

戊戌年二月初八日。到大礼堂演出一场。

十二点半起。盥洗后抄补日记。一点半午饭。抄到三点二十分。今晚在大礼堂演《文天祥》，大部分是部队，还有学生、医院。理《文天祥》词句，到五点。食烫面饺。同广业、采蕴、吕仲到大礼堂。七点前，部队代表王铺致词。我上台见面致词后，部队献花。开演《文天祥》，七点十分。

时突来大风大雨，四五千人的大礼堂缺玻璃处透进雨来，风大吹动石炭片纷纷落下。台高大，幕小不能演，因日本芭蕾舞团来已收浅，取其便利耳。大风大雨，九时后方小。丽先回，车带来。台大，时间亦〔长〕，十一点方止戏。风雨已止，卸妆，同广业、吕仲、采蕴同回。补齐日记。服药。夜饭。眠时一点钟。

3月28日

阴，冷。

戊戌年二月初九日。仍在解放军剧场演。

十一点起。饭后一点钟，到影戏院看苏联古典五彩〔片〕《奥赛罗》。戏止，回。许俊来，持刘厚生电报慰问，不演或演重头戏，可缩短行期等等，并谈减省载重运费，并精简人员等事。谈后，许去。

丽等去购东西回，欲再去大礼堂。拍照游览，到六点回。饭后去解放军剧场，演《四进士》。丽去看招待：日本芭蕾舞团招待戏。散迟，车先接我回，丽等十一点半回。服药。饭后十二点半。一点半眠。

3月29日

阴，晴。

戊戌年二月初十日。游对〔岸〕江南温泉。

十一点起。十二点午饭。十二点出发去对〔岸〕江南温泉。到江边轮渡。上游水急，轮对开则下溜，轮向上流开至江心横溜方妥。小火轮傍木渡船，木渡船可载大卡车，小跑车可二，亦开上游横流。傍岸浮船，登彼岸上山，径山路行。遍山梯田，景象似浙江，不同杭州遍山竹林，四川则梯田满山。沿见昔日防空洞，如今已填塞，不能入内。到南温泉，见两山夹溪水，甚美。至此将五十里。全体团员已在，八点集合来游，坐长途公共车来。朱龙渊、立波陪来，慧兰亦来相陪。团员有些在温泉游泳池中玩，有些在园中散步，有些雇小舟荡于溪中。慧兰、龙渊引游温泉池，登仙女古洞，见一百零九岁的老和尚。下山见大公园，沿溪筑白玉栏杆、平台、水亭，风景殊佳。溪中小艇荡漾，两岸钓人长竿净坐散逸，如同画图。到茶室吃茶，略坐。慧兰沿景步游时，频问《群英会》，约三十一日谈谈。三时，团体集合登车。我和丽、采薀、广业、吕仲三点半登〔车〕离南泉。到南温泉出口处见有水闸，上溪水溢满，下则涧石垒垒。中有横桥，立桥观览多时，摄影数帧方行。原路回渡头候渡。上民船，撑篙上水去，竿到头，身卧倒，甚吃力。渡江按原路归。

玉凤和团体亦到，并云：今夜四川省青年京剧团演《安天会》。车到一川剧场买票。到美术服务处冲洗胶卷。回重庆宾馆，五点四十分。饭后，丽等去一川看戏。

今晚本为招待中国访问演出日本松山芭蕾舞团，排派《白水滩》、《拾玉镯》（斌昆演刘妈妈）、《定军山》、《徐策跑城》。芭蕾团因试演出不能来，今晚只一出，欲晚去。朱龙渊电话来云：其团长清水正夫仍来看，并在休息时要求会面。同吕仲七点三刻到解放军剧场。

《拾玉镯》演后休息,李局长陪清水正夫来会,寒暄谈话,开演时去看戏,并送舞团节目刊一本,日本饼干一盒。《徐策跑城》演毕,同丽等回。饭后,吕仲谈二次精减遣回人员、物件事。睡时两点。

3月30日

戊戌年二月十一日。在市解放军剧场演最〔后〕一场。

十一点起。十二点半饭。一点一刻方坪剧场。是大棚,在菜场中,业余剧团正式演出,为此地工农演。演《治中山》(是战国乐羊子故事)。一场乐子过场。二场魏大夫行聘,排场都好,穿行绕场都好,銮驾式样亦美。父子见面一场最好,妻媳都吻〔合〕剧情,训子时三挡妻。最末的回劝子错觉最得神,中山王抢女杀父和女自刎、宫女的戏都见导演手法。封函在前向乐羊说明,不是原文。并有换脸改须的技术。剧本都人情化。但公孙骄送羹,乐羊子食羹,尚欠尽情。戏止出场,群众聚观。五点回,丽、广业、采蕴、吕仲去大礼堂看日本松山芭蕾舞,松山树子演白毛女。

八点到剧场,《挑滑车》完,《樊江关》上场,最末演《追韩信》。今日嗓好。剧场王孝廉约合影留念,许俊、吕仲等回,合影。王孝廉云:观众意见就是日子太少了云。此地天天满座,嫌演得太少,省中已来人,但还要求再低票价。重庆〔加〕了三天还嫌不够,省中只演十三天。

回,夜饭。睡时两点。

3月31日

阴,小雨。

戊戌年二月十二日。

十一点一刻起,因两点有座谈会。一点三十五分,宜昌胜利剧团李啸良、姚凤石来。宜昌京剧团来重庆演出,文化局通知该团,故姚、李来参加。今日来参加者都是京、川演老生者,厉慧兰来。两点开始,因有戏,三点去。川剧有周西池。谈到四点结束,各去。

朱龙渊陪往第一医院门诊部,唐阳春诊视开方,并开去兰州时备方一张,回。

厂中马同志车来接。饭后,同朱龙渊、吕仲同到九龙坡区重庆钢厂。沿路满山遍种菜蔬，并无空间，此地农民富足。车行十九公里过到重庆钢厂，邓厂经理来会。七点半开演前邓经理讲话，我亦讲了话，开演《四进士》。

这剧场扮戏的后台亦是一个舞台。这舞台面对着广场，可容多人。戏止，儿童献花。卸妆。同孝廉、龙渊、吕仲、斌昆回到重庆宾馆，已十二点钟。饭后睡时，两点三十五分。

因新民又精减，人回去并带灯光、部分道具回去，并不用的衣着回去。广业、采蕰九时去购樟木箱，盛毛、棉衣着和零星物件，装入木箱并托带回。十二点前，毛生送去解放军剧场，集合运上船，上磅运回。遣回人员有宝樾的妻和伊鸣铎数人，定明日开船，船名新民。

4月1日

阴雨，夜月。

戊戌年二月十三日。杨家坪长江剧场演〔出〕。

十一点醒，即起。十二点三刻午饭。两点，广业、采蕰和丽上街购物。三点许俊来，《比干挖心》旧本抄好送来。李宝樾留下，要编改《乐羊子》（治中山）。川剧送我《治中山》剧本。许俊拿去〔给〕李看，四点许俊去。天气阴，濛濛雨。四点十分，雾重天暗。丽等回，取照片贴于簿上。

六点晚饭后，同吕仲到杨家坪长江剧场。有中学生来读祝词，为要求签名。签了七份。有陈□□来见，现为重钢修理工人，云是丕承朋友，又引同事来见后去。

夜演《四进士》，剧场新造，很大，卖站票。日戏卖座亦好。周围是工人宿舍，离市十五里。戏止，许俊、吕仲、素雯、兰云同回到宾馆。十二点，夜见月。车送许、金、张回。饭毕一点。二十五分眠。

4月2日

晴。

戊戌年二月十四日。在沙坪坝建筑学校演出。

十一点起。一点午饭。抄"泰誓"（为补写《比干挖心》）。三点，同吕仲到电台录：（一）别重庆；（二）五一向上海讲话。车送丽等购物，四点半来接。

吕仲向服务社取来本装照相两［打］。六点晚饭后，同吕仲、朱龙渊和北碚女干部同到沙坪坝建筑工程学校。到校，校长和沙坪坝区政府文教部迎接，正副区长亦来。七点二十分到剧场。部长讲话。我亦和观众见面后开演《白水滩》和《清风亭》。十一点献花止，区长道乏，校长送至车行。这个区是文化区，学校多，重庆大学亦在此。到家十二点。许俊、吕仲、龙渊同回。明日去北碚，收拾东西到两点半眠。

4月3日

晴。

戊戌年二月十五日。在北碚。

十一点起。一点午饭。收拾上磅行李六件，零星行李吉普车载行北碚，毛生随车去。两点，同丽、采蕰、广业离重庆宾馆，往北碚。五十八里，过沙坝，沿嘉陵江，过芭蕉湾、草家岩、龙洞坎隧道、天府煤厂。这一段风景甚佳。到北碚区，住北碚公寓。三点二十分，文化科长陈阁英来安置，区委书记刘天祥、区长李明先和区部长、川剧团来会。区长谈北碚景况和工作。

三化，三天，六千窝到三万六千窝，分层施肥。三六社老者深夜积肥。风景有缙云山和北碚公园。土产有甜茶、挂面。矿产有两处发现，含铁量有百分之五十。谈至五点去。（吕仲先来，同团到北碚公园游，方回。）公寓旁就是餐厅，六点晚饭。

七点到文化会堂。演出前区部长讲话，金刚社长张莉蓉讲话（贫农的女儿，现为社长）。我讲话后，张莉蓉和劳动模范龙海泉献花。龙是灯塔社长。演《四杰村》、全本《乌龙院》，十一点半止。夜餐，睡时已一点钟。

4月4日

阴。

戊戌年二月十六日。

只一床，不宽，睡不安。四点醒，七点醒，蒙蒙眬眬到十一点起。饭后两点，游缙云山、北碚公园。先去缙云山，十六公里。盘山层层，直达最高处，此山为诸山最高处。天晴无云，可望重庆市。山上有专家宿舍五十余幢。最高处未登。是日嶂云弥漫，下瞰迷濛，不见山林，只见烟云。张姓管山人招待茶水时，拍山顶招待所。方拍一帧，即被嶂云所掩。此山有豹有猿，渐渐绝迹，满山林木甚密。离缙云山，游北碚公园。和南温泉不同，一是涧溪，北碚却临嘉陵江。人工景有古香园、刻字园，有庙殿，有公园。有乳花洞，可达江边，今已填塞不通。有温泉第一泉，在游泳训练，不开放。乳花洞边也有飞泉瀑布，水亦温。五点回北碚公寓。六点晚饭。七点半开演。仍演《四杰村》《乌龙院》。昨夜是百分之八十是农民，今晚约学校、工厂多，亦反映两场太少。今日有日戏，世恭、兰云、素雯等演。九点时，演员无事者回重庆市中。戏止，技工队收拾夜行。达重庆市，将天明。收拾，明早九时过磅。时雨，夜饭后有雷声。睡时一点钟。戏止时有小学生送纪念章和信，要做演员。

4月5日

晴热。

戊戌年二月十七日。离重庆去成都。

今日离重庆，并约一点看川剧。六点醒，不能眠，即起，六点半。八点收拾行李，仍是小吉普装运，毛生、吕仲随去。

十时，同丽、广业、采蕴离北碚公寓。在途拍了几帧照。到沙坪坝杨家桥时，司机指此处昔为国民党特务机关，杨虎城全家囚死在此云。

十一点半入重庆市区。丽等要吃四川菜，司机云：冠生园最好，能做四川菜。到冠生园，还是广东菜。吃三元□角。十二点一刻，到重庆宾馆。大件已在九点拿去过磅。略休息，一时到重庆剧场。看川剧三出：《店房责侄》，薛绍桢、唐笑吾、刘金龙演；《御河桥》，陈书舫、曾荣华、崔亚欧、戴雪如、陈玉馨、蒋俊甫、牟辽中演；《宣登鳌》(柯宝珠故事和《天雨花》中杜起孝、黄静英故事相同)。李局长来陪，休息时赠送《川剧丛刊》十六本、《川剧》七十八本、《川剧艺术研究》一本、《川剧鉴定本》一百三十八本(内送新民京剧团六十四本)、剪报一份、照片纪念簿一本。最后看《跑门吃草》(赠绨袍)，张德成、刘成基演。

剧场会见捷克·丹娜，彼云：还去成都。戏止，我团献花，我上台和张德成等合影留念。四点半回重庆宾馆。

本定快车，下午六点上车，明晨八点到达成都。因议节省一百多元，改坐慢车。九点上车开，明日下午四点到成都。有余时间理发，三角。又沐浴。晚饭。八点二十分，行李装吉普车去站，我和丽、采薀、广业八点三刻离重庆宾馆去车站。

厉彦芝、江上峰、琼莲芳、萧局长、王孝廉、朱龙渊、李立波，话剧、越剧〔界〕等〔人〕来送（重庆剧种甚多，有十四种）。九点四十分，乘成渝铁路车离重庆赴成都。车行须臾，见重庆市满山满谷万家灯火，景象特殊。天上明月照耀江水，市外是江山寂静。十一点睡眠。

4月6日

戊戌年二月十八日。到达四川省会成都。

在成渝铁路车中。十时醒。慢车每站必停，醒时正开动，见站牌写"银山镇"。起，盥漱。丽等起。事毕，车中饭菜都售尽，同到餐车食面一碗和自带的面包等食物。十二点过资阳，四点十分到达成都。省文化局林来接，京剧姜叔岩、王少泉、刘荣升、日月红（叶□□，已八十余岁，昔演小白菜曾红过一时），川剧省院长张达雄，经理陈子熙、许倩云，市文化局、文联陈明中（昔南国社三明），市川剧团九进初、林捷。张慧冲在此，明日赴雅安表演魔术，特留此欢迎，为拍照。还有京、评、川剧、话、舞、文艺界来迎。握手。到车站外登车到城内，住永兴巷招待所一楼□号。在所叙谈时，知四川省有剧团一百九十二个，京剧不到十个，各地川剧多。此地还用大红帖约六点晚饭，具名是"省外艺术表演团体旅蓉演出接待委员会"。

六点，到左面大餐厅。同四席，米建书市长亲来陪同到宴厅，市省书记、部长、文化局长都来会（因明日即演出，都集中相就）。我团许俊、吕仲、素雯、兰云、世恭、世啸、德寅、斌昆；川剧阳友鹤（筱桐凤）等；京有王少泉、刘荣升。七点半散，各去。安顿到十一点。沐浴后眠。

4月7日

阴。

戊戌年二月十九日。在军区影剧院演出。

十点起。一点后吃饭。两点半，许俊、世恭、素雯、兰云来，张院长陪同到省委，到市委，到市人民委员会。米建书市长接待，同上明远楼，共三楼，外古内新。谈市府是旧王建筑，孟昶遍栽芙蓉，故名蓉。在军阀时，城砖拆去造私宅，地做买卖。成都少下水道，古下水道被造私宅时填塞不通。来时正建水沟，见沿有三层楼房是为居民所建。拆旧平房，住新楼房。

别市长。下楼时，见二楼皆用中国式，装潢精致，四幅山水大屏是川省名家画青城、峨嵋、三峡、剑阁。用具是精致手工所制，内锡，外用竹编茶具等物。

离市府到省文化局，彭局长接待（名彭长登）。到市文联，陈明中在此工作。又到川剧院、京剧团。回招待所，已四点后。

六点晚饭。六点半到军区影剧院。开演前，林局长讲〔话〕，我和观众见面致词后开演。满座。《挑滑车》、《樊江关》皆谢幕。《追韩信》演毕谢幕，献花。省部长、市长道乏。嗓好，用力。有风，后半段觉累。

回招待所已十一点。饭后，记事到一点眠。夜有风。

4月8日

阴，夜雷雨。

戊戌年二月二十日。

十点起。一点午饭。明红领刘奎官子刘海泉来会。唱老生，亦唱《跑城》等戏，今在刘荣升班中。叶、刘去。同丽、广业、采蕴去游武侯祠、草堂寺。两点二十分出南城，到昭烈庙（刘备庙）。大殿，刘备，有刘堪，无刘禅；两配殿关、张；两廊文武名臣，都是《三国演义》中所熟悉的名字。后面是祀诸葛亮大殿，有诸葛亮塑像，有铜鼓，又名錞于鼓，俗称诸葛鼓，云是南征所用，实是苗、瑶民族赛神宴会所用。

殿周有碑四十七通，最好的唐碑在殿右，是三绝碑（指诸葛亮功绩，裴度文章，柳公绰书法），这唐碑一千多年（八〇九年，唐元和四年），重建所立，是成都珍贵文物之一。殿名"静远堂"，现在汉柏已无，但还有几株大柏树，庙、殿前后普栽柏树。寻惠陵（刘备墓），穿过红墙夹道，竹荫蔽天，行至一千七百年垒成的古冢。一说甘夫人、孙夫人合葬于此，如今增加一片广大园林，更名"南郊公园"。古墓的右面有曲折幽邃的小桥流水，富有地方特色。桤木与红豆林。离南郊回，入城（城已拆，尚留城墙数段），再往北郊游杜甫草堂，路稍远，曲折，无南郊公园路宽平坦。在成都通惠门外，溯浣花溪西上，到门前，门联写"万里桥西宅，百花潭北庄"杜甫诗。草堂门前桤木葱茏，溪水滢洄，门内楠木、梅花，堂有三进：（一）座列杜甫历史诗史；（二）座画像刻塑，收集杜甫文物，名"史诗堂"；最后"工部祠堂"，杜甫像，配有崇拜杜诗的陆游、黄庭坚宋诗人塑像。堂左有亭，内竖碑，书"杜工部草堂"，想是草堂旧处，简历史录杜诗"安得广厦千万间，大庇天下寒士俱欢颜"。诗的愿望，只有今日实现。昨见有新筑居民村三层大厦，正是杜甫诗"风雨不动安如山"房屋。由殿堂左面到草堂寺，是个大禅院。又到浣花夫人祠，记崔宁夫人，散财募兵平杨子琳的任氏，京戏中有演《浣花溪》一出，是写这个故事。近川剧写此故事，名"浣花夫人"。因任氏生长溪上。不知与京剧同否？

五点回。刘奎官伙计冯二来会，自云大儿大学尚有一年，学机械；二儿中学，但靠衣箱短期工作不够生活，饭时去。饭后，到剧场演全本《四进士》。嗓又闷，不如昨。回，夜饭十二点半。夜雷雨，一点眠。广业、采蕴明日去峨眉，文化局张小琪送来介绍信，张是朱局长太太，朱已下放。

4月9日

阴。

戊戌年二月二十一日。

今晨七点，广业、采蕴去峨眉县，上峨眉山游。十点醒，十一点起。十二点三刻午饭。吕仲电话来云：两点请医生来诊视。候至三点医生来，老医生刘安衢，今年七十三岁，和西医吴康衡（兼学中医）青年同来。量血压，我和丽皆高。开方后去。

六点晚饭。六点半到军区影剧院，演《白水滩》、《打严嵩》、《桑园会》、《徐策跑城》。丽和素雯去看川剧《红梨记》回，同回。十二点饭。饭前、饭后服药。觉倦觉累，睡眠。

4月10日

阴，晴。

戊戌年二月二十二日。

天气阴晴不定，晚间觉冷。昨服药，前半时好睡，五点三刻醒，再睡不甚稳，十一点醒，起。一点午饭。两点，同丽、吕仲、毛生去游望江楼和锦江。二十分车出东门过九眼桥，二十五分即到锦江望江楼。楼在锦江南岸，购票三分，入内。楼本名崇丽阁，上下四层，清光绪时代建，为游览饯别之地。左思赋句"既丽且崇，实号成都"，得名崇丽。每层楼龙檐高耸，爪角玲珑，鎏金宝顶，闪耀生辉，绚丽中透纤巧。传登最高层可望全城，惜封锁修葺，禁止登临。主要建筑有三：崇丽、濯锦、吟诗。濯锦楼两层三楹，载汉时蜀锦已有名，相传在沱江濯锦不及锦江洗濯得光艳。锦江又名濯锦江，故楼濯锦名。还有吟诗楼。吟诗楼是唐女诗人薛涛晚年建有吟诗楼，清时因此处有薛涛井，建立吟诗楼在此。这三楼都在绿树浓荫、万竿蔽天竹荫之中，新建藤萝花架迂回曲折，幽雅成趣。楼前有薛涛井，为明代蜀藩制笺所在。唐女诗人薛涛善制诗笺，相传薛涛曾取此井水制笺，这井又名"薛涛井"。还有浣笺亭、清婉室，都是为薛涛而建。还有薛涛墓，在四川大学内，故未去。沿江围石栏，可凭眺锦江。锦江水浅，多人正淘滩挑肥，辛勤劳动。所怪川江水浅，激流如故。见一处滩坝，上水背纤而上仍艰，下水如滑，水浅没踝而已。园中仍在建修，对江沿江岸破屋正在拆去，整理市容。

乘车回，三点三刻。过春熙街美术服务社，洗胶片。购胶卷四卷，二十一元八分。购鄂西、成都、青城、峨眉、陕西风景片，四元四角。丽购自来火盒，五元；烟嘴，三元二角；小茶壶，七角二分。五点五十分回寓。付毛生零账十二元一角五分。饭时六点三刻。八点到军区影剧院。《四杰村》已完，《乌盆记》在跳判官。演《斩经堂》，戏止回。夜饭后又倦乏思睡，即眠。

4月11日

雨。

戊戌年二月二十三日。

因血压稍高，验尿。十二点起。一点二十分午饭。今日延请刘安衢中医，两点来，吴康衡同来，检验正常，又量压，已低。再由刘视诊开方。丽亦验过，两个十字，亦诊视开方。刘、吴去。

吕仲回，开会议定，宝鸡暂不去，团往灌县演两[场]，高价最高四角。我休息几天，先到兰州按期演出，回时在宝鸡演出，向兰州、西安商减日期，补演宝鸡。

刘荣升夫妇来看，并约晚饭，婉谢，刘夫妇去（荣升是陈秀华学生）。

夜演《群英会·借东风·华容道》。夜较日欢呼兴奋。来时，本地要求再低价，因此地普遍票价最高三四角。又因首长们去重庆开会，亦表示无把握，言语中含歉意（意恐不能满座）。张慧冲亦云：成都不佳。意示速战速决。但连日演出场场客满，虽接待委员会组织之力，亦因演出效果，观众兴奋，知其欣赏爱好所致。如《群英会》，周瑜念"不用他截粮，原令追回"，都有效果。戏止回，丽看川剧，亦回，雨仍落。十一点半夜饭。抄日记，到两点半眠。

4月12日

晴，阴，夜雨。

戊戌年二月二十四日。

十一点起。刘医指出偏方海蜇（洗尽盐味）□两和荸荠□两合煮，当茶饮，服二帖药。十二点二十分，下楼午饭。两点二十分，同丽、毛生到百花潭动物园，又到青羊宫。青羊宫，古青羊肆，后有青羊观，唐代改观为宫。古代雕刻作装饰用的"天禄"，俗名"青羊"，因名。青羊一年一度"花会"，夏历二月开始，现正作展览会，亦唐、宋遗风，现正热闹集会。载：二仙庵在青羊宫东边的花园。见有大林园，但禁游人入内，不知是否？

司机是上海人，三十年未回家乡，但不识路，欲去游三大寺，其不知。他介绍说"王建坟"。欲去，亦错了路。欲去春熙街，星期六街[狭]，车禁入内，只得回，五点。

晚饭后，丽去锦江川剧院看《墙头马上》，我去剧院。夜戏《定军山》、《乌龙院》。下大雨，十一点回。丽遇雨，电话招待所，未弄清，未接着。夜饭后眠，时一点半。

川剧团送竹盒一个，甚精致。吕仲交来两百元零用。

4月13日

晴。

戊戌年二月二十五日。

十一点起。十二点四十分午饭。丽不去三寺，写《通鉴纲目》中为重编《比干挖心》的材料，"泰誓"、"牧野"、"雨誓"，写到四点四十分。陈彦衡子陈富年，现为京剧团导演，为《四川日报》、《成都日报》写两篇看我团戏后。

今日星期，有日戏，世恭等演，坐、誉都甚佳。夜场《阳平关》、全本《清风亭》。重庆市川剧院寄来《刺汤》剧本。戏止，回。饭后眠时，十二时四十分。约在《跑城》，右手大二两指垫了一下，今日觉右臂酸。穿棉背心眠。

4月14日

戊戌年二月二十六日。

今午川剧院招待演出川剧。十一点起。十二点饭。一点到军区电影院。由张达雄院长致词后演出曲艺、清音。李月秋唱悦耳好听，共唱三段；《帝王珠》，阳友鹤（又名筱桐凤）、袁玉昆（改替）；《双拜月》，许倩云、刘世玉；《三拉》，李文韵、周金钟；《张松献图》，周裕祥。四点三刻回。

选斌、敏祯、悦曾都有信来，并寄菊傲演出海报和演出情况，修车、卖房等事。饭后六点到剧院，此间照北京时间，时间早一时，七点是六时，并日长，演出尚未天黑。演《花蝴蝶》、《投军别窑》、《文昭关》、《打渔杀家》。回，十点四十分。夜饭后，为修车拟电报回。睡时一点。

4月15日

晴热。

戊戌年二月二十七日。

十一点起。一点午饭。本约两点看病，三点参观王建坟、博物馆。医生来迟。刘安衢医生来，吴康衡未来，另一西医来。量血压，我正常，丽高，中医诊视开方。西医又为丽抽血检查。西医去，已三点半。

同剧场经理陈子熙，伴同许俊、吕仲，到王建墓参观。又到少城公园（今名人民公园）参观博物馆、铁路纪念碑。回时，五点三刻。

六点饭后到剧场，演全本《赵五娘》。采蕴到峨眉县，寄来一函，今日方收到。贺公藩写长卷评《清风亭》寄来。睡时一点。

4月16日

阴。

戊戌年二月二十八日。

今日座谈会。十点醒，即起。十二点午饭。十二点四十分，将行，吕仲回，云：座谈会改两点。后天有大批外宾来，侍者擦窗去尘，恐要搬往第二招待所，着吕仲问询。

两点，同吕仲、许俊到文联，李又新主持，参加座谈会〔有〕京剧、川剧、美、音、话等各代表。主任致话，各单位发言，约一小时左右。休息后，由我发言将两小时。谈毕回永兴巷宾馆。吕仲云：明日外宾来此地，仅供应外宾，要搬家另一招待所。广业、采蕰去峨眉山，日久尚未回。

饭后，六点三刻到军区影院。四川和北京、上海时间差一小时，此时天色尚是日间，演两个戏才黑天。《白水滩》、《打严嵩》、《桑园会》、《徐策跑城》。今夜场两个〔戏〕嗓都好，出了两身汗，精神亦好。戏止回。广业、采蕰由峨眉回。饭后，蕰谈峨眉事，我感疲乏，明日搬场，催他们眠。一点眠。

睡中感不安，辗转不稳，有哼唧之声。到七点，感觉病来。预防，食散利通一粒，再睡。

4月17日

晴，闷热。

戊戌年二月二十九日。

病，搬到新玉沙街招待所。清晨觉要病，食散利通一粒。十一点起，量温度，已有一度寒热，又服散利通一枚。

统一战线部约一点午饭，十二点三刻到达。米建书市长主持。作陪，各民主党派、省部市长，有刘文辉省长、张市长、全国人民代表（七十以上年龄）、宣传部长、郎毓秀。谈话和坐席已感觉精神不支，又不能不食，强支持到席终。略谈，到两点半方回。所谈，明日下乡是西光、友谊两重点社。四川乡间不似江南聚住密集成村，都几户散居。合作社，今建房聚居，可每人多出一两亩产地。座中一位谈甚健，不知名，彼云：旦须看《红楼》，并谈川剧，昔日康子林，四川人称其为圣人，翎子会交叉舞，有一根翎子动，一根不动法。《八阵图》陆逊最称绝，翎子外还有双跨枪（京戏《白水滩》有单跨，今已无，王金元曾双跨过）。老年时，霸者强其演，跨枪三次，倒，郁死。旦色杨惠兰，亦身有绝技（路凌云亦见过，道及），是今周慕莲老师。丑今周裕祥，有《晏婴使楚》《杨广逼宫》最好。回寓，收掇毕，四点半。由永兴巷招待所搬到新玉沙街招待所楼下。临出永兴街时，冯二来，吕仲付二十元。

热度未退，头晕眼花，八点到院，昏昏然演出。前《定军山》，我强支精神，《乌龙院》演出已疲劳不堪。有人请来医生，退辞去。回新玉沙街招待所，服散利通眠，汗下如雨。

中共四川省委统战部地址：东胜街十九号。

4月18日

戊戌年二月三十日。

清晨量热度，减，再服一枚散利通。十一点后起。医生刘安衢和吴康衡来时两点。诊视，血压正常，开方后去。玉凤来探望。省文化局张小琪同彭先述（省文化局秘书室主任）来探视。送大束花，送省鉴定戏目七集（少前三集），和广柑一筐。休息时，市文化局吴局长亦来探视，送鲜花、广柑。吕仲恐我劳，挡驾致谢，去。服药。

今日下乡，我病，团去。许俊回，云：农民热情，转来慰问。同志们去先听西光、友谊报告，今后争取两千斤生产。世恭致词，并和同志们参加劳动（剥豆工作）。夜场演出云。

西安回电，同意和慰问。刘厚生来电慰问。许俊去后，热度又高，不到一度。又觉酸楚甚。两点醒，仍浑身酸楚，腿酸，腰部作痛，皮肤微抽状。服散利通一枚，汗出睡安。

4月19日

戊戌年三月初一日。

十一点起，无热度，服药第二服。丽因我无寒热，食饭，到晚又有热度。今晚世恭等演出，仍演《群英会·借东风·华容道》，一赶三角。许俊来看视后去。

因又有热度，五点睡卧，觉肚腹胀坠，胸闷异常。到两点二十分，量热度后服散利通。但今夜无汗。

所中送收音机一架来闲散，听有我院团录音。

4月20日

戊戌年三月初二日。

十一点起时，用开塞露利便，肚仍不快。吃粥。宝鸡文化局长来，由张小淇伴来看我，云宝鸡工业机构多，不够分配，求多演几场云。许俊、吕仲伴谈。斌昆、世恭日戏完，来看。刘荣升持花来看，同世恭、斌昆同去。

今夜戏，仍由新民世恭、兰云、素雯等演。购胶卷十六卷，借款八十元，连冯二十元，共一百元。十一点四十分休息。两点二十分量热度，已无。

听广播川戏，听周裕祥唱三段，有功力，惜未全播，不知何戏，是否庞统耒阳县？

4月21日

晴。

戊戌年三月初三日。

昨熟睡到隔日七点五十分，再眠到十一点二十分醒。一点二十分食粥。今日院团去灌县演出，许俊同去，八时出发。

因肚腹和胸头压闷，请西医陈绍华来检查。陈来过，检查后开药后去。丽送验，并请吴康衡、刘安衢来诊视，开方去。未服，改服西药。今日到门前园地散步两次。八点四十分，雨星星未落下。十点眠，一点睡着。

探病送来束花，内芍药花鲜艳可爱，供瓶艳美。荣升一束中有绿芍药一枝，色殊，惜已残暗。

4月22日

阴，夜雷雨。

戊戌年三月初四日。

十一点起，热度无，已缩减了两分。丽饭后同毛生去理头发，五点半回。和广业闲谈，欲去看五彩片中国粤剧纪录〔片〕《搜书院》。同丽、采蕴、广业到青年影院，云是报上登错，《搜书院》在城外沙河影院演出，折回，再托打电话城外沙河影院定票。八点到沙河，二十分演。看毕回，一点眠。夜雷雨。沙河影院在城外工人区。

4月23日

晴，夜雷雨。

戊戌年三月初五日。

这一觉最好睡，由昨夜一点睡熟，直到今日十点二十分，起漱又便，再睡到一点，漱洗再便，觉精神恢复。

稀饭后，广业、采蕴去玩照觉寺。吕仲云：上午亦去过。和丽谈行止，后和吕仲议定提早去兰州，意在此地充分休息后，三天火车疲劳，演出又紧张，不如先到兰州，又得休息，又减此地寂寞。

吕仲发信电通知各地，并明日去灌县，二十五日回，二十六日行，离成都。

由四月十七日病，今日补写日记，两点写起到七点补齐。晚饭，同丽食鸡和汤面。张慧冲魔术今晚上演，送花篮一只。丽、广业、采蕴、毛生去看，我养息未去。

矮克发胶片卷购十六卷，共付七十五元两角。时七点，尚有夕阳，在园中闲步，八点方渐黑。天空新月如钩，西北却浮起黑云。归室。九点，吕仲回。十点后，丽等回。十一点食挂面，雷雨又作。十二点入寝室。

4月24日

晴。

戊戌年三月初六日。

十一点起。一点午饭。两点，剧场经理陈子熙同张慧冲来，并送张摄欢迎照七张。其团中团员青年持花来看我，谈到四点三刻方去。

因送来剧本多，同丽乘车到百货公司，购牛皮箱一只，二十七元四角，又到西面新华书店购书。丽到其同学处，约明日晚后同回。七点晚饭。

明日广业、采蕴去都江堰，要我同去，改定小包车，明日九点启程。园中散步，新月较昨大些。七点回室，收拾书。蕰为丽写家书，到十点五十分。

4月25日

戊戌年三月初七日。

晨八时起。盥漱，吃粥。舒齐后，九点半动身，同丽、广业、采蕰去灌县，游都江堰。田间青、绿、黄、紫（荞麦）五色缤纷，农民除农事外，还捡挑石卵修水坝积水。过犀浦、高店子、郫县、安德镇、崇义铺、新场，五十五公里。到灌县时十一点。招待所为接洽，在都江堰管理处歇脚。吴敏良同志陪同到离堆公园（正开农民大会），拾级登李冰庙、伏龙观最高处。看都江堰古今水利工程模型，了解状况。凭栏下瞰，飞沙堰、宝瓶口，摄影数帧。回管理处午饭，付两〔元〕七角，米票一斤。

吴敏良约谈时云：青城山离此十七公里，半小时车程可到，步行上山慢走一小时，可到天师洞，山顶需半小时。三个钟点可来回云。惜全程亦需四小时，时间不容许了。饭后去二王庙（李冰第二子，治水功在父上），由山上下走（是二王庙背面）。俗人附会：庙大殿前有三尖两刃刀和哮天犬。由大殿下走，到庙前街上，下瞰内江水滚滚下流，沿街行到安澜索桥。

同丽、广业、采蕰过索桥，直到彼岸而回。由庙左登，拍"深淘滩、低作堰"碑和其他刻字"稻田足水慰农心"、"逢〔正〕抽心"、"遇弯截角"、"乘势利导，因时制宜"，还有六字经。

三点五十分回。由此门入城到大街，到灌县川剧院后，看团员。川剧团演员亦来会。别，上车行。出南门，过南桥，见"宝瓶口"正是农民会毕散出，未下车摄影。过坝闸时，四点。回到成都六点二十五分，吕仲已在，十二点回。丽回，请同学来，约定（昨日去访未面见）未来，所备食物自食，七点晚饭。

见报有周裕祥的《杨广逼宫》，疑是末出。八点去成都川剧院，已演到尾声。看了许倩云、刘树全《拾玉镯》；徐又如、张巧凤《杀媳》（两个青年）。休息时，会吴市长和南汉宸（云去陕转京）。蔡如雷、唐显和《五台会兄》。最末，袁玉昆、筱桐凤（阳友鹤）《情探》。晚场座不佳，《情探》看客边演边走。川剧细腻处是好，但过于烦琐；京剧简练是好，但多忽略。

散戏回时见路上湿，已下过雨了。十一点，丽和毛生已收拾了行李，亦将书箱收拾停当。粥后眠时,一点。眼带红。

4月26日

天阴。

戊戌年三月初八日。今日离成都去兰州。

八点醒,觉寒,九点半起。约两点运行李,收拾毕,午饭。三点五十分方运去车站过磅。因□□病重,吉普车运来成都,吕仲为接洽医院,准备输血开刀。

新玉沙街招待所所长曾荣智请专家和我摄影一帧。丽同学徐亚莉昨未来,今日来时四点,谈至五点半去。留地址,其爱人名孙鹿宜,住成都北门蒲箕街设计院宿舍十三号。七点晚饭。九点三十分离新玉沙街,往车站。川剧院院长张达雄、文联李又新、陈明中、剧院经理陈子熙、文化局张小淇等来送。

十点二十分,乘宝成路车,离成都去甘肃省兰州。十一点睡眠,两点时醒,站停石公坝。腹饥,食饼干,三点后再眠。

4月27日

晴。

戊戌年三月初九日。过陕西宝鸡转车去兰州。

在成都北京通车宝成道中。醒时已出四川省,在陕西境中,过定军山、阳平关,到白水江,起。白水江即故道水,经陕西略阳县北,白水江铺为白水江。古之桓水,即羌水,亦名垫水。

源出甘肃临潭县西南西倾山,屈水东南,流经西固、武都、文县,白水河合清江来会,又东南流至四川昭化县,与嘉陵江会合。

白水江即羌水,白水河即东川水,合清江,自文县注于白水江,三水异源同流。

白水江铺,在略阳县北百三十里,道出甘肃徽县。白水河,源出四川松潘县东境,二源合,东南流入甘肃文县,为东川水。

清江:源出松潘县北岷山,曰裴离塔拉泉,东南流祥楚河,东经武都关南,曰清江。入文县合。汉时白水,羌居此。《宋书》:白水,自西倾山至阴平界,氐居水上者为白水氐。

宝成路由略阳县白水江到凤县双石铺，要经甘肃一角（太阳山）。

凤县：双石铺，车人指一山说是此即街亭。双石铺在凤县西故道水南岸，亦名方石铺。

（一）街亭：在甘肃平番线（《十六国春秋》）秃发乌孤太初元年进攻凉金城，吕光遣窦苟战于街亭，非此地。

（一）街泉县：汉置，在甘肃秦安县东北，亦非此。

《后汉〔书〕·郡〔国〕志》：略阳县有街泉亭，即故县（《寰宇记》）。街泉亭俗名汉街城，是马谡败处。《后汉〔书〕·郡国志》：建兴六年，诸葛武侯遣马谡出祁山，与张郃战于街亭，败绩。

到凤州站，车中人云：此地有武则天庙。凤州名，北周置；隋改河池郡；明降州为凤县，即今凤县。凤州开车，午饭。报告宝成路隧道共有三百零四座，秦岭到宝鸡，只有九十公里，盘山穿隧道要需时四五小时。双车头慢行下山，共过秦岭、青石崖、观音山。青石崖三百吨炸药炸掉山头相连起来，并设站停车。过观音山，渐到山腰，过杨家湾、任家湾，到宝鸡站时，六点四十分。在宝鸡换北京——兰州车。车到时，在十二点十二分。

在成都，电知宝鸡文化局陈万哲局长。到站，陈局长和黄科长来接，穿过宝鸡市区到招待所。七点晚饭。

闲谈，知陈万哲亦是艺人，今年三十三岁。九岁时演须生，已有九年不演，今倡又红又专，时欲复业。谈《逃棠邑》，秦腔念"伍员"，"员"是正字。古音"云"，京剧念"云"。又谈宝鸡有三河：渭、泾、清。陕西古有八水。《关中记》：泾与渭、洛为关中三川，与渭、灞、涝、潏、浐、沣、滈为关中八水。按灞、浐、涝、沣、滈，即霸、产、潦、酆、镐。金台关等古迹很多。饭后休息，洗漱等事。

十一点半到车站，候至十二点十二分车来。登车，四十分开。车全新，包房卧车，高爽，车角水炉仿苏联置。一点睡眠，三点醒，食饼干数枚，再眠。明日到甘肃兰州，我国中部，地居陇山之西，东陇坻，横岭界陕西，南岷山之脉，界四川，西与西南界青海，北与东北界宁夏，西北一隅支出，与新疆接。禹贡，雍州之域，春秋时属秦、属西戎，秦置陇西、北地二郡；汉武帝分置天水、安定、武都三郡；又得匈奴昆邪王地，开武威、酒泉、张掖、敦煌四郡；昭帝又置金城郡，俱属凉州；后汉亦曰凉州，后分河西四郡，置雍州。三国属魏。后魏仍为秦、凉二州，又分置泾、豳、南秦、凉、灵、瓜、渭诸州；西魏增置朔、盐、会、甘、武、岷、邓等州；后周增置文、洮、宕、廓、叠、芳等州；隋增兰州、丰州，又改诸州为安定、北地、宏化、平凉、盐川、灵武、五原、天水、陇西、金城、枹罕、浇河、西平、武威、张掖、敦煌等郡；唐置陇右道，唐贞元后河西陇右陷吐蕃；宋初属陕西路，其朔方、河西皆属西夏；清分甘肃省。地势北连瀚海，南限祁连山，境属高原，黄河流灌其间，峡峻水湍，舟行甚险，西北雪水灌溉，草原丰美，宜于畜牧。大陆性气候，寒暑并烈。

4月28日

晴。

戊戌年三月初十日。到甘肃省会兰州。

起时停站，是陇西，早过天水。陇西：汉源道县地；隋置陇西县；唐没入吐蕃。故县在今县东北。沿途来山岭亦多，但皆沙土黄荒，无草无树。饭后再过通安驿、定西、高崖、夏官营，见黄河。到兰州（甘肃省会）时，四点五十分。

省副局长杨同璞和京、秦、豫、话各剧团长来迎，住甘肃省人民委员会招待所（兰州饭店）301号。饭店中大多都是上海人支援西北来，倍见亲热。正在开甘肃省全省代表大会，饭店住满代表。所住，在四处都建筑起新房，饭店是八层，两耳还在新建。四周是山包兰州，但山上少树，如高墙土城，正在争取绿化，改变土壤。街道也在〔建〕下水道，争取三年苦干，建筑兰州。

五点，风沙突起，昏暗少光，山和街道都笼罩无形。忆及十三岁时在北京时，也是常有这样天气。七时在楼饭厅晚饭。饭后沐浴，初放水，水有泥土色黄，多放则赤水沙浆。十时睡眠，两点醒，觉房有阴凉气，再眠。

甘州：汉初为匈奴地，汉武帝置张掖郡，以断匈奴右臂；西魏改曰甘州；唐曰甘州，复曰张掖，后陷吐蕃，寻为回鹘所据；宋入西夏，改镇夷郡；明置甘肃卫；清改甘州府，属甘肃省。

肃州：隋迁酒泉郡，置寻废；唐复置酒泉郡，寻复曰肃州，后陷吐蕃；宋入西夏；元曰肃州路；明肃州卫；清直隶甘肃省；民国改酒泉县。

凉州：汉置。凉者，地处西方，常寒凉。后汉刺史治陇（今秦安县）（一云冀州)（今甘肃省伏羌县冀城）；三国魏移治武威；晋因之；前凉、后凉、北凉皆都此；隋改武威郡；唐复曰凉州；宋西凉府；元降西凉州；明西凉卫；清凉州府。

甘肃物产：皋兰水烟，庄浪羽缨有名，羊毛大宗出口，自制泥毡甚著。皋兰有制泥厂。矿产：煤、金、银、铜、玉、石油。

皋兰县：土田腴美，植烟优良。汉回同城，贸易甚盛。东经平凉入陕西，西北出嘉峪关达新疆，昔为通西域大道，今为是甘肃省会兰州市。

城外浮桥跨黄河，世有"天下黄河一道桥"之谚。清时长庚督甘肃时，改建黄河桥为铁桥。

4月29日

戊戌年三月十一日。

十时起。邓宝珊省长来看。上午已来过，此时再来。整衣会见，闲谈。此地亦主秦腔，因甘肃是陕西一部，由乾隆分建，秦腔到新疆。谈昔北京名角"元元红"（本名郭宝臣），云是蒲州梆子，非正宗秦腔。谈昨日风大，云新疆是世界风库，风是新疆刮来。谈风压，云此〔海拔〕一千五百公尺，用不着氧气，青海高两千，西藏在三四千。

甘肃夏秋好，菜蔬、水果多。此处山亦非不生草木，因历年伐而不置故耳。十二点后去。

一点午饭，吕仲开会回，云已请医。候至四时未来。同丽步行到书店，购《红旗飘飘》上，七角；下，四角六分。回时，本[地]医生在候。量血压，又高些，云明日再量。

饭后，同丽、广业、采蕴到城中。看秦腔《貂蝉》。戏止，到后台道乏。看戏时觉园中寒凉。此处开戏晚，八点开戏，戏止已十一点。三刻回，时间较北京、上海差一点半[钟]。散厂在六点半，故开演迟。天气午热晚冷，在剧院穿大衣犹冷。有谚："早穿棉袄午穿纱，披着皮袄吃西瓜。"归即眠。

4月30日

晴。

戊戌年三月十二日。

十一点起。午饭一点。着毛生购《红旗飘飘》(6)，八角；《文艺报》一份，二角。今日我团由宝鸡来兰州，吕仲去接。电话来，广业接，云是许俊问吕仲，团在三点已提前到。吕仲同许俊来看我，五点来，六点后去。七点晚饭。明日劳动节，请参观，因病告假。牙突作痛，左面似神经作痛，人亦不适。

丽等去看《十五贯》影戏，十二点回，云：楼下舞会庆祝。牙痛，睡时未止。

5月1日（国际劳动节）

晴。

戊戌年三月十三日。

观礼台就搭在兰州饭店门前，十点起开始游行，到十二时。两点后，吕仲谈昨日和人民剧院经理刘为、许俊谈话态度，有责问之状，引起不满云。为组织观众不力。来时电报无回电。新民京剧团名目不加报上，云：有李玉茹无新民。昨无人接等等。

今日牙痛，较昨更烈，冷热皆刺激。

5月2日

晴。

戊戌年三月十四日。

约今日两时拜党政各机关，杨局长陪去。两点半始行，萧德寅、许俊、吕仲、素雯、兰云、世恭同去。到省委，省委书记高健君接见。见仙人掌满开红花，云是邓省长园圃运来。回兰州饭店四楼，拜省长邓宝珊和副省长黄正清，张□□。再往市委，旧总督衙门，楼台亭阁，古树亦多，后最高处是望河亭，登临便瞰眺黄河。解放后是省委，今省委有新大厦，改为市委办公处。

到军区（西北军驻办）。到省文化局，亦新建大厦，在市房后，这些市房久后拆去云。杨局长表示歉意，但言中有刺，想是刘为事。事毕回兰州饭店，赵斌云：已接洽好牙科医生。同丽、广业，赵斌陪同到医院牙科。医生鲁恒昌平常不看，赵介绍鲁诊视。云：很好，不必拔，年纪大能利用几时最好。左上槽牙第二只发炎，上药并欲打一针盘尼西林，可保演出，明日不好再来一次。打针后回。

七点半晚饭，八点理发到九点一刻。理发人苏北人，由上海来，云：兰芳来兰曾气候不适，演时出气不接入气云。丽等去看影戏，十一点三刻回，一点眠。

5月3日

晴。

戊戌年三月十五日。在人民话剧院演出第一天。

十点起。十二点，省长邓宝珊约午饭，并有尚小云。小云剧团来甘肃演，逢"双反"，营业不佳，去青海演一月，今日回，吕仲去接，并同午饭。

同丽、广业、采蕰、吕仲、赵斌到邓府。寒暄后，谈及养花，同到后园，大仙人掌树尚未开花，紫牡丹和各色牡丹盛开，有姚黄、魏紫、二乔等名目。叶较江南小，花大瓣单。在紫牡丹丛中摄影。小云和三子来，同摄几帧。园中各树皆邓和园丁种植。此宅亦住了二十余年，有梨树、紫藤等树，皆高大。酒一席，亦丰盛，并有黄河白条鱼，肉细鲜美，市上难购到之物，牡丹花饼、紫藤花饼，厨手亦别致，云系当初部下兵士，今为厨师。盘桓到三点方回。

晚饭七点后，到人民话剧院。演出前，杨同璞局长致词，我答词后，开演已八点二十分。《挑滑车》、《樊江关》、《追韩信》。止戏，十二点一刻。高书记、邓省长都上台道乏。

许俊云：剧院组织观众无力，定座不涌，欲我少演。定座不涌，新民日戏不佳，我不演更差，可直向局长研究，剧场演九天，工厂需要定几天，不需要即去宝鸡。十二点回①，夜饭。两点后眠。

5月4日

晴。

戊戌年三月十六日。

省府欢迎和欢送尚小云。九点半起，十点半往楼下赴宴。小云夫妇和兄弟富霞、三子，琴师姓徐，是徐兰沅之子。我团有兰云、吕仲、素雯、世啸、世恭、许俊、德寅。省市各首长高健君、邓宝珊、黄正清、张□□、沈求我、杨同璞。曾约丽、广业、采蕰，因人多，致谢。共三席，甘肃厨手，有整小猪烧烤、黄河

---

① 前文"止戏，十二点一刻"，此"十二点回"，时间上似有矛盾，原文如此。

鸽子鱼，甘肃省罕有之鱼龙、鸭凤等菜。

一点，同吕仲往车站，送小云去宝鸡换车成都。归觉疲乏，气候不惯，并早起少眠，假眠到四点半，犹觉倦懒不堪。

七点晚饭。八点到人民剧院，演《四进士》。上场时头晕无力，目眩，立觉不稳。读状时稍安，到公堂时方觉正常，嗓音好，有汗，状似病后虚弱，未见恢复原状，气亦短促不适。戏止，《甘肃日报》要求拍照，拍了三张。十二点二十分回。周禧如信来，并内涵证明信，不做证明在有离团之现象。饭后两点眠。夜有月。

5月5日

晴。

戊戌年三月十七日。

呼吸不畅，亦见疲累。十一点起。一点午饭。吕仲去市文化局接洽演出。话剧院在此时只上百余人，但恨打破计划，戏院无力组织观众（工厂在各郊散布人力不及有之），又不舍减少场数。工厂区盼望去演，不去则到局请愿，需要送上门去，但文化局怕不肯去，不敢提出。昨提出九场在剧院，解决这些矛盾。小云去西固，兰芳都未去，引起不满，我团去西固，并去阿干煤矿，并提出自减票价两角，更满意云。宝鸡晚去一天。

夜场，代表大会包场，仍演《四进士》。觉反应不及昨。今日精神较昨好些。

西固、阿干经理来，皆豫剧、秦剧演员云。有西固来信（匿名信），是工人不满兰芳未去工区，有责语。李正刚来后台，云在文化局。夜月明朗，青天少云。一点夜饭，饭后眠。

5月6日

晴。

戊戌年三月十八日。

十一点起。一点饭。丽具名为写家信给选斌。七点半晚饭。同丽八点半到人民剧场，演《斩经堂》。前《四杰村》《乌盆记》，上座八成。戏止回。今日精神又较昨强。戏止同丽回，时十二点。夜饭后眠，时一点半。

5月7日

戊戌年三月十九日。

十一点起。一点午饭。日记因病后无力，日积日多，抄写日记到三点。由家中丽着寄来《金陵春梦》三本、盖章及工作证。毛生去邮局取来。《甘肃日报》欲作宣传（其报主任是省宣传部长），为写题字一纸，取去。灌县照片取来，粘贴簿上。

七点饭。七点半到人民剧场，夜演《群英会·借东风·华容道》。罗马尼亚代表团"五一"后甘肃参观，今日来看戏。座，今日差四十人满座，效果甚好。《华容道》关羽刀花时，觉脚软，站不稳，还是无力。两点半眠。

5月8日

日晴，夜雨。

戊戌年三月二十日。今日是广业生日，游五泉山。

十点醒，痛喉，起。漱喉，痛好。面左边微肿。《甘肃日报》要文章一篇，题目是"思想和红专问题"。和吕仲谈。

董春柏有信来，剧团回国只一队，人多退团。新迁居在……今日是广业生日，午饭吃面。三点，同丽、广业、采薀游五泉山。

记载五泉山：在甘肃皋兰县南三里，即皋兰山。有五泉，故名。其主寺曰"崇庆古刹"。自寺门拾级而登，有武侯祠、文昌宫、昭忠祠、卧佛殿、千佛阁、地藏寺，分据山腹，而三教洞，据山巅，红楯碧瓦隐现山坳林杪间。到五泉山门前，有牌楼，书"五泉山"。购票入内，沿路拾级登高。入内，三面画廊，一九五六年画，大小名家画中国壁画数千幅，直到顶上三教洞，都有壁画。崇庆古刹改浚源寺，金碧辉煌似北京万寿山。万寿山长廊长达建筑方正整齐；五泉山长廊徇山，折曲迂回，到处皆有。

到企桥第一泉（五泉之一），问武侯祠，已不知。管理员大约已由招待所通知，引我到对山。嘛呢寺（据说是班禅曾驻锡之处），吃茶休息，每人两角。茶后引向对山。人民义务劳动者，以树枝编冠，快乐地挑水浇树，满山皆有。登文昌宫、卧佛殿，见三教洞，不远路可行登三教洞。将近山巅，下三教洞，再去千佛洞。登临下瞰兰州全市。所谓千佛，皆是画的小佛而已。寻源在泉水流处拍摄数张。循路下，处处紧凑可观，不觉疲劳。本想山腹数处一小时可毕，不想需时三小时方离五泉山。

到黄河大桥，遇李大椿伯父。过桥到北塔山下，河边看羊皮筏，□只羊皮吹鼓浮水上，架竹木坐人，为西北交通工具。只能下流，到目的地渡人背筏回上游再渡。

送胶卷到慎昌洗印，丽等冷饮后回。因时晚，雁滩不及去。七点一刻晚饭。八点后到剧场。《定军山》、《乌龙院》全本，满座。戏止拍照。戏止回。夜饭后，剪脚爪，睡甚迟。夜下大雨。

5月9日

大雨。

戊戌年三月二十一日。

十一点起。一点午饭。为广业昨日生日，今食大菜，付十五元一角二分。补写日记。报需红专一稿，吕仲写来看后依己见再改之。大雨下到四点后，小星星雨尚落。

七点晚饭。七点半同吕仲、毛生去剧院。毛生买水果，已无水果。

后台大字报很踊，因不具名，能破除情面之故。《阳平关》《清风亭》，下雨天冷，大座很好，小价座差了。戏止回，夜饭后眠。

5月10日

天阴冷。

戊戌年三月二十二日。

今日秦剧、豫剧为我团作观摩演出。十时起，天阴冷。丽肚腹不好，十二点三刻午饭。一点二十分欲行，车迟来，去兰州剧院。因四处埋下水管作水沟，车不得入，后问明，步行到达，杨局长在候，坐定开演已两点。开幕前致词。

秦剧《八件衣》：杨秀英、傅荣启（老艺人）、杨连、孔新代。

秦剧《伍员折书》：伍员刘金荣（老艺人）、伍尚党玉亭。

豫剧《寇准背靴》：柴郡主王芳云、八贤王李秀莲、寇准许云、六郎刘健德。

五点后戏止,到后台道乏,并会越剧主要人员。离剧院,到黄河大桥摄影数张。到慎昌洗胶片、取胶片,回兰州饭店五点半。

补齐日记时六点。七点饭后,二十分到人民剧场。丽等同往剧院,欲去看电影,星期六客满无票。夜演全本《赵五娘》,戏止同回。饭后一点眠。夜雨。

5月11日

早雨,阴,深夜大雨。

戊戌年三月二十三日。人民剧院最后一场。

十时,左面仍浮肿,喉亦在微痛,起。漱后略好。橘子食尽,今做水,只半杯。一点午饭。七点半晚饭。同丽去到人民剧院,演最后一场,明日去西固演。夜场演《白水滩》、《打严嵩》、《桑园会》、《徐策跑城》。夜戏止,杨同璞局长献旗,经理刘为率话剧团送别。丽等影戏票买错,未去看,戏止同回。

五泉山第二卷洗好印来,贴簿。一点夜饭。饭后眠时,两点半。夜大雨。

5月12日

阴。

戊戌年三月二十四日。西固演。

十时起。十一点半食梨一枚。一点二十分午饭。吕仲云:《甘肃日报》见载:杭州越剧团上街头演出,欲我响应号召。上街固好,但要对象明确,治安如何安排?请示省委和电〔报〕请示上海,今日两点回信云。昨许俊嘱:六点由〔此〕出发,西固有仪式云。和吕仲食了两碗面,六点出发去西固,到人民剧院接刘为同去。路程二十五里,沿路修下水道,由西固直达兰州市内。在四川成都有久年之清真寺,算是名胜古迹之一,但甘肃回族多,到处都有清真寺所见。"引水机"也是甘省风景特点之一,大轮兜水引入竹管,循流饮料,雁滩水轮大约亦是如此。崔家崖山顶有古庙,形状可见中古建筑情景。山沿筑铁路,通新疆的铁路。六点五十分到达西固戏院,经理段启明(是豫剧小丑)接待。此地由华北、东北、华东各地来的工人,也有些不良者,秩序不佳,正"反坏人",周围有公安人员。八点前,区委书记致词,答词后开幕,演《四进士》。

今明两天因开会,临时退票几百人。戏止,同吕仲回到兰州饭店,十二点五十分。饭后眠,已三点钟。

5月13日

阴。

戊戌年三月二十五日。

睡迟,今日起迟,三点方午饭。饭后,登八楼屋顶远眺。今日上演迟,七点三刻方同吕仲去西固。修下水道,逢起重机吊水管,停车十分钟,再行。到西固剧院,场上《三岔口》,因工人下班迟,迟开一刻。《定军山》、《打渔杀家》,亦晚一刻钟。此处开口八天,改五天,因铁道文化宫完竣,约去开幕包场,此地只演三天,两天在铁路文化宫演出。同吕仲回,十二点半。

许俊明日回上海。饭后,收拾一大包物件和书箱一只,随许俊带回。

5月14日

晴。

戊戌年三月二十六日。

十一点起。毛生送行李去火车站,十二点回。(一)大包物件,(一)书箱一只,(一)木筒一只,(一)吕仲行李,(一)毛生行李,随许俊带回,过磅九十余元。一点二十分午饭。许俊来,由铁路文化宫代办卧铺,九时离兰州。六点,同吕仲、许俊、丽、采蕰、广业、毛生晚饭。七点,同广业、采蕰、丽去西固。沿路拍风景数帧,到西固戏院已夕阳西下。

今日西固厂礼拜,有日戏,满座。夜戏《四进士》,满堂。

田中捡了许多石子,花纹甚美,好似南京雨花台石子。戏止,同丽等回,又十二点四十分。饭后,丽着广业写家信,退药,睡又三点。

5月15日

晴。

戊戌年三月二十七日。铁路工人文化宫演。

十一点三刻起。一点二十五分午饭。人懒,胸膈右面微闷痛。选斌寄来文化出版社《跑城》画长条。同毛生到对面新华书店,无新书,亦无新杂刊,来书不多。购云南出版《明代云南境内的土司与土官》，五角五分；戴不凡写《百花集续编》，五角。回饭店。

丽等要烫面饺，食了数枚。吕仲回，亦食。六点半来接，晚饭未食，同去铁路文化宫、设计局、营造局，管理局，委员、书记接待。寒暄后到后台。三局、宿舍、文化宫、游艺厅皆新建。团员说：昨食粗粮窝窝头，今日八人一桌丰盛饭菜。今日住专家招待所，铺盖都不必打开。这三天，张兰云食餐，得今日九时去买包子。

人民剧院时，铁路局无接洽，到西固方向文化局要求来演。我团来兰，就盼来演，因和人民戏院不打交道，此来路费和我的车油费二成都有麻烦。演《阳平关》、《清风亭》。八时，吴冶山书记致词，答词。戏止献花，有专家（苏联）来看，秩序好，效果强，来去接送，有人保卫，有医生二人看护，相待殷勤。

到家，饭后眠，一点三刻。

5月16日

晴。

戊戌年三月二十八日。

十一点二十分起。倪秋平来一函，云其友人朱紫云是文化出版社工作者，最近纪录《追韩信》谱子，要求同意出版，曾托吕仲复信，今又来一函，仍为此事。

一点二十分午饭。两点，市文化局李耀先来陪，出席报告，言谈中表示，此次因逢运动，影响了演出和工作。

两点半，到市京剧团新建戏院。三点开始报告，李科长正介绍，杨同璞局长来，介绍后开始报告，有两个钟头零十分。分（一）所见昔日梆子戏和名演员，秦腔称正宗艺术关键；（二）解放后戏剧指示工作和表演方法；（三）努力继承和增添新血液，并包括新旧文艺理论。总之，历史根源，反保守粗暴，遵循指示，戒骄戒傲，改变思想，做到又红又专。

西安人来（名王浔），同回兰州饭店。丽等去城内购物，七点回。八点饭。九点，铁路文化宫来接。夜演《拾玉镯》、《骂曹》、《徐策跑城》。戏止，儿童献花，书记和马局长道乏。卸妆，车送回，颇殷勤。□□由新疆移此来看，戏止去。饭后眠时，一点二十分。

5月17日

大雨。

戊戌年三月二十九日。在阿干区演。

七点醒，天阴，再眠。十二点十分起，大雨。一点四十分午饭。陈鹤峰来一函：（一）武汉大跃进，包括剧目，创作改编八百个，六天赶出《白毛女》、《红军远征》。（二）寄出霍石斛20两，共200元，飞机十五日到兰州。（三）粮票、信收到，搬家遗失（搬中山大道永康里45号），去信可寄民众乐园，武汉市武汉京剧院为妥。（四）皮箱因江南船在修，船修好皮箱寄回。余皆慰问。

今夜到阿干区为煤矿工人演出。

阿干：宋置阿干堡；金升为阿干县；元为省。今皋兰县南金县故址。明置关。产煤，土法采。今为阿干区煤矿，自动化采煤。

六时前，和吕仲各食蛋炒饭一碗。萧德寅同去阿干。向西穿城过，到工人文化宫转弯，向南过沟，穿山越岭向高处行，共行十八公里，较西固少二里，但山路难行，兼今日大雨，山间水滚滚，冲断道路，真是登山兼涉水。到阿干区矿工处，已是在山顶之间。团员大车来时，逢高行，水处皆下车步行，受凉发热者数人，医务员诊视。油布寄余物去上海，未寄回，今日铺盖亦湿，好在此处煤便宜，升火烘烤。

阿干区区委书记、矿务局长、工程师等接待。

这一带不似兰州市山那样秃山黄土，这里山很多森林，雨未停，并望层山云满山头，并觉寒冷。此处离市区又高三百余尺，呼吸又促。

阿干剧场下，便是煤层十几层，十年后开采此处，剧院拆去再建新剧院。

阿干煤矿职工只四千人，居民、农民有万余人。山高水硬，用砖茶、佛茶，可解瘴云。

萧德寅到山亦在发热，诊治打针睡眠。

开场前，区书记致词，答词后开演全本《四进士》。戏止献花。

水冲激，恐路难行，司机刘同志先开车去试渡。可行，方离阿干回兰州。西固经理同回。离阿干十一点五十五分。到兰州饭店，五十五分。夜饭。眠时，三点钟。

阿干剧院经理名李学敏，乃秦腔演员。

陈鹤峰寄来霍山石斛。寄到，明日去邮局取，盖印交毛生。

5月18日

晴，阵雨。

戊戌年三月三十日。阿干演第二天，亦甘肃演最后一天。

十二点二十分起。一点半午饭。霍山石斛邮〔局〕中取来。坐羊皮筏到雁滩。吕仲问：是否去雁滩玩？同丽、广业、采蕴、毛生、吕仲车两辆，到黄河大桥，坐羊皮筏子拍照数帧。吕仲同车，先去雁滩，同丽、广业、采蕴、毛生乘坐羊皮筏顺流而下，稍有逆风，到雁滩水急。素雯等乘坐，每人两角，如今要三元，付两元亦可。别人羊皮筏每人只一角。走到人造湖，有人搓麻将在茶座。湖中游艇，游人划船，艇子式样有鹅、鸭、鱼形各式。坐汽车回，过此处特点"水车轮"，拍摄数帧。忽雷声隆隆，乌云遮天，顺林荫大道回到兰州饭店。雨夹冰雹齐下，一阵即止。

因恐山路水沟难行，仍六点和吕仲食蛋炒饭，去阿干煤矿。到达阿干剧场，乌云即散，山上未下雨。夜戏《白水滩》、《拾玉镯》、《骂曹》、《跑城》。夜戏止，献旗。十一点半离阿干。刘凯声同回，云：雨夜演出效果好，有六十多岁退休老工人，二十里外翻山来看戏，云：一生能看着这一次好戏，死亦不冤。刘入城去。和吕仲回，十二点半。丽等行李收拾好，交毛生明晨过磅。夜饭一点，付毛生十元零六角九〔分〕，付饭店账十二元九角五分。

5月19日

戊戌年四月初一日。离甘肃兰州，去陕西省宝鸡。

今日离兰州，闹钟开九点，起盥洗。九点半丽起，收拾行李和零星之物。十二点午饭。李耀先来云：一点二十分开车已改零二分。匆匆赴车，十二点半。杨同璞、铁路局明科长、兰州饭店处长及赵斌、京剧团崔盛斌及其子女、团员、秦剧团来送。开车时间仍是一点二十分，离兰州去陕西宝鸡。

马永春在阿干雨中受凉，病。今乘坐是慢车，往郑州车，无餐车，团员在西定买食物充饥。幸丽带了白饭和菜，用白开水冲食。车上卖茶叶，不供白水，强调炉小。恐我团泡少数茶多数喝，买两分零售茶等事。斌昆、素雯曾为退茶叶、茶水泡茶事争论。车上曾要求广播室唱播事，拒绝。车上人皆河南人。过陇西九点后眠。九时半睡到十一点一刻醒。食饼干数枚。一点半过天水，再眠，三点睡着。

在兰州为铁路局演出两场，受路局益处不少，存放物件，运输随行得到便利，并见无餐车，电话天水备饭，虽团员皆睡未食，但此情可感。

5月20日

阴。

戊戌年四月初二日。到宝鸡。

五点突醒，不能眠，即起。外望眼前皆绿。拾掇零件。七点七分到宝鸡车站。市路书记鸿逵、副市长许振湖、司令董策成、陈万哲和秦剧团、张慧冲魔术团在此，同乐队全体来迎。此处有新声、人民两团秦剧，话剧一团、豫剧，皆献花，玫瑰花鲜艳肥大，但多刺，多束拥来，用帽垫接抱。慧冲团中乐队吹奏未免大形式。握手，向众致谢后，路、许、董陪同招待所。主要演员来，互介绍后，路等去。团员去新声秦剧团安定。住二楼023、025、026三间。车上少睡，收拾床铺后十点半，都不食，睡眠到两点三刻，再漱洗到三点半。

秦剧团来信，请看传统剧目《双诗帕》。允去。团分看魔术、看秦剧和休息。七点晚饭。三刻到剧院，看秦剧《双诗帕》，演到十二点二十分方止。道乏后回。睡时已三点。

演员：崔蕙芳（葛明霞）、乔梅英（雷女）、刘玉琴（魏碧秋）、傅晓民（李白）、何新民（葛太古）、龚清义（许远）（老）、董存秀（钟景琪），还有小生名张小云。崔、乔、董曾到站领头欢迎，殷勤。

5月21日

先晴，大风沙。

戊戌年四月初三日。在宝鸡剧院演出。

今日拜客、演出。两点，陈局长陪同去。所乘车老，而少车。吕仲通知剧团未达，排戏（《四进士》前改）、洗衣（迟世恭），另备大吉普不用了，只同吕仲、萧德寅到市府。门前有阁楼，云是张郃望兵楼，遥望三关蜀兵云。拜会路鸿逵

（书记）、张市长瀛海、部长等。文化局会王聪（正局长张伯华未在），门前遇许市长。到司令部拜董策成司令，并会夏部长（兰州总部）。约第二食堂款宴，三点半到食堂休息，时到客来。突起大风，黄沙飞舞，沉霾暗淡，云是风吹渭沙起。到者路书记、许、张市长、部长等；王局长、陈局长及局员；演员崔蕙芳、乔梅英、傅晓民、何新民、龚清义、董存秀、张小云，话剧、豫剧等负责人，共四席。我团有萧、马团长、世恭、兰云、素雯等人。宴毕，回招待所。

五点后回。七点半到宝鸡戏院。八点前，陈万哲致词，答词后开演，《挑滑车》、《樊江关》、《追韩信》。大风黄沙帘时动，兼靠铁道，车笛时鸣。本欲在文化宫演，因此剧场可卖站票千人，故在此演，剧院简陋，长椅。在兰州，要招待票五百张，此地亦有此陋规，请客万余张。十一点四十分戏止，献花，回。夜饭。睡已三时。

5月22日

晴。

戊戌年四月初四日。

十一点起。见吕仲便条：去西安，（一）长途电话叫他去联络筹备，明日回。（二）问我去游金台观否？（三）明日下午有座谈会事。二事允办，孙秉钧去。

因百岁团到上海，拟电报两通，着菊傲去学《哭祖庙》，着毛生去发出。三点同丽、广业、采蕴去金台观。吕仲回，云："改车点误车未去，明早车去西安，不回宝鸡。"（公事是实，此处住食不佳，换换环境亦有之。）同去金台观。吉普车去，那辆恐上山危险，到街中。毛生亦同去，五点半回。

宝鸡的市面亦建在山上，所以登金台观不高，再因西北高山多，此山不称山而为原，山有路或山有平地，皆称原。阶步亦不多，观前远望秦岭鸡峰（即火车盘下之峰），观改博物馆，内展图片及古物，两耳尖底陶罐颇多，此乃宝观出土物，有星石、灵芝、彩陶。最后三峰洞有三峰草书诗碑、张三峰修道处、吕祖洞、朝阳洞，皆窑洞式。顶旁高处有一排窑洞，云是国民党囚烈士、杀害烈士处。此观云是建设甚古，柏树数株有年，但景物不奇，只门阁远眺及门前两铁旗杆异殊尚美。

回招待所，六点。宝鸡市正市长鲁朋和赵长佑书记到岐山县去视察有关系的工厂，赶回见面，来拜。鲁本专员，专区撤，改市长职，云是长征干部。谈宝鸡自建铁路多，将成总枢纽。人口有二十万，工厂加多，主要建设加强，次要是简陋了。谈一原始森林，惜运输不便，乃太白山，山顶终年积雪，虽现为区，但地比县大，少人烟故。谈后回室。

七点一刻饭。三刻到宝鸡剧院，演《四进士》。将反二黄取消，加"害死"、"别家"两场，多出十分钟。戏止，又献花。卸妆回。夜饭后眠，一点半。

5月23日

晴。

戊戌年四月初五日。

十一点起。吕仲已去西安。一点午饭。约两点去座谈会，车两点半来，到宝鸡剧院。陈万哲主持，到有秦、话团员及我院素雯、兰云、志奎等。我谈两小时，陈局长小结，回招待所将六点。所谈：（一）巡回演出，随地学习，丰富知识。（二）借《双诗帕》为题，谈一夫多妻，两条路线，简练、保守、粗暴、剧改等事。（三）编、导、演，歌舞剧，并谈演员所应学。增添一，唱、讲、做、默；二，运气、使力；三，审、领、准、稳等表演、唱、白等方法，美和粗犷的比较等等。

七点一刻饭，即到戏院，演《群英会·借东风·华容道》。效果颇强。谢英庭流火，刘少春代，刚毅代关平。中国京剧院第四团来接后队，来见我。姚时晓来航空信，并函《上海剧讯》第一期。丽等去看秦剧《卓文君》回，同回。归时见新月。成都军区影院经理陈子熙代购橘子寄来。饭后两点眠。晚饭时玉凤云：大弟生日。是要钱为儿买东西，果要钱。

5月24日

晴。

戊戌年四月初六日。

十一点起。一点午饭。抄日记，到六点三十五分。饭后，八点二十分到宝鸡戏院。今晚演《阳平关》、《清风亭》。丽等去文化宫看慧冲魔术剧团，戏止同其团员来，《清风亭》止同回。宝鸡天天献花，今晚是中学生。萧德寅得长途电话，明日西安市文化局长亲来接。夜饭后眠，一点钟。

要求多演，因此地有二十万人口，在宝鸡戏院演，因有站票，工厂不够分配云，但院中只有三天满座，工厂组织不全，故亦不去，亦只五天足了。

5月25日

晴。

戊戌年四月初七日。

陆鸿奎来要慧冲送的花篮篮子，演出用。醒十点，起盥漱。一点午饭。

西安市刘局长侠僧和王浔来宝鸡，陈万哲局长陪来见，寒暄叙谈多时。住楼〔下〕，送至楼下休息。收拾零物和过磅行李到四点。七点晚饭。八点，丽三人去看《金碗钗》。九点半，同陈局长到宝鸡戏院。上座昨、今皆不佳。《白水滩》、《拾玉镯》、《击鼓骂曹》、《徐策跑城》。每出戏都受到热烈彩声。十一点一刻止，献花，书记、市长上台道乏后去。卸妆，候丽等来同回。一点夜饭毕，收拾行李后，眠时一点半。

5月26日

戊戌年四月初八日。离宝鸡，到西安（陕西省会）。

八点行李大件过磅去。八点取去。十点早饭。十点半去车站。许市长、张书记来送。十一点十七分，迟一刻开车，去西安。过熟悉的地名，马嵬、咸阳，一路平原，这是著名的八百里秦川。在咸阳停一分，三点后到西安，省长赵寿山及党政各主管首长来接（赵市长方由北京回，赶来接）。到者：陕西军区副司令张开基、陕西省工会主席刘文蔚、中共西安市常委丛一平、中共陕西省委副秘书长毛岚、宣传部副部长叶光宇、陕西省文化局长鱼讯、西安市人委副秘书长王宏谟、西安市文化局副局长高歌等负责人，及省市文化艺术团体的负责人和代表二百余人。同到人民大厦，赵省长等方去。住四楼413。四点半食炒面。九点饭。沐浴。睡时十一点半。

5月27日

天阴，热。

戊戌年四月初九日。在陕西西安。

市长张锋伯、刘侠僧同来看戏。十一点，拍照后去。一点午饭。孙瑞春、沈正璜来，并报告来西安小组情况。王金璐是省代表，王熙春是市代表。一点柳风来（为演出组委会，柳为主任），同去拜省委、省人委、市委、市人委、军区，一点五十分开始到四点。欲去省、市文化机关，柳挡阻代致意云。回。

会拜各处接见者：省委书记张策，省长赵寿山，副省长时逸之，军区副司令张开基、朱声达，市委书记董学源，常委丛一平，副市长张锋伯、杨晓初、韩望尘。每处都留影，军区列队相迎留影，都热情可感。

为演出特编特刊，柯仲平题额，闻柯正病，在病中题，柯和马健翎都在□□宫休养。

晚在三意社剧场开欢迎会。七点到三意社。八点，鱼局长致欢迎词，我答词，后为晚会，用会演方式演出。除欢迎位子外都卖票，这形式很别致。赵寿山省长亦赶来看戏。戏很熟悉，所演：渭南新民剧团余巧云《斩秦英》，三意社赵晓岚、肖玉玲《卖水》，易俗社宋上华《杀狗劝妻》，三意社苏育民《激友回店》，易俗社刘毓中《卖画劈门》。十二点二十分止，献花，道辛苦。回时一点。饭后两点眠。

5月28日

日晴，夜雨。

戊戌年四月初十日。在五四剧场演出。

十点半起。一点饭。两点理发。三点二十分，到后面大楼卖部，丽购日用件，我购《人民画报》一册。七点饭。七点半，送丽等去三意社看秦腔《秦香莲》，我到五四剧场，旧伙计陈四（殿云）在此。

夜大雨，热极。看萧德寅演《嫁妹》（谢英庭流火不能演，改《嫁妹》），后仍《樊江关》、《追韩信》。戏止，献大花篮，赵省长、张书记（亦方由京回）上台道乏。省长赞云：不简单。十一点三刻同丽等回。十二点半夜饭。睡时一点三刻。

5月29日

雨。

戊戌年四月十一日。

十点三刻起。表弟俞飏笙在此，曾来信，电话通知有工夫去看他。一点午饭。许俊由上海来，带来文件，并汇报，四点去。夜演《四进士》。李小芬在陕西，云是在渭南，告假来看我。十二点回。

文件：面貌改变小结，《西安剧讯》（8），批判吴祖光右派集团，首都戏曲界反右派斗争资料。

5月30日

雨。

戊戌年四月十二日。

十一点半起。一点饭。两点到五点，参观博物馆。非常丰富，碑林是西安著名的。汉碑"曹全碑"，唐碑最多，"大秦景教流行碑"、"颜鲁公家庙碑"、"多宝塔〔碑〕"、"智永千字文碑"、"欧阳询皇甫君碑"、"争座位〔稿碑〕"等，"景云钟"、"大夏石马"、全部"十三经"、"孝经亭"等名贵古物。

五点回。七点饭。采蕰去长乐影院，在城外，送往，路甚远。时间已到，中途折回，同到五四剧场。《白水滩》、《打严嵩》、《桑园会》、《徐策跑城》。嗓觉微哑，十二点回。日雨，夜有月。采藻有信，由家中转来。英华有信，画展览。一点眠。

5月31日

雨。

戊戌年四月十三日。

十二点起。一点半午饭。王熙春来。两点半，易俗社来座谈。到者：刘毓中、宁秀云、王天民、赵桂兰、杨全俗、宋上华、相天易，谈至四点半，门前合影后去。

丽等去看电影回。七点饭。去五四剧场。前两日停脚踏车场满，今日只两排。夜演《群英会·借东风·华容道》，戏止回。丽等看郭兰英剧团《小二黑结婚》，亦回。

6月1日（儿童节）

阴雨，大风。

戊戌年四月十四日。

十二点起。一点二十分饭。吕仲妹来（大风）。两点，在后面小卖部购送俞飔笙礼品。三点，到西稍门劳动路（旧任家庄）石油工业部西安供应办事处财务科，看飔笙夫妇。现有六个子女，今日是儿童节，为摄影后去参加节目。飔笙已四十三岁，彼云：离上海到兰州、西安、延安，再回西安云。现任科长职务。略谈，辞回，时四点。夜戏《乌龙院》，嗓哑。夜服散利通两片。

6月2日

阴。

戊戌年四月十五日。

赵省长约饭。十一点起。十二点来接。同饭：张德生书记、赵书记、赵寿山省长、副省长杨承民（杨虎城之子），还有杨明轩老先生。饭后谈戏，一点半回。

两点，看婉婉腔戏。是省戏曲院三团扮演，演《金碗钗》中一节《崔护借茶》，后有鄜鄂戏《刺目》。四点回。因嗓，盹睡到七点。

丽等去看秦腔全本《火焰驹》。

夜演《追韩信》，原单戏包场。嗓不纯，演毕汗透。熙春、金璐、瑞春、小郭来看。

6月3日

晴。

戊戌年四月十六日。开始下厂演出。

西安省京剧团请客。十二点到西大街85号西安饭店，金璐来接。有我院王玉田、王熙春等，有孙俊卿。三席，局长刘侠僧来陪。饭后到大方照相馆，合影毕，回人民大厦。贴照片，到六点饭。

六点三刻，到东门外11号俱乐部演。厂长致词，答词，开演。迟世恭演《李陵碑》，后演《樊江关》、《追韩信》。对白差，唱不纯，汗透。

6月4日

雨，晚晴。

戊戌年四月十七日。

十二点起。本约三意社来座谈，社开会，不来了。两点，睡两小时。厂中人来接，出北门去西郊。城河岸有树齐城，甚佳。到厂见宿舍似城，现代工人幸福。讲话后，八点开演全本《四进士》。音觉毛，上台尚好。

6月5日

戊戌年四月十八日。休息无戏。

今日全体参加劳动，下乡割麦。吕仲约我一点半去，欲早去，九点起，十二点欲去，不知何地，将两点方有干部同去。出城到城东康家庄金星社，遇宣传队，方寻着割麦地段。我团十点来工作，我割麦时遇农民康保兴等，云：时代不同，如今有人来帮助割麦抢收，当初反动政府要把人拉了去。讲地，当初几十斤已经好了，如今能产五六百斤云。

因有学校之约，三点吕仲同回，同丽等到学校看学生〔演〕《金刚庙》、京戏《二进宫》、同州梆子老艺人演《过巴州》、《黄逼宫》（有老艺人迷三省参加）。刘侠僧局长、罗局长（现管学校）陪同并晚饭，共三席，老师徐碧云、杨善华、王韵□、□德荣，学生中有刘文奎之子。饭后谈互学，罗局长讲了学校经过和抢救同州梆子（因老艺人只有十人）云。回已十点，十一点饭。

6月6日

芒种。

戊戌年四月十九日。

十二点起。一点饭。三意社两点半来，苏育民等座谈后，同合影，四点半去。

七点晚饭。在五四剧场演。咸阳纺织厂，超过郑州，来省开会，招待看戏。夜戏《四杰村》、《乌盆记》、《斩经堂》。在《四杰村》后，傅局长致词后我致词。夜有月。

6月7日

戊戌年四月二十日。

陕西省戏曲剧院约，并约饭，辞不掉。广业、采蕰十点车去华山。十一点三刻起。柳风、吕仲、许俊、丽同去剧院，刘、罗二局长亦在，副院长黄□招待，还有教授等作陪。饭后，看孩子们基本功，并说了话，已四点半。本约去大雁塔，因时间不早，未去，回人民大厦。夜戏《阳平关》、《清风亭》。回时，丽有寒热一度。吃面一碗。睡亦不安。

6月8日

阴雨。

戊戌年四月二十一日。

昨丽有一度热。约今日去看柯仲平、马健翎，睡未安，十点醒，十一点起。因菜不佳而贵，改两菜一汤。柳风院长送来四本《关中胜迹图志》(出〔自〕《关中丛书》，陕西通志馆印)。一点后，柳风主任来，同到小雁塔、民族舞校，接刘侠僧局长同去长宁宫。

小雁塔：出南门，在文教路，便看了塔和唐桂。

长宁宫：在三十里长安县。过韦曲、黄埔村到长宁宫。下小雨。因联系未肯定，寻不着柯仲平，便看镐河窑洞。后院长三多来，开柯门时方知午睡在室。会柯仲平。柯高兴，唱了两首近作新诗。叙谈后别行。因时，杜甫祠等处不及去了。马健翎去三门峡，写《窦娥冤》，并排练，未在家，故未去。不想在途中两车相遇，略道寒暄即别。到家，已四点三刻。

夜到军医大学演出，时大雨。遇张开基亦在院看戏。夜演《击鼓骂曹》、《樊江关》、《追韩信》，十一点五十分止，回。

6月9日

戊戌年四月二十二日。

十一点起。广业、采蕰晚四点由华山回，六点睡。一点午饭后，和吕仲整理《单刀会》(二十八日关汉卿七百年纪念时用)，到五点一刻。七点后到剧场。先进技术改革招待包场,《白水滩》、《打严嵩》、《桑园会》、《徐策跑城》。广业、采蕴谈华山险不可登,莫怪韩愈掷书大哭。

6月10日

戊戌年四月二十三日。

十点醒,十一点起。

写《单刀会》中"乔玄金殿"。十二点半午饭。一点十分鄠县工区厂长、书记陈化争、张云增来接。同吕仲、柳风同厂长两点出发。过长安县、阿房宫区,过大王庄(云赵寿山是此处人),过沣水桥,过鄠县到厂区。工人夹道欢迎,到第一招待所休息。厂区在终南山下。终南山脉有一百二十七华里。边休息边写"乔玄"剧本到五点。厂设席款待,七点到戏院。这是新建剧院,听我团来,两日赶齐设备。七点半,致词、答词,开演。孟宪英、马世啸演《断皇后》,后《桑园会》、《追韩信》。工人每出戏都表示欢悦,因少来剧团故。戏止,献花、合影。十一点半离厂区,同吕、柳回。本挽住宿,坚回西安,厂着公安同志护行。十二点五十分达人民大厦。两点三刻入寝。菊傲有电报来,已离沪来西安。

6月11日

戊戌年四月二十四日。

十点醒,十一点起,倦极。一点半行。许俊、柳风、吕仲沿途拍照(沣河、大王庄、鄠县),三点半到鄠县工区。陈、张陪我参观工地各处。今后设厂甚多,靠涝河水力云。

四点半回,和工人合影。五点晚饭。略眈一小时,七点三刻到剧院,演《白水滩》、《武家坡》、《乌龙院》。献花:大花篮、旗。十一点止。十一点半离工区。十二点半入西安市。见有机器脚踏车在,知沿途都是这公安同志保卫两天。一点夜饭。菊傲两点半车到西安,丽和广业、毛生去接。

6月12日

热。

戊戌年四月二十五日。

在十点醒。两点，柳风、吕仲、许俊、广业、采蕰、丽、菊傲游大雁塔。大雁塔是玄奘藏经所，共七层。同丽等登最高层，摄影后下。又看褚遂良书大雁塔碑文。在茶室略休息，去五典坡。唐时曲江名胜，如今毫无痕迹可寻。步行到五典坡上，看寒窑，奉王宝钏；上层有龙凤阁，奉薛平贵、王宝钏。这些都是民间传说描绘而成。回已五点三刻。饭后七点二十分到五四剧场。纺织厂包场，四个单位合成，演《四进士》。十二点回，写《单刀会》到四点睡。

6月13日

闷热。

戊戌年四月二十六日。今日采藻生日。

十点醒，十一点起。写完《单刀会》"殿谏"和"大帐"。清泉者请题字，书写毕。柳风同军医大学医者来量血压，我正常，丽不好。医去。同往半坡参观五千年前新石器遗迹，馆长招待，先参观模型，再看遗址。挖掘只三分之一，恐出土风化，盖屋遮掩，并药水凝固。离半坡，又往看灞水、浐水。四点回。

纺织城来接，同到新厂参观，八万锭子，三千台织布机，两万多名工人。一排是两千锭，一顺四百锭。此厂在全国可算得着，机器都是国产，上海、郑州、榆次、青岛来的。工人，上海、江南人多。因时间匆匆，即到三厂演出所在。工人夹道欢迎，拥挤不堪，幸工人排拦方得出。到演出场中，露天坐四千人，厂长、书记开欢迎会，致词、献花。地点在第三厂，演出《嫁妹》、《樊江关》、《追韩信》。

清泉赠我民国元年剪报和谭鑫培同台纸。十二点前回转人民大厦。

6月14日

晴热。

戊戌年四月二十七日。

十一点起。饭后，刘局长来，陪同到骡马市小剧场。两点，到者：话剧、秦剧、京剧、晋剧、蒲剧〔同仁〕，我讲了两小时。回时购《收获》一、二、三集，三元六角；《剧本》（6），四角；《文艺报》，2角；《戏曲研究》（2），五角五分；《文学研究》（1），六角五分。夜，在五四剧场演末一天。《白水滩》、《打严嵩》、《桑园会》、《徐策跑城》。戏止，省长、书记上台道乏。

蜜蜂剧团来西安演出，周柏春来后台看我。今天是第一天，成绩很好，都是南方人看。

6月15日

热，晚大风。

戊戌年四月二十八日。

一点，张德生书记和省、市委设宴饯别，三席。飚笙夫妇带子女来送别。三点半去咸阳。到咸阳候大车，团体同入市，到工人俱乐部休息。起大风。

入城，食堂一席，当地首长陪（书记和市长）。八点致词开幕，演《四进士》，十二点二十分止。回西安一点。夜饭。家中来信，欲菊去演出分账。到天明未睡着，着实累了。

6月16日

热。

戊戌年四月二十九日。小建。

一点，同丽、广业、采蕴、菊傲、毛生、吕仲、许俊、柳凤分乘车到咸阳。略休息，即去顺陵、周陵、茂陵。

顺陵是武则天母亲陵，面积很大。

周陵：周文王、周武王陵，按《关中胜迹》载：周公、成王、姜太公墓都在附近。不及去。随地都看到陵墓，因有主陵，必有许多文武臣陪陵墓，茂陵是个例子。

茂陵是汉武帝陵，陪有霍去病、卫青、李夫人墓，皆高大，霍去病墓最特〔别〕。

先到霍墓休息，陵墓边两庑有汉石刻。墓前石像：（一）石人、猛龙吃羊、牝牛、小猪、野人抢熊；（二）跃马、马踏匈奴、卧马、伏虎。到茂陵，余未及去，回时过唐王跑马泉。到俱乐部，丽等回西安。拍《嫁妹》照，八点饭。夜演《嫁妹》、《樊江关》、《追韩信》。山西太原来接，十一点回，饭后收拾行李，到两点三刻。眠。

6月17日

戊戌年五月初一日。

游临潼、骊山、华清池。离陕西西安，去山西省太原。

十点起。十一点动身，去游骊山华清池（全体已去）。丽、采蕰、菊傲、广业、毛生、吕仲、柳凤、王浔、张炎手、张云岗等同去。先到照相馆和刘侠僧局长拍照，十一点行。一点到临潼华清池。休息室就是捉蒋介石时蒋所居之室，窗上还留着枪眼的玻璃。看了看杨贵妃浴池。休息后登山，看捉蒋亭和蒋介石藏躲的洞。在山上下瞰临潼县城和远眺秦始皇坟。下山休息。广业、菊傲去贵妃池沐温泉水。主任沈□祥要求题字。所休息的室，本是唐时"飞霜殿"原址。这室内悬有郭沫若、董必武、谢觉哉诸老题诗。郭诗："骊山云树郁苍苍，历尽周秦与汉唐。一脉温汤流日夜，几抔荒冢掩皇王。已驱硕鼠歌麟凤，定复台澎系大羊。捉蒋亭边新有路，游春士女乐安康。"一九五五年十月董诗（和郭诗）："依旧骊山兀老苍，自来史迹颇荒唐。始皇大冢埋劳役，天宝清池浣寿王。幸有张杨双十二，遂无美蒋马牛羊。郭公雅兴留佳句，我辈登临也乐康。"谢诗（重游华清池）："二十年前藏狗洞，而今烟树已苍苍。危岩铲去当时秽，活水沾来近代香。乐岁穰穰称华渭，丰功啧啧纪张杨。春秋浴咏多佳日，从此骊山不帝王。"寻温泉源，并看外设群众沐所。菊傲等沐后，五点半离华清池，六点一刻回到人民大厦。

丽等明日回上海。电报来，鼓板、胡琴都要包账，不能演出，菊傲随我去太原。七点饭，饭后沐浴。省文化局长鱼讯，市文化局长刘侠僧同来，送此地出产木耳、莲心各一，纪念照片三巨本，古本《[瘟癀]阵》一本，碑帖。道谢一番，两局长去。

九点半，别丽，同菊傲、吕仲到车站。省长、市长及文化各单位来站送行，马健翎来送。开车前十分上车，献花，握手告别，离西安。西安太隆重，照顾花费皆[太]周到，感激、不安。此去太原又是慢车，时停时开，床位在门前，动荡声响，更觉不安。一点睡，睡不安。

碑帖十种：《曹全碑》、《大秦景教流行中国碑》、杨执一[墓]志、杨执一夫人墓志、晋司马芳碑、褚遂良《圣教序》、魏三体石经砖字、汉石经砖字。陕西省博物馆藏：《石刻选集》、《耀瓷图录》两册，咸丰年四本板板腔《瘟癀阵》剧本一本，唐俑图片一套。苏育民送照片,剧本《苏武牧羊》、《打柴训弟》。(周信芳旅陕演出接待办公室赠。)

6月18日

戊戌年五月初二日。由陕西省到山西省太原市。

慢车时停时开,一夜未眠,天明更不能睡,十一点起。十二点同长庚、玉凤、菊傲、毛生同午饭。六点半方盹,一盹即醒。七点晚饭。在西安购腊肠,如令蛋炒饭,甚美。十点六分到太原,张市长、省市文化局、文艺界来接。住迎泽路迎泽宾馆六楼。十一点半饭。沐浴后,一点半眠。

6月19日

戊戌年五月初三日。

十点起。候到两点,省文化局长景局长陪同拜省、市〔党〕委、人委。因四点要赶回赴宴会,匆匆,省市文化局未去。四点半回,宴三席,我团外,有中央话剧、舞团,山东吕剧、内蒙秦腔团等。饭后拍照。六点,有工作的已去。觉疲乏不堪,食散利通。剪爪到一点。本欲眠,因饭食迟迟不来。还是未食,睡。

6月20日

戊戌年五月初四日。在长风剧场演出。

十二点开欢迎会。十一点起。饭后十二点半到长风剧院。早上已下过雨。所欢迎者,我院团外,还有中央实验歌剧院、山东吕剧团、石家庄专区河北梆子剧团、河南滑县豫剧团。景局长致词,我并代表所受欢迎者答词。看了山西歌舞团和郭凤英《凤仪亭·小宴》(耍翎子),丁果仙、牛〔桂〕英的《走雪山》,五点后方散。回迎泽,云:省、市首长要来回拜。候来,略谈,六点后方去。晚饭七点,到长风剧场。市局长寒声致词(云在朝鲜同去),我又说话,觉话筒不灵,嗓已受阻,座未满,高低音皆受阻。演《追韩信》,满身大汗,敷衍下来。原因,慢车不得眠,次日闷热,车中闷了一天,昨日忙了一天,今日演出,综看今日也未有一时休息,并且早起和两次说话……种种原因。

戏止,各首长上台致意。回寓,汗不停止。食开水泡饭。睡不安,到四点。

6月21日

戊戌年五月初五日。端午节。

十二点起。一点后午饭。吕仲子学□来，同饭。因嗓哑，交际处长陪许医来，开方后去。杨科长陪蒲剧张庆奎来，张来省看戏，团在赵城将演出，今晚看《四进士》后赶回。阎逢春、张庆奎为蒲剧著名老生，都演《跑城》。来已四点，谈后在门前合影后去。八点到剧场，演全本《四进士》，六成座。嗓未好，但正常。十二点五分回。服许医药。一点饭。查照相底片，到两点三刻。

6月22日

戊戌年五月初六日。夏至。

十二点起。本欲《刀会》使春霖、少春学，团欲我演，纪念会亦需要演出，赶紧要学。幸菊傲录音带来，今日郝德泉带吹笛来录音，我起来已录好。同饭。今日我团上街宣传总路线，日场有戏。夜七点到长风剧场，《白水滩》、《打严嵩》、《桑园会》、《徐策跑城》，八九成座。嗓在《打严嵩》上时觉不支，后音畅，《跑城》亦平稳。十一点三刻回。起风，但汗流不止。一点夜饭。

今接有两封老人信，有诗。（一）八十岁，（一）九十岁。《单刀会》剧本在西安写好，带太原印，条件不够，油印不及，要排戏，原本取回。

6月23日

戊戌年五月初七日。

昨夜安睡，一点起。鑫海、鸿翼在，同饭。三点半，同吕仲到百货公司、新华书店（五一路），购毛巾两条，每条七角；汗衫一件，三元七角；帽子，一元六角；购《五侯宴》，一角四分；《单刀会》（原未动），一角二分；购太原地图，四角；中路梆子《和氏璧》，一角七分；《云岗散记》，二角五分。又到省第一博物馆，正在山药蛋展览，地址文庙，拍照数帧，内石刻石碑亦不少。遇许医生。五点后回。

夜演《四杰村》、《乌盆记》、《斩经堂》。嗓好，调高。营业不佳。

赵处长送来《山西文物介绍》、《山西民间剪纸集》、《云岗石窟》。

6月24日

戊戌年五月初八日。

十二点半起。饭后两点，同吕仲到蒲剧团宿舍（我团住在此），排《单刀会》。因我团今日上街宣传总路线，需要休息，改三点去。把《单刀会》"金殿"、"下书"、"刀会"如何演唱说了一遍，五点回。

六点三刻到长风剧场，演《三国志》。"华容道"时，靴子接头硬处顶破左脚右面。

倪秋萍将《追韩信》出版工谱寄来审阅，交郝德泉阅看。明日约游晋祠，有各团体联欢摸彩。写字一纸，到两点方睡。

6月25日

小雨。

戊戌年五月初九日。

十二点起。饭后，赵处长陪同去二十余里外晋祠，参加游园会。全体和别个剧团早来，摸彩已毕。我们先到公园休息，再到晋祠和别团首要人合影。此处送碑帖礼品，并要求题字。由屈所长引导游览，别团和我团已回市中去。游圣母殿，看美侍女塑像、鱼沼飞梁、叔虞祠、金人台、难老泉、晋水等处。四点后回。

饭，七点。夜戏《定军山》、《乌龙院》，上座不佳。许俊电话（长途，许去河南）中云：河南云"山西可去，河南就能演出"，电报去请示云。明日晋剧学校请看学生戏。写字赠品。两点眠。

碑帖十种：谯郡太守曹格碑、唐太宗晋祠铭、大方广佛花严经石幢、吕惠卿题兴安王庙诗碣、谭穑祭汾东王文碣、宝贤堂集古法帖、罗洪先悬笔诗碑、傅山古柏题辞石刻、朱彝尊游晋祠记石刻、彭振邦晋祠图石刻。

6月26日

阴。

戊戌年五月初十日。

山西省太原市戏剧学校在剧场演出，观摩。十一点起。饭，十二点半。副校长来约同去，校长丁果仙接待。学生演出：基本功，包括耍方帽翅、出手，《打金枝》"叙宫"一段（唐王—武忠、皇后—李慧琴、公主—田桂兰）、《武松打店》（武松—吕铁城、孙二娘—张友莲）、《红梅阁》（李慧娘—田桂兰、裴生—数福喜）。戏止上台，要求说话，随便鼓励几句，回。

长风剧场组织观众无力，因西安是统一布置，太原各场皆能自备，所以长风又不忍舍去，经刘初侠市长在医院赶出开会方解决。今夜市府包场，在市府大礼堂演出。戏止，刘市长上台道乏。

夜演《清风亭》改《四进士》。刚才丁果仙要看《四进士》，临时改，也许是丁果仙要求。

6月27日

戊戌年五月十一日。

今日是省府包场，仍在长风剧场演出，演《赵五娘》。

定二十八日纪念关汉卿七百年纪念大会，在列主席团。明日发言，预备草稿，到四点方睡。

6月28日

大热。

戊戌年五月十二日。纪念关汉卿七百年纪念会。

十点起。十一点到长风剧场。十二点开会。宣布大会主席团名单。省文联副主任郝汀主持，致开幕词。省文化局副局长寒声介绍关汉卿历史。市文化局副局长张焕、市文联副主任唐仁均讲话。我讲话后，剧作家贾克讲话。毕会。河北梆子演《六月雪》，晋剧牛桂英、郭凤英演《谭记儿》（川剧本）。戏止，车未来，步行回。盹睡一点半钟。团中付一百元，扣去买胶卷款一百元。

夜在解放路建筑工人俱乐部演《四进士》。许俊由河南回，云：河南我可不去了，新民剧团洛阳只在一处演出，去否未定。睡时两点。

6月29日

下雨。

戊戌年五月十三日。

十二点半起。一点饭。吕仲的儿来，备饭。两点半来宝奎、德寅、场面，说排《单刀会》。四点一刻兰云、素雯来。因晋剧团请宴，晋团丁果仙团长和李副团长、牛桂英、郭凤英，有许俊、马世啸等。先拍照，后同饭。饭后别。

八点在铁道俱乐部演出，杨秋实和厂部长来接。《白水滩》、《拾玉镯》、《击鼓骂曹》、《徐策跑城》。俱乐部在北门。戏止回，十一点半。饭后一点。

6月30日

阴雨。

戊戌年五月十四日。

十二点半起。饭后二点，到长风剧场排练《单刀会》全出。排到四点回。

六点半饭。八点，菊傲、吕仲、杨秋实到工区义井影剧院，演《四杰村》、《樊江关》、《徐策跑城》。到迎泽宾馆十二点，饭后二点眠。

7月1日

晴，夜有月。

戊戌年五月十五日。

十二点半起。一点午饭。付毛生账十元八角五分。购今年二期《戏剧论丛》、《文艺报》、《戏剧报》。贴照相簿。杨秋实陪晋剧演员王桂叶、白桂英、马玉楼六点来。我饭后下楼合影。王、白、马等去。

到西北郊东风露天剧场演出。这场子十小时工人和眷属自己动手赶造，能容一万多人。八点开幕致词并贺成。演《四进士》，四角票价，有五六千人，连墙外不买票者也有四五百人。幸未阴天，夜有月。演到十二点二十分，无一人离去。回市。饭后，贴照相簿，到三点三刻。

7月2日

风沙。

戊戌年五月十六日。

十一点起。十二点，写家信。一点，玉凤在，同饭。写信毕，航空邮出。两点到长风剧场，排《单刀会》，三点半止。车未来，坐三轮车到迎泽宾馆，门前遇刘舒侠市长，同到六楼，座谈多时，五点半钟去。六点饭后去厂，特往拍双塔寺景，后有解放烈士墓摄影。厂院经理来接，赶至双塔，同去厂区，七点十分到221厂。七点半开幕，说话。明日排《单刀会》，嘱改彩排，此区有师范学生二百人来看戏，有二十余人业余演戏者学生来看戏。略谈，去看戏。演《四杰村》、《拾玉镯》、《击鼓骂曹》、《徐策跑城》。十一点三刻，回到迎泽宾馆。两点半眠。

7月3日

晴，夜月。

戊戌年五月十七日。

十一点起。本定今日响排《单刀会》，恐演时词生言慢、昆曲调高、行头等事，将响排改为彩排。一点到和平剧场。一点半开始，演到三点一刻。昨刘市长欲我再看学生，今日安排不及，只演了一出《杀庙》，看毕回。盹睡一小时。到南文化宫演《四杰村》、《樊江关》、《追韩信》。今晚嗓子好了。十二点回。此次印照，大雁塔底片寻不见，又找着了。饭后，贴陕西照片。剪贴完毕，两点。

7月4日

戊戌年五月十八日。

昨日响排《单刀会》，夜《追韩信》，感累，精神振奋，聚而不散，到天亮方眠。

今日《单刀会》正式演出。十一点起。饭后十二点半，到大中剧场。除少数招待文艺界，皆卖座，前金素雯演《六月雪》，后和迟世恭（乔玄）、马世啸（孙权）、李宝櫆（鲁肃）、萧德寅（周仓）演《乔玄责鲁肃》、《关羽单刀会》。三点半止。效果强。文化局、文联上台道乏。

四点，到百货公司，再购汗衫两件，七元五角。归，沐浴。乒乓球选手到太原要来见，到屋顶合影后去，此中江南人多。

六点饭后，同吕仲、秋实、菊傲先往上蓝村，看晋大夫祠（碑名鸣楗，地图写名隼），看三分水出口处，看烈石寒泉。神话大夫治水失期，吊死梧桐树，塑像边有梧桐木一棵，并神话［烈］石［寒］泉云。新事物：见铁筒上山引寒泉水，能灌溉田四万五千亩，赶工跃进，花五十余天而成。

七点半赶到新城工厂工人宿舍,已建成新城外的一所新城,这剧场所以名字是"迎新"。八点方开演《四进士》,到十一点五十分止。

离新城工区迎新剧场,回迎泽宾馆。收拾行李。饭后收拾到两点。三点睡眠。

7月5日

戊戌年五月十九日。今晚太原演出完毕。

十二点二十分起。学校副校长率学生武忠、田桂兰等三个学生送来镜框、照片、剪花三个。略谈[遂]去。为杨秋实题纪念册字。大件收拾妥当,三点钟取去上磅。丁果仙爱人送来丁照片镜框,[遂]去。

四点到六点,和王省长、刘市长、景局长、魏书记等先合影后,两席送别。有吕仲、许俊、萧、马、迟、金、张参加。刘市长送新民旌旗,题字"以虚带实,以红带专,三春牡丹,愈开愈艳"。刘市长送我山西风景照一簿、美术石膏晋祠宫女塑(两个)一架,[遂]去。吕仲、菊傲去看乒乓球。杨科长、张焕局长陪同去北文化宫。夜戏《四杰村》、《樊江关》、《追韩信》,十一点五十分止。

门前汽车多是华北会议,八十余人来看戏。戏止,张局长致闭幕词,我也致意感谢。太原演出结束,同张局长、杨科长十二点半同回。饭后,收拾零星物件,到两点半。

7月6日

阴,阵雨。

戊戌年五月二十日。由山西太原去河北省石家庄。

七点钟起。同吕仲、菊傲、毛生同吃面。八点半,离迎泽宾馆到车站。省书记、景局长、刘舒侠市长、学校副校长率学生到站相送。九点一刻离太原去石家庄。十二点一刻饭。

娘子关、井陉关是河北省。许俊去河南时见娘子关瀑布大而美,到娘子关备拍照,惜出山洞即入山洞,倏忽而过,不及照下。井陉关,有人云:山上塔形即是井陉关,拍一帧。沿路来时下大雨,车顶油黑冲下,过路时黑了衣。

五点十一分到石家庄,市长、局长来接。到康乐街十四号,住楼下107和08、09号。七点宴,季书记、市长、李文教局、赵处长、我和吕仲赴席。宴后,冲洗沐浴。

人觉倦，精神不聚，照相机未回卷即开取，全卷走光，废了（内有《单刀会》演出照片和乒乓球员合影，还有晋窦大夫祠、汾水照）。

十点后眠。

7月7日

有风。

戊戌年五月二十一日。在石家庄剧场演出。

十点起。饭后，赵进表（专区礼堂）经理带评剧干部（女）胡某、演员小白玉霜、喜彩莲来看。一点半来，谈后合影去。三点，同许俊、吕仲、萧德寅、迟世恭、金素雯、张兰云拜地委（季书记，并会专员），市人委（市长）和市委。拜毕，到石家庄剧场。剧场在道东工区，菊傲、毛生接世恭等来。如今同回道西旧区招待所。六点饭。七点半到石家庄剧场。

迟到，八点一刻方开幕。文教局局长（李）致词。答词。演《挑滑车》、《樊江关》、《追韩信》，十二点半止。不满〔座〕。嗓差，较在太原头一天还正常。春霖因天热贪凉，嗓亦哑了。回。饭后，两点眠。

7月8日

热。

戊戌年五月二十二日。

十一点半起。十二点半饭。一点半，赵进表陪齐向阳来看我。齐是谢翠兰徒弟，师兄弟三人：海棠红、小紫红（姓蔡），齐名小金红，演小生，不成材，父齐景芳带回，学打鼓，和百岁同事日久，在天津同见一次。齐较我小一岁，现有一女嫁赵进表，现已告休，并云：曾在芜湖和小龙长胜兄弟（阿六、阿七）曾一盟。谈后，拍照去。

七点饭。七点半到剧场。八点开戏，全本《四进士》。今天天气更热，件件褶子汗透，人觉费力。十二点半回，不满〔座〕。

7月9日

热,有风沙。

戊戌年五月二十三日。

今晨吕仲去邯郸丰丰煤矿看大女儿。睡到八点半,热不成寐,十点起。十二点饭后,盹睡两小时。大风起,沙尘大。抄西安日记,两点半到四点四十分。六点半饭。七点到剧场。八点开演《白水滩》、《打严嵩》、《桑园会》、《徐策跑城》。天热风大,园子闷,汗流多,嗓开,少底气。座有七成。志麟说去评剧看座,只六排。赵进表来看(似亦看看上座如何状)。回。饭后,一点半眠。

7月10日

热,有风,下雨。

戊戌年五月二十四日。

十二点起。一点饭。抄补日记到五点。六点半饭。七点到剧场。马永春云:花蜜瓶打碎了。风起,大雨下来。八点开演《群英会·借东风·华容道》。座比昨好,嗓觉低音哑,运用不如意。十二点二十分回。

北京长途电话来,丽要我去,我不欲去,丽来云。饭时一点,晚雨又大。抄补日记到两点二十分。热极,不能睡,直到天明五点方睡着。

7月11日

戊戌年五月二十五日。

十一点醒,十二点起。一点饭。抄补日记,今日祭拜烈士墓,约剧场、我团同人同去。由二点半候到三点一刻,张处长云:团直接去了。陪我到烈士墓,同入。献花致祭后参观墓地,白求恩墓等处。回。

补抄日记到五点半,补齐西安日记。天气转风凉。七点饭。八点到石家庄剧场。下雨。第五天演出《定军山》、全本《乌龙院》。嗓高音、低音皆不好,敷衍下来,效果尚好。座上不佳。十一点三刻回。十二点半夜饭。

丽来电报,明日到来。吕仲一点由邯郸回来。补山西太原日记到两点。

7月12日

下雨。

戊戌年五月二十六日。

十一点起。十二点半，同吕仲、毛生、菊傲同饭。补写日记到一点半。两点到专区礼堂，沈局长和李曼晴局长在候。今日作汇报演出，李局长致词，答词后演出。学生鲍惠芳丝弦戏《张小二姐做梦》（市训练班）；丝弦剧团演《调寇》，王永春寇准（六十多岁艺人），何凤祥八贤王；专区戏曲学校学生演《大登殿》，王宝钏王兰玉，薛平贵李保西，代战公主寇玉霜，都是十二三岁的娃娃，唱得很好。戏止，献花，上台道乏。五点半回。

姜椿芳来一函，有问题须到京解决。饭前后补写日记，补到六月三十日。七点三刻到剧场。《阳平关》、《清风亭》，高音有阻，上座还好，效果不差。菊傲、毛生乘车接丽，和媳敏祯来（由北京）。戏止，回。同丽等同饭。雨下一天未止。谈入京经过，两点眠。

7月13日

下雨。

戊戌年五月二十七日。

十一点起。一点午饭。饭后收拾行李。吕仲九点去开会，五点回。定毛生、郝德泉、马永春、马世啸、蒋春棠由德州先回上海。我欲明晚戏止即行，五点重庆车。后因买卧铺，改三点太原车行，去北京。定后分派收拾行李。

六点饭。八点半，丽、敏祯、菊傲去石家庄剧场。吕仲去邯郸，众有意见，方检讨。夜电车难乘，雨中不便，推毛生必去，又加上一辆汽车同去。《四杰村》、《乌盆记》、《斩经堂》，嗓稍好，仍有阻。营业不佳。明日最后一天。戏止，回。

吕仲交来车票款和七月份零用共三百。饭后，收拾行李到两点。三点眠。

7月14日

晴。

戊戌年五月二十八日。结束巡回演出，在石家庄。

十一点醒,起。一点,书记、市长、局长设宴饯别,到两点二十分。山西日记抄补毕,到四点。本定戏止三点乘太原来车去北京,无软席,改明日湖北去京车,在两点离此,去京。带回物件收拾停当,由毛生送去团中。付毛生一元一角,结清账。盹睡一小时起,写近日记,补到七月十二日。沈、李两局长去看戏,早来,饭后八点半同去剧场。菊傲、敏祯同去石家庄剧场。夜演《挑滑车》、《樊江关》、《追韩信》。嗓好,稍逊平时。戏止,两局长道乏,儿童献花,□高首长全下乡去了。

照相馆要求留念,拍戏装和便装。结束石家庄演出任务,亦结束本年巡回演出任务,向团员和院中同志作别后回寓。沐浴。夜饭。服西瓜水。写到两点半,补齐日记。

7月15日

戊戌年五月二十九日。由石家庄去北京。

闹钟十时,即起。吕仲、毛生、团体已于七时前后去德州回上海和团去开封。起。收拾行李齐。一点午饭。欲一点五十分离此,因车误点,要四点钟离此。候到四点一刻去车站,两位文教局局长送到车站。本说四点三刻开车,谁知到车站,云:即开车。跳车道上车,传递行李,车开行。两站即正定,赵云家乡。路中大雨。到保定站,买酱菜四篓,西瓜两个。因误点,到北京已是九点五十分。车站已有汽车可雇,雇两辆车,到北纬路北纬旅馆(由张云溪家代定),住220号。叫蛋炒饭果腹。

丽要去张云溪家宿(云溪去东北),其母招待丽和敏祯,雨中呼街汽车,去张家时十点三刻。沐浴后,十二点眠(和菊傲)。

7月16日

戊戌年五月三十日。在北京北纬饭店。

六点半醒,八点半起。昨约姜椿芳十一点到姜宅。十点到达智桥张家会张德俊夫妇。同丽、菊、敏去姜家,呼车晚到,至姜家已是十一点半。姜代电知文化部秘书某,约明日九点后会于文化部。姜同专家有事,不及同饭,辞姜母、椿芳,出姜宅。雇车到西长安街全聚德分店午饭,十元,时十二点。饭后,电话呼车回北纬旅馆。三点一刻，丽和敏、菊去张家，我略睡。德俊夫妇约晚餐，五点半三轮车去张家。过琉璃厂信达斋，买桂花酸梅汤、糕，四元，送张家。晚饭后，九点钟回。

7月17日

晴。

戊戌年六月初一日。

七点半起。九点到文化部。刘芝明部长接见。稍汇报此次西南、西北戏曲、剧校情况，次说丽欲去香港会十二年久未见面的女儿，请求指示。

……国民党鬼祟行为，造谣、绑架，失了老伴。

女儿无问题，女婿何人？如何行为？带何人去？

打报告。党内开会和有关开会。今年来不及，可明年，或再等机会去。

和港有关，加以保护。女儿可来中国相会……

部长提出这些问题，打报告须费时日，只好容俟机会。向部长告辞回沪。三轮车到王府井大街新华书店，购《关汉卿戏曲集》上下两册，平装四元一角；《望江亭》京剧改编关剧本，两角二分；《鲁斋郎》京剧改编关剧本，两角；关剧改编评剧本《绯衣梦》，一角二分；关剧改编评剧本《赵盼儿》，一角五分。三轮车回北纬旅馆，十一点。丽和菊、敏来，谈其事不谐，准备买票回转上海。

同到丰泽园午饭，菜名色少，缺供应，色味皆不佳。欲酬谢张家和椿芳，定菜和座位，明日无房间，改后天方有。饭毕回北纬，电话告知椿芳，姜不详细。同丽到姜家告知困难，明日托姜定同和居，电话退了丰泽园后日一席。同丽辞姜回。

八点，同丽、菊儿、敏媳到北海公园北门，到仿膳晚饭，吃得很好。十点，渡船到南岸出园，呼车回旅馆。丽等去张家。

7月18日

晴热。

戊戌年六月初二日。

十一点有电话来，云是对外文化委员会，问几时走，有话谈。答明日去上海。约七点后在同和居电约相会。张家恳约再去便饭，到张宅，十一点午饭。因敏祯未到过北京，今日去颐和园。饭后十二点半，去万寿山游，穿长廊到石舫，渡河沿岸绕回。出万寿山时，四点。到陶然亭，菊、敏去划船，我回旅馆。付车资十五元一角。

六点半到，由张宅同德俊先到同和居。因德俊要去吉祥茶园看学生演出（张现为戏曲学校教授），先给叫了东西，食后来车留待，送德俊去东安市场。

张太太同儿媳、孙男、孙女和丽、敏、菊来，椿芳亦到，云：去石景山工厂，看钟望阳女，被雷料所伤，幸已脱险云。

对外文委又电话来约，九点半在旅馆会。饭后付二十七元。与椿芳别。姜去。呼车送张太太、丽等回达智桥，我回北纬。约对外文委九点半，十点一刻方来。来者名朱伯深，曾在……金仲华介绍过。

7月19日

戊戌年六月初三日。

六点起。收拾行李。八点半，雇车到车站。丽等来，张德俊夫妇和媳、孙来送。九点后开车。过天津，午饭。七点三刻晚饭。睡到四点后到浦口。

北纬旅馆店账付二十七元二角（蛋炒饭两元）。

7月20日

晴。

戊戌年六月初四日。巡回演出六个月，回到上海。

车迅速，当夜到浦口，隔夜即到上海。离上海七个月，越过江西、湖北、四川、甘肃、陕西、山西、河北数省，今日返到上海。迟点，在九点二十九分到上海。陶雄、周志勇、张显、李莉、丁毓珠、罗选斌来接，乘街车回。七点半沐浴。早眠。

7月21日

戊戌年六月初五日。

十一点起。十二点午饭。云厚生有电话来云：休息休息，不必去院。

印度旗舰"迈索尔"号和舰队总司令海军少将查卡拉凡蒂来沪访问，总领事查礼设招待宴会，约请参加，十八时至十九时。

六点，到延安中路810号驻沪总领事馆，参加招待会。许建国副市长参加。会毕各回。到家饭后，刘厚生、吴石坚来，略谈后去。十二点眠。

7月22日

晴。

戊戌年六月初六日。

十一点起。十二点午饭。饭后，到图书发行所。乘电车遇陈国樑者，自云胡琴工作，由青海回，本随华华去西北多年，因身体不适气候故回，付了车资。八仙桥下车去。购《金元戏曲方言考》，徐嘉瑞著，四角一分；《元剧俗语方言例释》，马宗霍著，九角五分。今日是波兰人民共和国复兴节十四周年，六点到南京西路1400号，参加宴会。毕，回。为菊傲排练《追韩信》。十一点沐浴，眠。

7月23日

晴。

戊戌年六月初七日。

十一点起。十二点饭。三刻，到京剧院。一团在排《智取威虎山》（林海雪原）。会毕，看排戏，四点回。买布底鞋一双，三元一角。新华书店买《读书》，一角八分；《红透专深前进》，三角四分。饭后九点，说《追韩信》，到十点五十分。

7月24日

晴热。

戊戌年六月初八日。

十点起。一点饭。欲买书，欲去团去院。三点三刻到图书发行所，购《京剧汇编》十三册，五元二角三分；《中国戏剧史讲座》，九角；《文学研究》（2），九角五分；《郭沫若集》（6），一元二角。古籍书店购《郭天锡手书日记》，两元三角；《董解元西厢记》，两元五角（归查有买重复了）。回，在门前见宝姑（院团未去）。《红色风暴》欲看，票子在十三排，改日看。十点晚饭。

7月25日

雨。

戊戌年六月初九日。

十点起。十二点三刻饭。两点到京剧院,大雨一阵。陈西汀、唐真略谈,陈、唐去展览会。今日新民京剧团和我院同志由开封回,又误点,电话来四点可到,蒋桂林去接。三点一刻回。过新华书店,购《文艺战线上的一场大辩论》,两角九分;《苦菜花》,一元七角;《林海雪原》,一元六角;黎巴嫩、伊拉克地图,一角。夜有阵雨。

7月26日

雨。

戊戌年六月初十日。

早大雨。九点半醒,十点半起。十二点半午饭。两点半,到永安公司,购照相簿一本,两元七角。到新华书店总店,购些小剧本。到三团,正开会,讨论《红色风暴》演后。遇丁毓珠。四点回。贴印来山西、石家庄照片。周继源来过电话,〔因〕人艺约看《关汉卿》,继源约明两点改夜间饭后。七点饭。七点半,同丽、菊、敏去中国戏院看三团演《红色风暴》。十一点回。

沐后,看《关汉卿》剧本。十二点半眠。

汽车出门时退照修理,如今修好领照乘坐。

7月27日

有风。

戊戌年六月十一日。

九点醒,十点起。十二点半午饭。看《关汉卿》剧本。两点,到长江剧院看话剧《关汉卿》,五点回。并买票四张,菊、敏、茨要看。饭后周继源来,送血压高药名,并为出版社谱《投军别窑》事。看来他要参加。言谈中,丽云:在西安血压一百八十,假说正常。十点后,继源去时,答云:俟《追韩信》谱定出版后再定《别窑》谱。

7月28日

风。

戊戌年六月十二日。

王鼎成久病,已无法诊治,医院棘手,改去苏州,今已归来,病去百分之四十,约来。本欲去院,因约,候至五点方来,身体、精神完全不同,云苏州去就医,周瘦鹃、程小青之介,医生神手回春。今来上海,检查后再去针灸,刚才到医院,全院都感惊异。本地和苏州政府都注意这位医生,如何将其医道接受下来云。留饭。我往三团看第一团响排《红色风暴》,先食。去三团,请话剧乔奇、丹尼来看,参加意见。十二点回。

《劳动报》记者蔡建平来,访问旅行演出对工人情况。要稿。谈后,着去寻吕仲写稿。上海汉口路外滩14号,电话二一五八三七,212906—412。

7月29日

热,夜有月。

戊戌年六月十三日。

八点三刻,去市政府开会。

(一)县区分工和定名;

(二)各地大跃进,各地向上海要各色物件;

……

十二点回。购糨糊两瓶。两点,同丽到李邦达(德国)医生处检查血压、身体(血压正常),三点到五点,事毕回,时五点半。

7月30日

热。

戊戌年六月十四日。

昨日起,开巡回小组补课学习,因就医未去。八点半开会。六点一刻起。早点。八点半到京剧院。许俊、吕仲检查,提意见,散会十二点半。回,午饭。同丽、菊、敏等到中国大戏院看一团彩排《智取威虎山》(林海雪原),六点回。八点一刻晚饭。

7月31日

天热。

戊戌年六月十五日。

北京路黄浦影院（金城戏院）听报告。八点起。匆匆到黄浦剧院，时间尚早。九点开始，丁正铎主持，军队长官肖君作报告。明日八一建军节，谈三个题，只讲了一个，下看电影。段中讲现时有句：战争是物资竞赛；有六亿人口，力量是社会主义；中国、苏联的陆军是世界第一；数量是事实存在；中国空军占第三位；海军据英美估计苏联潜艇有五百只，究竟不知多少，二次世界大战，德国只五十只，破美、英海军；各物只要苏联有，中国就能有云。

由九点到十点一刻，便开影戏。十点半回，饭。两点到京剧院，开《智取威虎山》座谈会，到六点回。大雨。同丽、敏、菊、茨到夏乐宜晚饭。汤菜无味，账付十四元。

娇容在范园演《拾玉镯》，同去看。知明日是八一建军节，区工会组织慰问病员，先到荣家后到礼堂，正演越剧《借伞》。叶露西下放长宁区文化科，来招呼，云：区长要见，让前排坐。会区长和医院〔院〕长和书记。有人递条子要求唱一段，区长亦〔怂恿〕，院长云可解释。《拾玉镯》止，上台说了几句慰问的话，十一点止。雨仍不止。到荣家，十二点半回家。

8月1日

戊戌年六月十六日。八一建军节。

十点起。贴照片。饭后，下午到京剧院补课。金素雯作检查。开会时志愿军剧团徐俊华和同事来沪休假，徐住盖叫天处，要看《红色风暴》和《智取威虎山》，着王如官联系票子。徐二人去。

六点到七点，瑞士国庆。五点前回。六点到茂名公寓1302室庆贺。代总领事狄克偕接待，牛树才市长出席，逢李太成局长和王文娟、徐玉兰。七点半回。

8月2日

热。

戊戌年六月十七日。

十点起。饭后两点到京剧院。过修笔公司修笔，因笔写字毛而不出水，并一支旧笔，修后能写字，不收费。到院参加补习课，斌昆、志麟、兰云都作检查。六点，许俊开会赶来。众对我提出批评。素雯：对现代戏未发促；对吕仲、许俊批评不够；艺术记录应尽写出；给各地作报告时，有时一题未完滑过。少春：少知情况，而成官僚主义；屡言后起无人，只感而已；谈艺术不集中，遇人谈耗费精力。宪英：莫过累，保健康。志奎：为人太客气，巡回演出定计划时应参加意见，不够负责；对业务负责注重，对政治、党员胆小，少批评；未演新的节目，有厚古薄今之嫌。春霖：旅行演出票价问题。鸿奎：在家艺术报告少。少春：云京政协对主任有大字报，未详。许俊：票价问题，在成都，群众一元四还嫌大，在闹，因为四川久是低票价，习惯故，但当局更担心梅兰芳来时怎么定票价。批评客气是尊重党，但反右时斗争是勇敢的。此次因家庭革命不够，旅行时也作过斗争，有些进步，她们家庭妇女没有经过教育，不要因此低沉。作解释后，散会。小组结束，各趋新岗位去。

《新闻报》为美在太平洋试核武器事来访。回家电话来，念稿，明日登《新闻报》。同丽、菊、敏、茨、蕰、广业去白渡桥塊车间饭店，晚饭。晚饭后同回。十点半眠。

8月3日

晴热，稍有风。

戊戌年六月十八日。

十点起。洗净钢笔，现用一支能写，旧的一支，还是漏水。饭后一点二十五分，到永安公司。买钢笔一支，四元七角（大号金星牌）。到南京路新华书店购书：《红色风暴》一集，五角五分；《辛亥四川争路亲历记》，周善培著，两角；《埃及和西南亚国家图》，一角；《西亚现形图》，一角；《卢沟桥事变》，杨叶著，两角；《回忆上海工人的三次武装起义》，八分；《回忆上海第三次国内革命战争时期上海学生运动》,一角;《南昌八一起义》,一角;《红日》,吴强著小说,一元三角;《唐末徐州农民起义故事》,振翮著,两角四分;《霍小玉》戏本,一角六分。到福州路期刊社,购《收获》(4),一元三角。回家向丽问债务,云:欠院菊行头和公债共需七千余元。告知北京朱伯深来信,召子女回国事。五点,吴太太引买房人来。谈妥成协。

今日有毛主席和赫鲁晓夫会谈公报已出,《文汇报》记者来访。看号外后表示拥护。饭后,闷坐乘凉。十点沐浴后,眠。

8月4日

晴,有风。

戊戌年六月十九日。

七点起。补日记(由北京至今日)。一点饭。再写。陈国樑来云:由青海回,再去青海,华华母香琳去信,一百三十元,二胡,准确加团(因孔进去改造),瞒组织自备盘川回,孔进不够改造,仍在团,故陈工作无着已三四个月,来表明云。陈去。再写到三点一刻,补到二日。院中未去。

七点半饭时,周炳华带啰啰和毛太太、沈太太来乘凉、闲谈。周现在闵行参加劳动,已三日。西瓜。啰啰唱歌。十点去。十一点,广业、采蕰去。十二点眠。

8月5日

阴,热。

戊戌年六月二十日。

十点起。十二点半午饭。写齐日记。两点到京剧院。厚生作了工作汇报;周志勇作了学习运动报告,并道八月底结束,但全院每人都作小结规划。

五点,编导开会,定《鸦片战争》和《太平天国》小组。六点二十分回。参加会:西汀、马科、唐真、申阳生、许俊、吕仲、厚生、苏雪安。到家后,王三多来看,并和女演员同来送点心和糖。坐谈甚久后去。饭后,乘凉、说戏。十一点半,沐后眠。

8月6日

戊戌年六月二十一日。

十时起。到南京理发所理发。新华书店购《屹立的群峰》，立高著，二元四角。回时十二点半。昨，天宝来云：虹桥路有房。同丽、敏、菊饭后到天宝家，同去看房。一处已租出，一处中国平房租价很大，天宝房欲出售，开价是两万五千元。同回，到范园荣家。食冰砖后，我先回，菊傲同选斌、采茨再去荣家。

8月7日

戊戌年六月二十二日。

九点在团部开会。七点起。八点五十分到团部，由周志勇作报告。年来学习将结束，今则扩大整风：（一）对团委会领导作风互提意见；（二）业务上如何一致；（三）共产主义互助。三团多一条：青年如何培养？二十日前将结束，问题解决。需要补课、检查，完全搞完。领导作问题总结报告。红专规划。每人作检查小结。前要有叙言，作年来思想小结，从建院以来政治、业务收获和缺点，思想小结。这小结不要太长，定三千字左右。由刘厚生作业务上的报告，引工农各地消息，谈到戏剧如何赶上等等。三团立了规划书宣布。我说话后散会。回家午饭。两点到文化局，徐平羽、钟望阳、李太成主持。到：人艺话剧、越剧院、学校、京剧院、淮剧等。题是戏曲革新。大家讨论，包括昆剧京剧现代剧、沪剧话剧加唱、越剧男女合演、话剧民族化。发言：我、陶雄、吴琛、厚生、王文娟、徐玉兰、吕复、昆剧、庄志等。徐局长做指示：上海现有一百五十六个剧团，最好缩成少数。（一）因为社会变了，上层建筑跟着变化，今年变，明年变化更大，从实际出发，今后着想；（二）都说了现代剧，应当老戏照旧搞，各剧种考虑这三种戏：传统、历史、现代，百分之三十现代剧够了；（三）总的说来在质量。昆剧作保留工作。越剧男的要培养，迎合趋势，女的扮男的亦培养。我建议学校京剧应加流派，每行学学昆腔。会开到六点三刻，各回。饭后，为菊说戏。

8月8日

晴。

戊戌年六月二十三日。九时十八分立秋。

沪东造船厂生产跃进联会，庆祝民主十四号沿海客货轮，在八月一日生产任务完成提前试航。各界庆祝，文艺界参加表演，我院李仲林演《三岔口》。要我去庆贺。两点到院，四点盖叫天父子（老三）来。厂来接。口琴家石人望同往。到复兴岛，轮渡过江，参观各厂，并参观下水三千吨船后回客社。留晚饭。六点半参加大会，介绍给群众见面。我说话祝贺后，见厂各单位呈保证书。七点半会毕，七个台演出，群众厂工眷属两千多人。到京剧场，共演三个戏：《玉堂春》、《三岔口》、《打渔杀家》。除《三岔口》，余两出是厂中业余，演苏三的扮相、嗓子都不错，五六年还不会唱，今已演过二十余出。很对职业剧团担忧，会得少，不纯、不专、不学。

石人望演毕，同盖叫天父子先回。过江。岸有厂中人送车（旅行车），并载我等各回，时八点三刻。十二点入寝，天亮方睡着。

8月9日

戊戌年六月二十四日。

十一点起。一点午饭。两点到院。昨李春来太太来，未遇，留地址。今着福生送去二十元。福生告假回浦东。

三点开《鸦片战争》小组会，吕仲、许俊、厚生、唐真、周楚江、许铁生，到五点一刻止。回。过新华书店，购《马克思恩格斯全集》（2），三元五角；《马克思恩格斯通信集》（2），两元一角；（3），一元九角。七点半，同丽、采茨、采蕰、敏祯、菊傲到白渡桥车间饭店晚饭，十四元四角。八点半回。

广播电台播送《红色风暴》、我的《打渔杀家》。十一点入寝。蕰、广业等一点去。

8月10日

阴热。

戊戌年六月二十五日。

十一点起。一点午饭。三点，同丽、菊、祯到国泰影戏院看澳大利亚片《奥马鲁》。

七点，同丽、茨、祯、菊、青海到锦江。应侍者云：吃饭要预定，全客满，可到十四楼（非公开买卖处，因认识故，让到十四楼）。广业、采蕰来同饭。八点四十分，同菊、祯、茨到衡山路衡山影院看《伪金币》，戏止同回。

8月11日

阴，闷热。

戊戌年六月二十六日。

十点起。今日招待各报记者，报告六个多月行程。抄日记，饭毕又抄。吕仲电话来催开会，看表只一点半，原来自动表停，迟了三刻。匆匆到院。召集各报和电台共九家，来了五处。作了报告。许俊作了补充。送照片，各报记录下，各去。许俊今晚去西安，为王金璐等事。湖北青山第一号高炉又提前一月完成，今晚录音送武汉祝贺，吕仲写好稿子，电台约七点来接。五点回。七点晚饭。车来接，同一女同志到电台，录音后车送回，八点半。丁毓珠来，十一点半去。十二点一刻眠。

8月12日

晴热。

戊戌年六月二十七日。

十一点起。一点饭。厚生有电话来云：四点局长约在文化局谈事。三点到院，四时到文化局，会徐平羽局长和李太成副局长，汇报半年来工作毕。为调厚生回文化局艺术处，院中改孙均来上海京剧院主持云。五点回家。本约六点去杨永锐牙医诊视，检查牙齿，因这两日牙又发炎，将八点方去（牙医忙故）。诊视左上槽牙有脓，照片子，明日再去漱洗，再看是否拔去，出买青霉素一小瓶，三时一粒服下。

饭后，坐院中乘凉。丽、菊、祯去汤铭家，十二点后回。采茨去赴夏令营野宿，去三日。

8月13日

早晴，午阵雨。

戊戌年六月二十八日。

十一点起。一点午饭。昨约漱洗，赶早，一点半到杨永锐医室，第三号，候至三点一刻，医、洗，照片有脓点，左上第二齿要拔去，不然消炎后有时仍发，影响身体。兰州牙医云，年纪大了，可不拔，使人犹疑不定。昨服青霉素，医嘱再服。离牙医室，回到京剧院。李秀敏跳楼自杀。有神经病，和秦延庆离婚，排戏时错了，还摔杯，入医院验不出，到院休养，秦日来陪。今向丁毓珠表示要和秦和好，并云病好和秦和好，病不好余物皆归秦。今日取三百元公债，电秦谈话，因公不能来，另交人毕，在九点跳三楼自杀。已火烧毕。

三点三刻，大阵头雨，出虹霓。雨止，五点半回。倦，盹睡。七点三刻，菊等要我去锦江吃晚饭，拒不去，皆未去，都在家晚饭。饭后九点谈戏，到十一点半眠。

8月14日

阴凉，夜雨。

戊戌年六月二十九日。

十一点起。一点午饭。《新民报》李中原要问京戏演现代戏可否。约到院。一点半到院，吕仲在，闲谈。三点，李中原来谈现代戏出演，不但要打破京戏不能现代戏的迷信，而有助老戏，但不可自满，多学多演，用旧的丰富新的。苏雪安来插云：现代戏舞、歌总打去一半。刘厚生说得好，问老戏是否每出都把全部歌舞用进去？还应当问现在老戏，演员对歌的舞的是增是减？李、苏去。研究小生、旦色在工农兵现代剧中用小嗓子的问题。

五点回。和罗选斌谈娇容是读书是演戏的问题，七点方去（包括置行头、请教师、前途等问题）。明日市府开会，十一点眠。夜大雨。

8月15日

阴。

戊戌年六月初一日。

市府开会，七点起。八点早点。二十分到市政府。（一）为关于组织大检查方案讨论通过；（二）为浦东改县，将东昌区划进浦东县。十一点散会。到期刊社购报和杂志。到旧书购买处问《渊鉴类函》《二十四史》价值，答云：《渊鉴类函》康熙初版可值百元以上，再印则越印越下，《二十四史》五百本，现价二百元，可付一百二十元，可取一二本来接洽。十二点回，查《渊鉴类函》是版藏清吟堂康熙四十九年十月二十五日，额书奉旨刷印颁行，共一百四十本，三百八十四卷。

四点三刻，到中苏友好大厦，罗马尼亚经济展览会开幕。驻华大使鲁登科说话，后由曹荻秋副市长说话。曹市长剪彩开幕后，来宾依序参观工农商等用品，后到中苏友好影馆晚餐。今日副市长全出席，礼隆重，到八点半方散。

政协时事讲座，改由金仲华讲"从斯德哥尔摩大会谈保卫和斗争的形势"，七点到九点，因迟不及去。八点三刻回。

8月16日

戊戌年七月初二日。

十点醒，十一点起。一点饭。三点，同丽、菊、敏祯、采茨、选斌接广业、采蕴到高邮路二十八号，看房子后回七八八号。到京剧院，孙均、周志勇、刘厚生、丁毓珠、吕仲、吴石坚、幸熙、蒋桂林、李莉开布置学习"跃进再跃进会"，六点回。

接蒋瑞生由人民委员会转来一函，为小王桂卿租屋事纠纷。

8月17日

晴，热极。

戊戌年七月初三日。

十一点起。一点饭。印度尼西亚国庆日，六时到和平饭店八楼，鸡尾酒会。到市长、贸易部门、人民团体、各界人士约九十人。马英康领事讲话，曹荻秋市长讲话，六点到七点半。散会，回。

饭后九点一刻，同采茨去东湖影院，看北影五彩片，川剧廖静秋（已故）、袁玉昆、周企何《杜十娘》。戏止，回。

8月18日

晴，极热。

戊戌年七月初四日。

"跃进再跃进"在团开全院会。七时起。早食。八点半到团，尚早，十时开会。到报刊社买报回。取《单刀会》剧本，九点半到团，交郝德泉填工尺。十时开会，由厚生报告，我说了话，周志勇安排学程再发表。厚生去局，孙均来院，并介绍后散会。

回家午饭，一点再到院。中国京剧院□团十七日来沪，今日来拜，由团长栗□和杜近芳、李少春、袁世海等来院。谈叙后，去。四点回。饭后，候陈本立来谈，问，了解蒋瑞生事，十时后去。

8月19日

晴，热甚。

戊戌年七月初五日。

十时起。一点午饭。东海舰队，我院和盖叫天曾去慰问演出，今日来谢并献旗，三点来院。两点到院，广东罗品超剧团也来拜会，三点来。在东海舰队前先来，舰队代表来，罗等去。舰队来五人献旗，谈叙后去。阵雨。五点，丽去愚园路看房。四点半回，丽五点去。夜饭，同丽、茨、菊、敏祯、广业、采蕰在文化俱乐部，并换游泳照卡。饭后，同到国泰影院，看德国片《两个母亲》。戏止，回。

8月20日

日晴，大雨。

戊戌年七月初六日。

出最新转唱盘，约录音献礼。采茨扁桃腺割过未尽，今日秦医生再割。晨，丽早起，陪去。一点起。午饭，同菊、敏祯。三点，到唱片厂，三团录《红色风暴》，我录《文天祥》。录后回，采茨已回。丁毓珠电话：饭后来云。七点大雨。八点半，丁毓珠来谈写规划、思想等稿，十点半去。

8月21日

阴，夜大雨。

戊戌年七月初七日。

七点半起。八点半到京剧院，十二点半回。蒋桂林、陶雄、吴石坚、幸熙、孙均开跃进文艺会。二十二日报局，二十六日交稿，九月一日展览会。

饭后到福州路旧书店《渊鉴类函》估价，非初刻，每本只值一角而已。到图书发行所，购《戏曲音乐论文选》，四角八分；《京剧汇编》三十九集，〔四角二分〕；四十集，〔三角四分〕；四十一集，五角；《戏剧理论译文集》第五辑，八角。

三点到院，五点回。八点半晚饭。大雷雨下降，后书房水管被树叶塞住，大雨倒灌进来，满室都是水。广业、采蕰来云：去看马戏，帐篷被大风冲吹，未演。十一点半去。

8月22日

阴。

戊戌年七月初八日。

十一点起。十二点三刻午饭。两点到京剧院。丁国岑由吉林、抚顺回，谈到六点。车，丽五点用，着回。步行过淮海路新华书店，购《斯大林全集》第七卷，一元三角。雇三轮车回。八点半晚饭。十一点后……

8月23日

阴。

戊戌年七月初九日。

七点四十分起。八点五十分到天蟾舞台。宣传部长石西民作报告："跃进再跃进"。先讲工农跃进成绩，再讲进入共产主义。不外三点：消灭工农职称、脑力体力区别、城乡区别，如今要知识分子劳动，工农成知识分子，再讲响应号召。跃进就是革命，当前的创作更多更好，老新作家都作规〔划〕，逼上马，情急智生，因上海是文化基地，不能不好。因时间，徐平羽未讲。十二点散会，回。

饭后到院开会：（一）丁国岑汇报东北演出；（二）九月一日展览会；（三）安排再跃进；（四）催写小结和规划。五点后回。

江苏江蜇君、彭□和孙姓（女）三个来过。

8月24日

阴，大雨。

戊戌年七月初十日。

十点〔起〕。十二点三刻午饭。一点半去文化广场，开"文化革命跃进大会"。到者市区、郊各县、工厂、企业、合作社、部队、机关、学校、里弄、工人新村等先进人物和积极分子一万多人。开会先由普陀区长讲"跃进再跃进"，继宝山县委文教部莫林、师范大学、工具厂、求新造船厂、制造电子仪器亚美电器厂、普陀、朱家湾等讲话，是到处工厂，处处学校，人人劳动，个个学习。休息，各界送保证书。休息〔后〕，由徐平羽讲话，关于城乡建立文化机构。继由副市长兼教育卫生工作部长刘季平讲文化跃进八点。到六点三刻散会。会中大阵雨，雨至散会未停。回家。

敏祯的弟黄□毕业，分配去山东，同饭。同到天蟾舞台看江苏京剧团演《铁道游击队》。休息时，去后台看赵云鹤、高明亮等。戏止回。孙团长（女）来招呼，送出。一点眠。

8月25日

一天一夜下雨。

戊戌年七月十一日。

七时起。八点半到院。开"跃进再跃进"会，孙均、陶雄、周志勇、洪谟、幸熙、马科、陈西汀、刘静沅、许铁生、李熙、苏雪安、丁国岑，讨论完成今年规划，定明年规划，再跃进。明年：解放十周年，上海解放十周年，春节会演，"五四"四十年和今年国庆献礼等事。都讲了话，到十二点散会。

回家。饭后到文化俱乐部文字改革会，问询处云：无此会，电话给563240。柴志良云：星期一是征求同意，正式会在八月二十八日，有通知云。

旧书店广告，供应补书，补着《新华月报》1953年三期，《译文》1955年三期，付六角三分。尚缺《新华月报》一期、二期，《译文》57年五、八、十期。登记求补。期刊社购《西方语文》(3)，七角三分；《文字改革》，一角二分。回。同丽、选斌到愚园路七号看房子。四点到协会，付五元会费，取填表。秘书改汤草元。

饭后，说剧后，菊去打台球，十二点回。敏祯送弟去苏州。崇圣去广州，今年毕业不知分配在何处。

8月26日

阴。

戊戌年七月十二日。

七点半起。早点后到京剧院，时八点四十分。会改下午开。蒋星煜来，为创作展览规划，传达后去。十点回。

午饭后一点十分，到古籍书店，购《西方语文》两本，一元五角二分；《太平天国调查集》，罗尔纲著，一元九角；《新古谣谚》，杜文澜集，五元二角。两点到院开会：明日开全院跃进大会步骤，明年规划和今年任务完成，五四、国庆、春节等事。厚生传达局长等会后对创作指示，并团的安排和在市在区的问题。到七点方回。

饭后，丽、采茨、广业、采蕰去看戏。金惠霖来云：今夜去南昌演出。八点去。日阴，夜有朦胧月。菊傲今晚去苏州岳家。十一点眠。

8月27日

阴雨。

戊戌年七月十三日。

七点三刻起。早食。八点半到团部。九点一刻开全院跃进会。首由一、二、三团负责人讲话；继由各组讲话，并递保证书、决心书；我讲话；刘厚生代表局讲话，时十二点一刻。散会回。

午饭一点。两点到院开会，为明年院中要几团，并退休、转业、下放事，大致一致用两个大团，能分三队。五点半止，回。

和选斌写小结和规划。选斌回去。广业、采蕰饭后去看电影。十一点眠。一夜雨。

8月28日

阴雨，夜凉。

戊戌年七月十四日。

连日早起，到八点不安眠，四十分起。盥洗。看许铁生为一团写《劫皇纲》（《隋唐演义》中取材）。十二点四十分午饭。

两点，到文化俱乐部，开"推广普通话二次委员会"，教育局召集。两点三刻开会，金仲华（副市长）主持，陈琳湖局长报告工作。讨论58年9月—59年8月工作纲要（草案）后休息。后三个先进经验者报告，再由推广积极分子表演朗诵、相声、合音歌唱。散会，七点三刻回。天气转凉。

晚饭后，同采茨到上海影院看国片，戏止，回。片名《骑车人的死》。仍有雨，十一点眠。夜盖薄被，天气凉了。

8月29日

阴雨。

戊戌年七月十五日。

九点一刻起。一点午饭。

去院，过淮海路新华书店，购谢德林《寓言选集》，七角；《红旗飘飘》（8），五角；《山乡巨变》，周立波著，八角；《方志敏战斗的一生》，缪敏著，三角四分。到院，将"思想小结红专规划"交丁毓珠，转孙钧和厚生看。五点回。过戏剧家协会，把履历纸交会。见一人在梯上安书，背影似董天民（右派分子）。回家。五点五十分，食圆面包一块，去车站。粤剧组参观团今日到沪，五十分南京车到，有马师曾、红线女、广东文化局长华嘉伴行。接，有李太成副局长和各处长，协会汤草元和沪剧、越剧筱文滨、王雅琴、傅全香等。车送去沧州饭店后，各回。丽去大舞台看中国京剧团《貂蝉》。菊傲、敏祯回，亦去（由苏州回）。

8月30日

雨。

戊戌年七月十六日。

十点起。一点午饭。两点到京剧院。车回，丽血压高，欲去就医。五点三刻回，车已来，车回。丽因医忙，星期一去。晚饭后，丽去看滑稽戏。娇容来，同菊合说《乌龙院》。十点半丽等回。

报载:夜有台风暴雨。广业、采蕰十一点半去。一点入寝。

由上海文化出版社寻来一本苏雪安著《京剧前辈艺人回忆录》。图书室取一本李悦之著《嘎达梅林》。

8月31日

雨。

戊戌年七月十七日。

十点起。一点午饭。一点半,到中国戏院看三团演《群英会·借东风·华容道》,五点止。同陶雄到后台。丽《群英会》完先回。我同罗选斌回。

丽、菊儿、敏媳、广业、采蕰并采茨带孙女蘋果到锦江饭店十二层楼晚饭。十三元七角三分。食毕同回。

选斌、娇容来,说全本《乌龙院》。睡时一点。

9月1日

晴。

戊戌年七月十八日。

两点到京剧院。过新华书店,购《解放》,并购《上海民歌选》、《周扬谈戏曲表现现代戏生活问题》、《今日学习》、《戏剧报》、刘芝明《为创造社会主义的民族的新戏曲而努力》两篇和周扬部长《建立中国自己的马克思主义的文艺理论和批评》一篇。孙均、周志勇、苏雪安、洪谟、李熙、陈西汀、陶雄、刘静沅、唐真等。吕仲学习回。参加讨论后,定学期。刘厚生来作局开会后的传达。散会后,为《萧何追韩信》琴、唱合谱。倪秋萍送来剧本费八十元,吕仲、郝德泉皆有分着。回家已六点半。

我院学习创作要求:产高级品,放卫星。今年国庆、春节,演什么戏目?明年"五一"、上海解放、建国十年演什么?

厚生传达石西民部长的指示。关于高产品的问题,群众性创作已发动起来,专业作家产品不如群众多,并缺少高品,是专业落后群众,领导落后于群众。问领导采取什么措施?专业编剧人员,资格老、包袱重,要逼。总之,创作是第一位,单靠专业不行,到群众〔中〕去找,寻找培养对象。专业和领导的创作过程就是改造过程（这是破中有立）。领导同志自己检查，在领导创作上下了多少功夫？领导自己创作也是表示决心之一。创作思想上有问题，应开〔展〕讨论。创作不能自力更生，内外都要协作。（一）举办创作跃进展览会；（二）局、剧协举办小会演，话剧中旬以前，戏剧中旬以后。观摩、座谈、大会、写批评文章。

9月2日

戊戌年七月十九日。

今日欢宴粤剧参观团在锦江饭店十一楼。忘记，饭已吃过，一点电话来，即往锦江。幸石西民（宣传部长）、金仲华（副市长）、各处处长、各院负责人、傅全香等到。广东文化局长华嘉和罗品超在，马师曾等去参观农业合作社，因车坏尚未到来。广东参观团马师曾、红线女、曾三多、靓少佳、郎筠玉、文觉非、吕玉郎、李翠芳、楚岫云、卫少芳、谭玉真、陈笑风、王中王、卢启光、白超鸿、林小群、小木兰、李艳霜、罗剑飞、梁国风、崔子超、黄不灭、邓楚峰、张文宽、骆臻、文卓凡都到，共五席。石部长致词。饭后各回。三点到京剧院。五点后散会。孙均谈局指示，明年全院人员原样不动，依此安排。

9月3日

阴，热。

戊戌年七月二十日。

在戏剧家协会上海分会和粤剧开座谈会。八点半到会，李太成局长主持。先由广东文化局长华嘉谈，此次到武汉、北京、东北、旅大、青岛、烟台、济南、上海，由杭州回广州。粤剧剧目随演随丢，马师曾本人有三百多本，只检出一出《苦凤姻缘》。广州现有十二个团，一千多人，每团有一百三十多人，须当整理。演员如温室中培养出的南国红豆，资产阶级思想和资产阶级生活。此次沿途开会，倒不是旅行累了，而是整风吃累了。〔接〕着，京剧院陶雄、越剧院胡野檎和沪剧团作了报告；马师曾说了话，我也说了话，已两点三刻。本定开上下午，因粤剧参观团晚上演出，李局长话后散会。粤剧参观团全体演出，地点在四川路群众剧场。赠票给我，七点开场，分两场。饭后到群众，两场都满，形式是：开幕音乐后开始一人和两人清唱，休息前，宣传现代剧，休息后唱旧节目，最后广东歌曲合唱。同李太成、傅全香到后台道乏后，各回。

9月4日

阴，雨。

戊戌年七月二十一日。去苏州。

同陶雄去苏州。六点起。七点到车站。今日粤剧参观团去杭州，傅全香已来站，因苏州较杭州早开，托转致。时大雨，七点十二分开车，陶雄、周志勇、苏雪安夫妻同行。八点二十分到苏州，团中许锦云、王正屏和苏州文化局文化企业公司石慕萍来接。有交际处车两辆到北局，住大井巷皇后饭店二楼二〇九号。到宿舍看团员，正在大扫除。到开明剧院参观，略谈。再和陶雄、张显游玄妙观。观前大街买小折扇、芭蕉扇、茶叶、草鞋。十二点回宿舍午饭，石慕萍招待。请批准每日两斤肉。毛生在团工作。饭后，回皇后休息。饭店电话 1281 号。写信一封。两点，到开明戏院后台两楼，谈许铁生编的《劫皇纲》。参加〔者〕：团长张显、李仲林、金素雯、李桐森、李秋森、贺永华、刘斌昆、纪玉良、刘坤荣、王正屏、黄正勤、苏雪安、陶雄。由许铁生谈毕，大家讨论。秦琼人物性格皆非，会后由陶雄帮助如何改写。

五点半晚饭后回饭店。再到百货公司购面盆一只，两元三角。回饭店净洗。早眠。时下雨，报载有台风大雨。今日除早晨大阵雨，雨、风不大。

9月5日

大风雨。

戊戌年七月二十二日。

早起。往观前街觅食，各处有要米票和不要米票的都食毕，黄天源亦只有面，食了一碗，两角三分。八点三刻到大街，购《红旗谱》，一元一角；草篮，二元三角；枕席，二角三分。九点到戏院后台，由苏雪安谈《鸦片战争》。十二点到宿舍午饭。休息时，戏院石经理备鸡头米款待。张显云：戏院星期一要多留一天（本星期日演毕）。开会议定多留一天。

两点，再谈《鸦片战争》，到五点。定明日九点大家谈意见，散会。五点半晚饭。一日雨，起风。

夜看一团《智取威虎山》，到十一点回饭店。大风大雨。周志勇已回上海。陶雄云：苏雪安法院在判，所出版书皆停发售，今后写作莫靠他。

9月6日

晴。

戊戌年七月二十三日。

上午九点，在开明戏院后台楼，大家对《鸦片战争》提出修改意见。十二点午饭。对剧本讨论，下午可竣事，欲在晚车或明早车回。接丽信，明日早车来，往就医。本欲去拙政园，因丽欲来，未去。下午二点，仍对《鸦片战争》讨论，分三本，今有两本，少一点，补足二本，三本可打草提纲。头本演至焚烟后加打九龙，炮轰英舰止。尚有余时，再讨论《劫皇纲》。许铁生思想凝固，谈了两天还是不肯放弃他的所作。大家云：仍如此还有何意见可提？五点半晚饭时，见《劫皇纲》不能拟定，提出草稿计划：由陆地行舟起，秦琼救张紫烟，留他的三探汝南庄，秦琼改樊建威，扩大老戏贾家楼，后以麒麟阁中激秦，三挡为结〔尾〕。着申阳生帮助完成。回皇后饭店。十点眠。

9月7日

阴。

戊戌年七月二十四日。由苏州回上海。

早起，接丽，到车站食面一碗。五十分（八点）车到，无丽。回到皇后已九点一刻。今日拥护周总理声明，大游行。

到皇后，茶役云：大王家巷五号有电话来，是采茨，约去黄家。陶雄、苏雪安夫妻、许铁生十点车回上海。收拾行李。雇车去大王家巷，因游行绕行，大王家巷在北塔寺附近。黄家亲家母去常熟，同居富春楼老六接待。同丽到沧浪区柳巷五号殷铁栅针灸医生诊所，谈病，到十二点离柳巷。游行和饭时三轮不工作，步行一程。雇着车绕小道回，去时每辆五角，回每辆四角。午饭，苏州食物很难买，带来酱肉和叫来蟹粉和汤菜。采茨和敏祯的妹妹到玄妙观，并到宿舍找着毛生，两点半送菜来，皇后房门钥匙带来交毛生送回。欲去虎丘山，无车，小妹只寻着一辆。三点步行到大街仍无车，丽云：我和采茨去。和采茨三轮车穿游行队

〔伍〕出阊门。三轮车夫云：去虎丘、留园、西园，送回王家巷，二元八角。到留园，丽和妹妹亦乘车赶来。到虎丘山，小雨，回时到西园罗汉堂、放生池。回到大王家巷时，六点四十分。

七点半晚饭。约好三轮车八点一刻来，动身往车站，每辆五角。发现车票是五点车票，丽去交涉，签字票上。南京车到，上车，八点五十分开车，十点四十九分到达上海。雇街车回家，一元八角。

今日下午有大会并游行，有通知。在苏州，未参加。沐浴后睡时一点。

9月8日

雨。

戊戌年七月二十五日。

七点半时，捉白蚂蚁的来，闹醒，云：一点来检查。八点起。十点时，大雨。一点，捉白蚂蚁队来钻洞检查。两点到京剧院。因福生在家照顾，电车到院，五点回。

夜，同丽到大舞台看中国京剧院李少春等演现代戏《白毛女》，采蕰、采茨、广业买票看。同回，广业、采蕰去。

9月9日

阴雨。

戊戌年七月二十六日。

到江西路青年宫看戏剧院演《红旗处处飘》，演邱才康和广慈医院事。九点开演，十一点演毕。

《新民报》电话：为毛主席讲话、赫鲁晓夫的声明事索稿。车送陶雄回，孙均到院。回家。饭后两点到京剧院，五点后回。

七点饭后，二十五分，同丽、采茨、广业、采蕰接黄家到大舞台看《林海雪原》中"奶头山"。十一点完。送黄回，自回。

9月10日

大风雨。

戊戌年七月二十七日。

八点半，到八仙桥大众戏院，看锡剧《红色种子》。同选斌同去。戏止，同厚生到后台道乏后，同选斌回。饭后到院，两点。都去看《社会主义凯歌》，三点到艺术剧场看话剧，亦是邱才康故事，改了康姓。戏止，回，五点。

李师斌来函，云：团将随第三批志愿军回，但团不知分配到何处。

七点半起风，八点大风雨。丽、广业、采蕴去看锡剧《红色种子》，戏止，回。

9月11日

戊戌年七月二十八日。

连日早起，倦甚，九时起。饭后到院，两点。孙均同志云：上午开了会，大家对时事决心拥护，会开得好，并开了演陈西汀本《郑成功》会。下午仍讨论云。开讨论《郑成功》会，到五点。

饭后七点一刻，再到院开创作会，到九点回。丽和广业、采蕴、采茨去看中国京剧院的戏。沐后，十点三刻睡。看《台湾人民革命斗争简史》。丽戏止回，睡着。

9月12日

雷雨。

戊戌年七月二十九日。

九时起。抄补日记。一点午饭。早晴，闷热，一点响雷，二点雷雨。两点到京剧院，一团排活报戏，五点回。看《张（仓水）煌言》。十二点睡。

9月13日

晴热。

戊戌年八月初一日。

六点三刻起。早点。八点，到四川路群众剧院观摩广东戏《红花岗》。九点开，十二点止。同刘、姚到后台。车送厚生、姚时晓后，自回。看完《张煌言》小册。明日文艺界游行，两点到团部审游行活报剧，并有广播录音，我亦一段新词。

人民委员会要稿，托陶雄写好带回，五点取去。陶并代写《新民报》稿，皆为拥护周总理台湾海峡等声明。到南京理发所理发，六点一刻回。吕仲有电话：明日游行。

9月14日

晴热。

戊戌年八月初二日。

全文艺界示威。六点起。早点后七点半，同选斌到曹家渡五角场，一团一分队已到。到处都搭了台。七点三刻演活报和清唱，拥护周总理声明，反对美帝侵略台湾，干涉内政。我亦唱一段，演后又换到甘棠新村，又到新光中学演出。十二点半回家午饭。

晚饭后，同采蕰、广业、丽九点到国泰看希腊原版片。言语不通，但情节可懂，戏止，回。十二点，广业、采蕰去。为菊傲说戏，一点睡。

9月15日

阴雨。

戊戌年八月初三日。

九点起。吕仲电话来云：张庚十点到院。车修，乘三轮车到院，张庚已在院。粤戏上海演毕，明日晨去南京，罗品超同同事到院辞行。谈《红花岗》后，去。小雨。同张庚、吕仲、陶雄到锦江十一楼午饭，八元七角五分。送到陶雄宿舍休息，回。看《江阴守城记》。两点到院，开明年演出规〔划会〕。过"哈尔滨"，买点心送张庚。四点，送张庚到车站，一刻上车。张去江西看会演，今日过此回北京，四点三十九分去。未等开车，送上车即行。到南京路新华书店，购《台湾地理》，四角四分；《中国共产党历史简编》，七角五分。到期刊社购两份报。回，五点三刻。晚饭后，同丽、广业、采蕰到国泰看苏联片《海底擒敌》，十一点回。十二点睡。

9月16日

晴，风凉。

戊戌年八月初四日。

九点起。看书到十二点三刻，午饭。两点到院，六点回。七点二十分，到锦江饭店十一楼，为南北曲艺在北京会演作巡回演出，到东北、天津、济南、南京，到上海昨演毕，明日去杭州，还到武汉、广州。文化局、戏剧家分会出〔面〕，共五席。宣传部白部长、文化局李太成局长主持。九点半方离锦江。

到东湖看中国片《地下尖兵》。戏止，同丽、菊傲、敏祯回，广业、采蕴自回。十一点半睡。

9月17日

戊戌年八月初五日。

一团《智取威虎山》下午招待文艺界，上午讨论，《张仓水》《葛成传》。

七点起。早点。八点三刻到京剧院。九点讨论。陶雄、孙均、吕仲、洪谟、刘静沅、苏雪安、许铁生、张显、李莉。《张仓水》，吕仲讲剧情。如〔何〕结合现实？恐不能有何结合。许铁生谈《万民安》（葛成故事），又名《蕉扇记》。讨论到十二点回。

十二点半饭后，到期刊社，购《历史教学》六本（因期有葛成材料），共一元八角。到古籍书店，购全祖望著《鲒埼亭集》五本、诗一本，共一元七角三分。一点一刻，赶到中国戏院，讲话后开演，到五点止。《智取威虎山》。

李少春病嗓，戏止欲去探视，遇世海等，云：少春去医院未回。同广业、采蕴回。医生在诊，验血压，云不甚高，因〔虚〕弱，食鲍鱼汁，首服两罐，次每服一罐，可愈。验后，为丽诊验（本是为丽请来）。七点半晚饭。娇容来，为菊傲、娇容排《打渔杀家》。到十一点止，娇容回去。十二点睡。

9月18日

晴。

戊戌年八月初六日。

七点起。看书。饭后，到南京路补《历史教学》第三〔期〕，三角。到图书发行所，购《瞿秋白的文学活动》，四角二〔分〕；《元明清三代禁毁小说戏曲史料》，王晓传辑录，一元四角。两点到京剧院。吕仲云：录音明日不果，安排确定再通知。三点，同吕仲到中苏友好大厦，看"跃进文艺展览会"，遇新民青年，云：整风，李宝櫆在解放后犯男女事，宽大不逮捕。看毕展览会回，吕仲自去。因眼光又加深，同丽到秦庭楣医室检查。秦庭楣是秦清曾（同庚会）之子，检验眼光远近和耳的听觉后，已六点。丽未验。六点，同丽到白渡桥下车间"燕记食堂"晚饭。这些日，建食堂买不着菜，饭店生意忙，"燕记"也只有鸡汤、鸡、炒饭，余皆无，后来者不得食。和丽食毕回，七点半。九点为娇容、菊傲排《打渔杀家》。娇容十一点去后，又为菊傲说排《投军别窑》。一点后眠。

9月19日

阴，凉。

戊戌年八月初七日。

七点起。十一点，敏祯三楼取物，楼梯滑，由上摔滚下来。尚无碍，请陆文来推拿。饭后，看书到两点半，到京剧院。今日何润初退休，[钱]送。吕仲云：录音还要录，改星期一，以一团场面为基础，郝德泉参加。丽电话来约配镜。院中无事，回。同选斌到南京路精华眼镜公司，配近光两副。同罗到新雅食茶后回家。

饭后七点到京剧院，为炼铁小高炉剧本讨论。吴石坚、唐真、马科、洪谟、吕仲、苏雪安、蒋星煜、陶雄、孙均。先由吴石坚谈去常州查小高炉试验材料，再谈写出六幕戏。讨论后散会，已十点半。吕仲云：《张仓水》暂搁，明日去帮助李熙搞人民公社材料。回家，十二点眠。

9月20日

一天下雨。

戊戌年八月初八日。

九点半起。看书、写〔日〕记，到十二点半。一点午饭。下午两点到京剧院，六点回。晚饭后，收拾抽屉，整理文件书籍。一点睡。

9月21日

晴。

戊戌年八月初九日。

九点起。一点饭。今晚七点，三团演《红色风暴》（铁路工人罢工），因夏衍来沪要看，三团去常州行装重新打开。晚饭后到团部。云：另有任务，《红色风暴》不演了，改在中苏友好大厦，华华演《出塞》，一团、三团合演《百骑劫魏营》，中国戏院一团《智取威虎山》回了戏。夏衍来，无戏即去。孙均云：在一两天我可要演一场。回家，即接着刘厚生电话，今晚演《跑城》。即到友谊馆为王致祥（打鼓）说戏。毛主席来，八点三刻开演。昆曲学校《游园惊梦》、华华演《出塞》，沪剧丁是娥、解洪元《十三陵工地》，一团、三团合演《百骑劫魏营》，我演《徐策跑城》。戏止十一点半。回。夜饭晚，时一点二十分。

9月22日

晴。

戊戌年八月初十日。

今日下午本约录唱片，因无党派开会讨论陈毅外长声明，录音改明日。

九点起。十二点半午饭。一点到大舞台，送中国京剧院一团去南京。到达，团已去车站，〔遂〕到车站，会袁世海、李少春、杜近芳、雪艳琴及团众。一点三十八分开，〔因〕开会未及时，即辞离车站。

两点开会，金仲华主持。参加座谈：舒新城、徐中玉、黎照寰等九人，〔还有〕丰子恺。讨论。四点三刻散会。

书局购《台湾民歌》，一角四分；《今日台湾》，三角；《台湾随笔——台海使槎录》，每两册一角八分；《犹拉集中营》（希腊），三角四分。五点半回。收拾书籍。八点晚饭。睡，十一点半。

9月23日

晴，风。

戊戌年八月十一日。

九点醒，十点起。吕仲电话来：今日灌唱片改期，日期定再通知。他今日下乡去。

一点午饭。一点三刻去院。许多书〔送〕去旧书购买店，只卖了五元九角。到院，知我院一团去福建前线慰问，并赶《郑成功取台湾》。陶雄叙剧本，孙均指示，我讲话后谈剧本，到五点。一团还有演《智取威虎山》一场戏，去后台，六点后回。晚饭后，到国泰戏院，同敏祯、菊傲看英国片《人间地狱》，狄更斯小说，此片已看过。戏止，回。丽去荣家，菊、敏去接，两点同回。

9月24日

晴。

戊戌年八月十二日。

楚剧来沪，在上海拍《刘介梅》片子。事竣，文化局组织一场观摩戏。九点，同选斌、娇容父女到大众剧院，演三个小戏。二个活报剧，《赶会》很好，《闹瓜园》次之。十二点回。

报载：美舰美机侵犯领空领海，十一次警告。饭后到京剧院，一团在两天内赶排《郑成功》(取台湾、逐荷兰的故事)。看排，也提出表演方法的意见，到五点止。回家。

里弄通知节电，抄表一百三十几度减为五十一度，定六十度。广业、采蕰来。因电，都[在]一室。十一点半睡眠。

9月25日

雨。

戊戌年八月十三日。

九点醒，十点起。早阴，十一点下雨，下午止。两点到京剧院，看排《郑成功》。周志勇去济南。四点半回。收拾旧书到六点。同丽、菊傲、敏祯，带畅、群到"燕记"晚饭，广业、采蕰同饭。食后回。八点，到东湖影院，看匈牙利片《汉尼巴先生》。戏止，送广业、采蕰回范园，同丽、菊、敏回。十二点眠。

9月26日

晴。

戊戌年八月十四日。

八点起。九点到团。九点半响排《郑成功》。戏后，厚生、蒋星煜等提意见后各回。一点半回，午饭。改写《郑成功》到三点。到院，和陈西汀谈。孙均云：苏雪安事宽大判，降两级，去知识分子荣衔处理，念其年岁已大故。研究院龚和德二人由江西、福建参加会演回来。六点回。《郑成功》本改定，因明日一团即去福建。十二点眠。

9月27日

戊戌年八月十五日。

今日一团去福建慰问前线，去送。六点半起。七点一刻到车站。钟望阳正在训话。话毕，握手致意。三点，众上车，周志勇、张显同去。候开车后，同陶雄同到院。吕仲来，同听孙均传达：

大跃进后，干部同劳动者关系改善矛盾，基本胜利。初解放，染上法权、教条、阶级等情形。过去供给制，如今想来还是好的，因不干事、不努力的人，故改薪级，如今这些人还是不干，恐还是恢复供给制。采取公社，是农民自己发现，不如此不能适应大生产，农业推动工业，工业推动了运输，解放劳动力。公社是共产主义的初步，逐步做到吃饭不用花钱，现在生产已估计每人八〔百〕斤，到每人两千斤，吃饭不要钱。这就是明年、后年的事。如今有棉花成林、白菜千斤。供给制由干部先试行。工业，一千零七十万吨一定完成，上海一百二十万。不然不能适应明年的需要。国庆十周年，国际非常重视，这不是仅仅庆祝，是要总结十年经验给兄弟国家和亚非国家。明年国庆有万人来中国观礼。

宣传工作：写新民主〔主义〕时经验；写社会主义经验；写过渡的共产主义……明年各种文艺在五月出版。北京市政改善，赶修造地下铁道等。博物馆有八个：工业、农业、国防、科学、民族、艺术、革命、历史。造两千五百人的大戏院；造人民大会堂；造全国运动会。要七部到十部够上国际水平的影片。各艺术部门要出最高的产品，数字未定。明年出国任务重，上海不出去了，出国的剧种：话、川、沪、粤、汉、歌舞剧。京剧定现代剧，要二十到五十。劳动人民不要白鼻子，《宁武关》不好好改写不能动，思想要解放。创作集体只用某某执笔，演员法权思想要改，只标主演者名字。录音、灌片子，都一律归公。文艺是反映生〔活〕，虽不能都走在前面，但是教育如何提高共产主义思想，和劳动人民结合起来。工程师不能特殊化，都是普通劳动者。文艺参加劳动，都参加劳动，影响世界。苏加诺回国参加了劳动，说是中国学来。全国干部四个月走马看花，一个月参加劳动，树立共产主义的思想风格。

传达毕，十一点半回。

一点饭时，产保福云：潘宏勋将去世。帮助，赠四十元。周选斌到精益眼镜公司，取配眼镜两副，共二十八元。到图书发行所，购《马、恩、列、斯论共产主义社会》，四角九分。到期刊社，购第三期《戏剧论丛》，七角五分。到院，选斌自回。

赠院一百六十本《渊鉴类涵》一部和《十三经》一部。

两点开会，和孙均、吕仲、陶雄、蒋桂林讨论今年、明年创作计划，和明年规定三个团取消，现在的三团补进〔两〕个团中充实起来。谈到五点回。

今日八月十五日，是孙石咏芬生日。同丽到孙家，咏芬已去东记正兴馆。同孙允中及其女同到城内晚饭。饭后游湖心亭。车送允中、咏芬回家。和丽回时，九点半。十点洗沐，睡眠。

9月28日

阴寒。

戊戌年八月十六日。

九点半起。十点半记事，到十二点四十分。饭后，看书（《鸦片战争文集》）到四点半。今日有寒流，加衣。报载寒流来临。

七点晚饭。九点，到东湖影戏院〔看〕苏联片《切尔卡什》，戏止，回。十二点眠。

9月29日

阴寒。

戊戌年八月十七日。

潘宏勋大殓。九点半起。洗漱毕，看报条，十点大殓。已迟，未去。昨《人民日报》载：缅甸总理宣布辞职，国防军总参谋长奈温出任总理。

两点到京剧院。孙均说创作情况、上级指示：现代戏各机构呈报太多了，京戏可二十到五十，多写点翻案的历史、农民起义的、历史有教育意义的，如《杨家将》或《薛家将》，世代忠义报国的。陶雄和许铁生研究《万民安》（苏州葛成故事），陈西汀参加讨论，明日下午座谈。

六点回。饭时，陈本立电话：来看我。饭后来，为小王桂卿租屋纠纷事，出示各种证据和法院判书。云：张中原已逮捕两星期。本立谈至十二时去。采蕰、广业一点去。

9月30日

阴。

戊戌年八月十八日。

十点起。外孙陈杰（本立之子）由甘肃兰州市来信。分配在七里河兰工坪冶金学校读书，第二〇四班，来信致谢。

一点午饭。两点到京剧院。孙均、陶雄、陈西汀、苏雪安、申阳生听许铁生谈《万民安》故事。大家讨论，陈大濩亦参加讨论，大家谈到六点。

明日国庆，今日在市委员会欢宴庆祝。换衣。六点四十分到人民委员会。七点一刻客齐，由副市长许建国致词后晚餐。到九点一刻，客去，各归。

丽等去看影片，车去接，十一点后回。一点眠。

虹口区人委会来通知：（一）定为虹口区应选市代表，着填表；（二）十月二日虹口区三届代表会第一次会议，列席。区人委会地址：塘沽路309号，电话244100。会中遇熊佛西、江庸、舒新成、武和轩、陈虞孙、徐平羽、张春桥、吴□安、吴子婴。

10月1日

大雨。

戊戌年八月十九日。

六点起。因大雨未带采茨去人民广场。七点半，雨中到人民广场主席团休息室。八点开始。由柯庆施致词后开始游行示威，到十二点半止。回家。

饭后两点，到京剧院，今日不放假。下午雨停。苏雪安《鸦片战争》二本写好，陶雄和他讨论。五点回。过哈尔滨糖果店，购点心，两元八角。晚饭，八点。广业、采蕰十二点去。

选举委员会联合提名确定为虹口区第三届人民代表，大会应选第三届市人民代表大会代表候选人。要填表，填好着耀祖送到苏州路410号，虹口区人民委员会办公室。

10月2日

晴，有风，凉。

戊戌年八月二十日。

虹口区第三届人民代表大会第一次会议。请列席。六点起。早点。七点二十分去虹口。福生加汽油，七点五十分到北四川路1844号四楼开会（此为旧戏剧学校）。八点开会。由区长孙成伯报告区人委工作，区法院黄正之报告法院工作。休息后，报告代表审查资格经过和应选市代表第三届人民代表及区长、副区长、区人民委员会委员、法院院长候选经过。因我应选市代表，选区是虹口区，故列席。十一点半散会。过福州路期刊社，购《收获》第五期，一元三角；《中学历史教学》（广东出版）一、二、三、四、五、九共六本，七角二分；《解放》（七），一角。一点三十分午饭。两点到京剧院，五点半回。八点晚饭。十一点半眠。

10月3日

晴凉，有风。

戊戌年八月二十一日。

十点起。十一点，看书到十二点半。午饭一点。两点一刻到京剧院。剧目座谈，陈西汀谈《棉花姑娘》现代戏。陈大濩由东影拿来尚未开拍的朝鲜人在抗战时的电影本，预备改编。谈到五点。五点半回。

政协每星期五有报告。今夜七点刘述周报告。饭，六点四十分。六点五十分到会场。七点一刻讲：上海如何市区成公社，和台湾收复是否会战争。讲〔到〕十点三刻。广业、采蕰十二点去。一点睡眠。

10月4日

雨。

戊戌年八月二十二日。

九点起。十二点半午饭。因四点去虹口区，未去院。看书到三点半。到虹口区四川路1844号四楼。今日市代表由区选出，要和区代表选民见面。相熟的陈鸣珊、刘杰周、沈尹默、吴涤苍、储一石、□余如，代表多数都到。区招待面点。今年山芋大丰收，点心都是山芋和少数面粉制成。到时，代表入场，和区代表见面，众市应选代表推我讲话。退席，各回。

徐介夫来，同饭。丽、广业、采蕰、采茨、女裁缝二姐同去大舞台看越剧。介夫十点去。丽等戏止回。十二点眠。

10月5日

雨。

戊戌年八月二十三日。

八点起。九点大雨。看书，找戏剧材料。一点午饭。再看书到晚饭。夜同广业、采蕰、丽、采茨到国泰戏院看苏联原版五彩片。不懂话，情节亦猜测不明。戏止，回。广业开车，车新修，又坏了，对付到家。广业、采蕰去。十二点眠。

10月6日

阴。

戊戌年八月二十四日。

九点起。一点午饭。两点到京剧院。和厚生、孙均、陶雄、苏雪安、周楚江研究《鸦片战争》。六点回。

10月7日

晴。

戊戌年八月二十五日。

十点起，一点饭。连日腰部不爽，陆文来推拿。车又去修，三轮车去院，一点五十分。和孙均、陶雄谈剧目，除定额创作外，整理历年所编未上演的剧目和想出传统小剧目。六点离院，三轮车回。十二点眠。

10月8日

阴。

戊戌年八月二十六日。

九点起。一点饭。陆文来推拿。两点一刻到院。李熙、洪谟、吕仲由公社回，谈公社好、编剧的素材和提纲，到五点。六点回。饭后，丽、采蕰、菊傲、敏祯、选斌、娇容、二姐到光华戏院看滑稽戏《人民怒吼》。戏止，回。十二点半眠。

10月9日

阴。

戊戌年八月二十七日。

八点一刻起。今日三团由常州回。先到京剧院，十一点五十分到车站接三团。十二点二十五分到。送陶雄回，再送孙均、蒋桂林回院，自回。三点到院。五点回。八点晚饭。十二点入寝。看剧本《烈火红心》，到三点睡着。

10月10日

戊戌年八月二十八日。

八点起。九点，梵王渡路105号警备区军人俱乐部，看前线话剧团演《烈火红心》。今日是招待上海戏剧界，说了话。戏止，献花，李太成副局长和我、吕复上台道乏，剧团亦锣鼓送出。许国清、刘鸿声演，局长丁尼演，戏很感动人。

一点回。午饭后两点去京剧院，丽去范园。五点半离院，步行到新华书局，购《沫若文集》第七集。三轮车回。

饭毕七点，到政协听蒋文焕（市书记）讲座，谈公社。九点半回。

10月11日

戊戌年八月二十九日。

七点起。八点三刻，到大舞台听方行（副局长）报告：钱俊瑞文化部长和各省局长到江西、福建边考察边参观。讨论所得报告，刘宗诂主持，到十一点三刻。

到图书发行所，购《八一起义》，一角二分；《武汉工人收回英租界故事》，一角；《长征故事》，六分；《毛泽东初期革命活动》，一元；《第一次革命战争简史》，四角六分；《上海小刀会起义史料汇编》，四元九角。到南京路新华书店，补《京剧汇编》24集，三角六分；购《曲海燃藜》，周贻白著，三角。十二点半回。一点十分午饭。

两点到院。丁毓珠集一团家属，报告一团来信。六点回。菊傲、敏祯带群、畅去苏州外婆家。八点晚饭。十一点广业、采蕰去。十二点眠。

10月12日

阴。

戊戌年八月三十日。

十点半起。十一点半，收拾残破书。一点饭后，再收拾到五点。沐浴，换衣。菊、敏、群、畅去苏州，广业、采蕰亦不来，只清海来，同去"燕记小食堂"晚饭。饭后，到黄浦公园，已不售票，绕行江岸，即乘车回家，八点。清海十点去，入寝眠。

10月13日

晴，有风。

戊戌年九月初一日。

十点起。一点午饭。两点到院。六点回。菊傲等由苏州回。周炳华由闵行乡回，同到民国路正兴馆晚饭，丽、广业、采蕰，炳华会账。饭后，同采蕰、广业、丽到国泰影院看苏联片《列宁格勒交响乐》。戏止，回。

10月14日

一天大雨。

戊戌年九月初二日。

下雨，十一点二十分起。一点午饭。两点到京剧院。

于宗琨来要《郑成功》剧本。于福和故去，宗琨为奔父丧回，明日去，回汉口。六点回。饭后，同丽、广业、采蕰到美琪影院看暹罗片（泰国）。戏止，送广业、采蕰，同丽回。十二点眠。

10月15日

晴，寒，有风。

戊戌年九月初三日。

九点起。整理《审头刺汤》"刺汤"。两点，同丽到哈尔滨糖果店买糕点，送丽到十八层楼，我去京剧院。过新华书店，购《中国农民起义论集》，一元五角；《清初农民起义资料辑录》，一元三角；《明代官手工业的研究》，五角五分；《明代御倭战争》，二角八分。残余"戏考"多本，赠给院。六点回。

10月16日

戊戌年九月初四日。

九点起。天冷了，加衣。一点午饭。一点半，到福州路邮局期刊社购报，并购《近代史资料》（一），六角；（二），六角；（三），六角；（四），六角；（五），六角；《电影文学》（创刊），三角；《中学历史教学》（六），一角二分；（七）一角二分；（八），一角二分。两点到京剧〔院〕团部，看新排《铁水奔流》（常州土高炉现代戏），前有青年《盗仙草》。戏止，各刊、电〔台〕、文化局、李太成局长、厚生、院部人员看毕提意见。六点半回。

10月17日

阴，小雨。

戊戌年九月初五日。

七点起。八点三刻到京剧院。听孙均传达，关于宣传部周扬等座谈会讨论，由夏衍来沪传达，向文艺机构传达；又传达了局关于创作方针。到十二点。十二点三刻午饭。

《刺汤》整理好。两点半到院。丁国岑汇报二团情况和第四季度工作。六点回。

饭后，同丽、菊傲、敏祯、广业、采蕴到美琪戏院看印度片《道路之歌》。送广业、采蕴，回。誊清装订《审头刺汤》。一点入寐，两点睡。

10月18日

晴，有风，凉。

戊戌年九月初六日。

九点起。十点开始写《比干挖心》，前后整理补叙。

两点到京剧院。陶雄写戏，下午未来。苏雪安谈谈老戏。孙均来。到五点半离院。过新华书店，购《明季北略》，一元八角；《太平天国》，吴煦档案中的史料选集，一元两角；《第二次鸦片战争史话》，三角七分；《明代郧阳农民起义》，两角；《武昌起义的故事》，一角；《明代江苏人民抗倭的故事》，两角四分；《辛亥革命前的群众斗争》，一角；《解放》，一角。车，丽坐去，电车回。饭后到美琪，看捷克片《家庭争执》。戏止，送广业、采蕴回。同菊傲、敏祯、丽回。

10月19日

阴。

戊戌年九月初七日。

九点起。十点半开始写《比干挖心》。昨天写了一场"孟津会诸侯"，今日写了"泰誓、牧野、自燔"共五场，到下午五点。（一点时午饭）。

两点到院。听丁国岑汇报二团事。六点回。夜饭后，同丽、广业、采蕴到新华戏院看苏联片《失踪的人》。戏止，送蕴和广业回，自回。

10月20日

戊戌年九月初八日。

九点起。一点饭。两点到院。陈西汀、马科、吴石坚谈全部《杨家将》。六点回。

晚饭后，到国泰影院看埃及片《和平的土地》。戏止，同丽、菊傲、敏祯回，广业、采蕴去。

今日报载：由北京飞莫斯科客机，图—104一架，在楚瓦什苏联共和国卡纳什失事。内有访问阿拉伯文化团郑振铎、蔡树藩等四十余人遇难，内有姜燕并贸易部、外交部工作人员六人。

昨《文汇报》载：北京中国京剧院演员和乐队取消保留工资，按文艺级接受工资待遇。

李少春1000元改333.5元、袁世海800元改333.5元、杜近芳700元改287元。由十一月起。

10月21日

戊戌年九月初九日。

九点起。一点饭。一点半到院。过新华书店,购《明季南略》,一元四角;《国史旧闻》,两元七角。早阴,此时雨,真是"重阳雨纷纷"。报载:明日寒流下午来。

张信忠二十四日在游艺场和兰云演《乌龙院》,来学。给说"坐楼、下书、刺惜",说毕五点半。三轮车回。

七点,和丽到国际饭店十四楼西餐,七元三角。八点回。九点,同丽到衡山影院看《徐秋影案件》(是哈尔滨特务实事)。戏止,回。

一点眠。大雨不止。

10月22日

寒冷,小雨。

戊戌年九月初十日。

十一点起。十二点三刻午饭。两点到市人民委员会。两点三十分开会。讨论:(一)关于召开市第三届人民代表第一次会事;(二)调整市人民委员会工作部门意见;(三)建立上海革命烈士纪念公园意见;(四)二届代表会三次会议提案处理情况汇报。五点半散会。

过图书发行所,购《中国现代革命史》上下册,一元两角五分。

八点晚饭。九点到儿童戏院(旧金门戏院),欲看《十三陵》纪录片,客满,回。十二点入寝。

10月23日

晴,冷。

戊戌年九月十一日。

十一点起。一点午饭。两点到院。同张丙昆口述。张抄《杨家将》中"盘宫、打宫"。北昆人来上海招生,来院即去。抄到五点半回。

饭后,同丽到和平影院看纪录片《地下宫殿》,有海南岛等片,一小时回。采蕰、广业十一点去。一点眠。

10月24日

阴，冷。

戊戌年九月十二日。

十点起。十一点到南京理发所理发，八角五分。过新华书店，购《红旗飘飘》（9），四角；并补《苏联文学史》上卷，一元七角。三轮车回。十二点半午饭。两点二十分到中苏友好馆。两点半开第三届第一次上海市人民代表大会预备会。许建国主持，由刘述周说明开会日程后散会，开了不到一小时。三点二十五分回。饭时八点。

杨宝童"京艺"和刘筱衡剧团合并，后日去青海卡卜卡，来辞行。十点一刻方去，并言有郭荣相者乱搞男女关系，补去改造，去新疆，写条子要衣服。我们这一行，有李宝櫆老生、梅葆玖花旦，连郭小丑云。葆玖亦被捕，不知真否？广业、采蕰十一点半去，即眠，睡到四点。醒后不成眠。

10月25日

阴。

戊戌年九月十三日。

四点醒，到八点后方睡着。十一点一刻起。饭后两点十分到京剧院。编剧、作者都劳动锻炼。本出国团今早回，又改期回。京剧院无事，往友好馆，开小组会。看单［看］错地点。车回，三轮车回，车去接采蕰、广业。候车来，到市人民委员会底层，参加三组虹口区组，已三点十分。五点三刻回。

欧阳文彬，《新民报》为志愿军回国代写稿登报。八点一刻晚饭。

10月26日

阴冷，大风。

戊戌年九月十四日。

十一点起。一点后午饭。两点，到人委会底层开虹口区小组会。讨论文件到四点半，休息时告假回。过图书发行所，购《京剧汇编》，四角四分；《取南郡》，二角六分；《绣襦记》（荀〔慧生〕演出本），一角七分；《封侯恨》和《花子骂相》（江苏出版），一角三分；《清代云南铜政考》（严仲平编），四角二分；京剧《白毛女》，四角六分。过期刊社，购《安徽历史学报》（2），五角；《历史教学》（10），二角六分；《戏曲研究》，七角五分；《历史教学问题》（10），二角八分。五点半到家。本欲送杨宝童，不知时间，未去。今日寒冷，并有大风，刮倒篱笆甚多。

八点晚饭。九点，同丽、菊傲、广业、采蕰、敏祯到民国路银〔都〕〔大戏院〕看《红孩儿》。戏止，送广业、采蕰回，同丽等〔回〕。

采茨去乡间义务劳动两星期。

10月27日

晴，夜月，寒。

戊戌年九月十五日。

十一点起。一点午饭。两点到院。小组，不欲去。厚生四点来讨论《鸦片战争》剧本。民政协□焕欲汇报工作，约来院；统战部协商会，约谈选举名单，必去。候焕不及，三点三十分离院。过新华书店，购《马、恩通信集》（4），两元□角。步行到文化俱乐部。四点一刻开会。讨论政协主任和委员名单，市委员会、市长、委员名单，全国人民代表、上海代表名单。陈丕显任政协主任，陈毅辞上海市长，柯庆施担任。

七点回。八点饭。夜月清明。广业、采蕰十一点半去。清洁大检查，查出蟑螂，阿芝大刷洗。

孙均云：厚生嘱：十一、十二两月要纪录艺术两万字，《戏曲研究》信来，催纪录稿，改月刊。

《十一朝东华录》、《百科字典》、《五洲文艺》等只卖了两元八角。

10月28日

戊戌年九月十六日。

九点醒。十点统战部约十一点来谈话，即起，十点。十一点方信瑜来（女），问上海反应。答：小组代表谈和市上皆关心人民公社，市中如何办？需要明确。方为柯报告收集各方面材料。现刘述周、王□□仍为统战部长，又新来冯国柱。

部在协商会办公云。十二点方信瑜去。

10月29日

戊戌年九月十七日。

因大扫除，九点起。和大家搬移打扫。阿芝今日要去常熟乡间，因打扫留下。饭后又打扫。

两点半到京剧院。到市府底层开小组会，选举。六点回。

除晚饭时间，都在打扫中，积灰尘清除，到十点后粗具。十二点睡。

10月30日

阴。

戊戌年九月十八日。

十时起。一点午饭。两点到京剧院，着福生回。五点半回。因明日政协展览，要在苏联照片，回。着菊傲检出，全部底片着选斌送交院中，交王如官。书房中亦洗刷，并用"滴滴涕"消毒。睡时一点，四点一刻醒，不眠。

10月31日

戊戌年九月十九日。

四点醒，六点起。八点半，在中苏友好大厦友谊电影馆开上海市第三届人民代表大会第一次会议。选举主席团，休息十五分，主席团议议程。执行主席宣布开会。通过会议议程、秘书人选；审查和预算人选等事。由许建国〔作〕关于上海市1958年度经济工作报告；马一行〔作〕上海市1957年决算和1958年预算草案报告；张文秀〔作〕上海市高级人民法院工作报告。散会，回家。一点午饭。

下午市府大礼堂听柯庆施报告。两点到市府大礼堂，忘是三点开会，时间尚早，逛书店。在图书发行所，购《鸦片战争末期英军在长江下游的侵略罪行》，中国科学院、上海历史研究所筹备委员会编，两元三角；《中央负责同志视察各地时的讲话》，一角八分。

三点开会。由柯庆施作报告，分四部分。讲了两部分，国内、国外，时到八点。明早八点半继续作报告，散会。回。

书信·1947年

2月8日（寄）

卅六年二月八日寄

采藻女儿知悉：

二月五日，你寄父荫棠先生电话来，是你母亲接的话。知吾女平安抵美，并云急于往京之故，汝托带一月廿六日之信，由邮政局发出。收到。知汝一月廿五日平安到了纽约，我和你母亲欣慰之至。寄母和张家婶婶待你好，见信即替我们道谢、问候。衣服要黑白色，不要太花。汝母亲已经照信赶制了。朱达谦近将赴美，来得及或许托带些来。程迤云、裴惠珍等当[个]别去通知，不必挂念。

六日又接到一月廿一日你在旧金山写的第一封信，内函英文一纸，中文两纸。全悉汝船中及旅途中一切经过情形了。卢寿联夫妇热忱可感，当告知叶伯伯去函致谢可也。

去年下半年不佳，汝亦详知。幸平时为人素常信誉，旧历年关渡过。旧历年新正突然转变，由元旦至元宵节营业鼎盛，三号那天弥空大雪，犹有九成。再有半月，成绩更可无虑了。天蟾仍是砚秋，日见衰败。大雪之夜，营业更惨。总之时局不宁，购买力薄弱，诸事皆不易。为[此]历年来常想另图营生。但是对于他业，学识两缺。鉴于此，更望儿女辈对于学识进一步研讨。没有财产给儿女，儿女有技术就能自存。所以放你一个女孩子孤零零地远涉重洋，不是教来镀金，教你尝一尝人生的苦辣滋味，切要实地求得真学和确识。

藻，你是个勇敢的孩子，可也是将来领导弟妹的模范。希望你安心求学，有旷达的思想，才能涵养你的心身；有了健康的身体，才能做伟大的事业。北平俗语：学习事业叫做学能耐。看这字义，就知道能耐才能习学。父亲一生吃亏，虽然事业小，却也算薄有虚名，也就能耐罢了。可是柔中有刚，这刚强两个字都打算寄托在儿女身上，希望你们个个都好。

采蕰，都觉得她人缘不好。我看她写的东西却也齐整，看小说也不能说是坏事，有时经验比正书多。并不是完全不可造的，也并不是怎样坏的孩子。她的性情习惯，你比我知道得多。常常写信来规劝规劝她。可以说薀是我最关心的一个。采芹虽然性傲，可是她懂得人情。你走了那几天，她处处关心着她母亲的思虑和悲伤。菊傲还是老脾气。教书先生给他一个批评，说他性情骄傲，可是不负责任。骄傲是好的，不知几时他才负起读书的责任，给我吐一口气。英华还好，身体仍瘦弱。可是常不服气，和哥哥对打，险一点累病了。你母亲教我打他们，可是人老了，什么都变了，说几句狠话就完了，总觉得孩子无知，惹打是可怜的。小茨断奶又出水痘，如今痊愈了。可是一身肉都瘦掉了，神情依然活泼可爱。以上家中老小都算平安，你可不必挂念。二月六日夜拟稿到深夜五时，七日写就。

母父字

Miss Susan Chow Manhattanville College of the Sacred Heart.
West 133rd Street and Convent Avenue.
New York (27) n.y.
U.S.A.

3月4日（寄）

难[为]你一个十几岁孩子，放你远涉重洋，这是多么大胆的事。因为我和你母亲奢望太高了，所以这么办。你也一团高兴地到美国来。今看见你的信，已经想家，为了功课不如意每日烦恼。你要知道，你还有四年孤寂和磨炼，方才几个月就如此，长久岂不愁坏身体？读书不是有益，反是有害了。俗语云：既来之，且安之。望你切勿焦虑。你的信上提到：英文课满纸上就见着你的愁容和愤恨。藻，你要知道来求学识不是求一样学识，随时随处都有学识可求。比如你同室的同学，她是什么地方人，可以日常知道她们的乡土人情、风俗。你母亲嫌你同室的三个同学未曾说明她们名姓、国籍，我更想你进一步的研究。嬷嬷为什么不教你读合程度的英文和不使你学琴，更要体察。仅沉默无言生闷气，不是就可以成功的，闷出病来还不是自己吃大亏？学问，既要学，更要问。你可平心静气地在平常问答或行为，务使她了解你，或向别的教师说明向她转圜。她是嫉妒、偏激，或是看轻黄种人的观念没有解除，这是多么好的心理学啊！这些和〔你〕同读的希腊人、校外的黑人，都是研究的标本，不要忽略或轻视这些。教你和英文不够的人同课读爱皮西，这是多么好的教训呵！一帆风顺的也许乏味，也许放胆无为，或趋向堕落，一入学校就遇着激刺，会促有前进的决心。道高一尺，魔高一丈，胆要大，心要细，抑制你的骄傲，解除你的忧郁，养成你的健康身体，好与环境奋斗。最要紧，不要苦坏身体，尤其在外更须珍重。今在不了解你的时候，没有课程，藉此空闲所带去的小品文多读熟几篇，你能在空闲静中查看带去〔的〕《中英字典》，把小品文作一种翻译功夫，也未[必]不是个消闲之法，更是很好进修[绝]大的好机会。你要知道，正课以外，修读亦非次要，风土人情是处世最大学问。所以，古人读万卷书，行千里路。可见学问含意广泛，是出洋求学的大旨。不知校中能读报吗？美报日读也是课程之一，日久进步更大。哲学、算学、教理、法文、歌唱、体操，有些都是你所喜读的。琴不许学，英文不读合格课，这些看来却是暂时的，恐怕荒废时间，可以另辟自修之课。惟不入音乐班，夏季就不能住于校中。这问题甚虑。你走后，你母亲就打算觅取出国证，但无门路。突于三月二日报载：部令"出国护照停止签发"消息。俟新办法颁布后，方再恢复云。只好静候新办法了。金、钞曾有一度狂潮发生，如今政府紧急措施后，黄金外币取缔买卖。美钞一元已涨到一万二千。汝着急何益？父母总要设法，汝只须节省，少买东西，必需者例外。营业至今未衰，但开支大、利息小耳。债务方面由一万万六千万高利贷款，只还有两千万之数了，可放心，勿念。成美少奶被你母亲辞歇，亲送到裘家，未免又要苦了。总算她过了一年好日子。她在不知不觉地做了一场梦。总言之，太无知识的缘故。广泛地说，中国这种太多了。所以鲁迅本是学医的，医生救不多人，所以写文章。藻，我很希望你多知多识。

采蕴是每逢星期日回家。回时我未起，我起她去看影戏，我日场回家她已去学校。三个星期没有见着她。她是无知抑是天真，弄不懂。芹妹、菊弟都如常。小泱病后，咿唔学语很多。"麦糊、橘子水、三姐姐、哥哥、阿姨、外婆……"语都相似，新近才[擗]出"唔妈"两个字来。会举手敬礼，会吐舌作丑相，很聪明伶俐。不必惦念着她吧。家中情形如此。书成后，忽然发觉你此次不为优待原因。你母曾托上海圣心大嬷嬷来函转圜，致知为汝要求免费之故，已被误解。今上海大嬷嬷来函，不要求有所谓免费之事，情愿出学费读书。势〔利〕之情大白了。此示素润。父字。

三十六年三月四〔日〕夜

Miss Susan Chow Manhattanville College of the Sacred Heart.
West 133rd Street and Convent Avenue.
New York (27) n.y.
U.S.A.

3月24日

家诚先生台鉴：

小女同来美国，承照拂，感谢之至。内人致书，未见回示，颇为惦念。昨向府上探询近日可有家报。据云：君在〔美〕被车所撞，微受轻伤云。尊夫人云：君素仔细。查书上字迹有误，藉此知君伤或重，不肯为家人道及。□□和内人甚为焦急，故上书询问伤势究竟如何，请示真相。如欲暂瞒府上，必为守密可也。

此上，并希安全。

3月26日

采藻女儿：

三月十二日接到二月二十七日写的信，知道了。在国外苦干的老板和伙计们受到了异外的攻讦，受到没有保障的痛苦，才有这样浓厚的爱国热忱。论到官员学生和有钱的绅士们，学生不能一概而论。有的实在来镀金，镀金一定家里有钱，用时方便。真读书的好学生一定清苦得多。官员其实大部分也是清苦出身的多，就是怕他们一朝荣显就忘了当初的苦贫。有钱的绅士如在国外摆阔，忘了国内的贫乏不振，虽然豪华也更会被外国人窃笑。且看抗战时和诸多慈善事体，播音求助时，真正捐助的反是那些没有钱的人们拿出少数钱项，成为集沙成塔的形势。有时候也有拿出大量的钱物做慈善事业的，必遇有很多的是内含作用，不是沽名〔钓〕誉就是报效捧场。这群无论在国外都是一个味，无甚分别啊！

君谋先生大约在这几个月中也要到美国来，同他小姐同来。你母亲又要办护照，请他来商量。十一日请来在家便饭。他说他的小姐要做一篇论文，到美国便可得一个博士头衔。因为在上海家里书籍方便，容易得到参考，所以在中国作好带来。所以我希望你多读中国文，多查《中英文字典》，以备将来译书工作。课余爱读的书多读一点。就是林语堂说的自由读书。看报也是这个意思。他说这种读书可以"开茅塞，除鄙见，得新知，增学问，广见识，养性灵。读书的意义使人虚心通达，不固陋不偏执。还要时时读书，永远心灵不会为石，到老不会变古董"。这话就是不要尽读死书，变成书呆子。"时时读书"就是跟着时代走，不会落伍变石、变古董了。

顾先生太好了，对菊傲真是爱护备至，并促督菊傲读书。你母亲送给他束脩，顾先生只肯收一次，云：菊傲升级再给我，如不升级也无颜再领受云。现在中文、算学是顾先生，英文是顾先生所荐的唐才林，也很严束。菊傲嫌班次太高，功课太深。圣芳济新添（丁）新生班，菊已由丙班退丁班了。再看如何。采蕴总算三星期见着她。有一天放假，她的朋友结婚，去吃喜酒。上午九时出去，到晚八时方回。诚然，交友是一大原因，要为她选择，但是性质各有不同。看她的小朋友和她差不多的浑浑噩噩，就是有好孩子也许和她气味不投，就难以接近。除非不许和这些人来往。可是时代又不同了！

你母亲给任家诚去信，未见回信。曾向任家探问。据任家说，家诚遭汽车撞伤。任太太说：家诚素仔细，不肯草率，今见信上字迹错，藉此猜想伤势必重，不肯直道。三月廿四日寄出一函，慰问真相。汝可寄信给家诚先生，慰问之。你寄父由南京回申，十八日才知道。你母亲去看他，二十日在家请你寄父。同来沈志开先生、沈太太、翁太太、五小姐、七小姐，还请君谋先生和太太作陪。九点，请你寄父看《四进士》。汝寄父云：廿一日即去南京，约在下月十五飞美。衣服当托寄父带来。二十日，裴惠珍小姐赴美，托带一箱食物，嘱其交卢寿联或任家诚，转寄纽约。有人说食物太多或许麻烦，不知能寄到否？如收到肉松先食完，恐日子太久易坏。年糕干食前先浸五六天。大头菜是由云南寄来，真云南大头菜。还有不知道食法的，请问寄母可也。汝母嘱将校中学费等费用写来，以备请求外汇。校中情形改变否？甚念。此示，并希珍重。父字。

Miss Susan Chow Manhattanville College of the Sacred Heart.

West 133rd Street and Convent Avenue.

NewYork（27）n.y.

U.S.A.

3月31日

素润吾女：

　　三月二十九日接到第六封、第八封和给采蕰的第七封信。均悉。并悉关于你英文考试的经过和 Intermont College 还款两千零十四元七角收到的单子。汝母〔叫〕你把此次学校中学费数目和校中费用数目详细开写寄来，要知道究〔竟〕是免费抑是自费。来书云："校中 Scholarship 事，怎么 Rd、mother、Fitzgerald 被误解，到底怎样？"免费之事是这样的：上海圣心大嬷嬷给过 M.O'Byrne 一封信，是给你请求免费的。不想如今如此相待。上海大嬷嬷恐怕是为了要求免费，才如此作〔梗〕，又写信给 M.O'Byrne，信中大致说：你们如此待素润，或许因为我要求免费之故，素润读书有钱供学费的，可勿用免费。语含讥讽。你母亲曾把原信抄录一份附在给你的信中，不知道你见到没有？误解二字是我们猜测。恐怕她们为了要求免费才有种种刁难，不求免费或许不致如此。

　　来信说校中五月底就放暑假。你母亲的意思，暑假三个〔月〕不要你做事，要你补习和静养。下学期定额金＄25早付给校中。并向校中商定补习，并要求 M.Weston or M.O'Byrne 教你补习大一功课，明年好读大二。这种意思就是显示你有钱读书，不尽靠免费。请她或她教授，就是不及格也及格了。也就是采芹初进圣心小学校时，也是刁难，后来请校长请了一位补习先生给采芹，一切都融洽了。如今请 M，她或 M，她也是这个意思。就是 Weston or O'Byrne 不亲自教授，也请她们指派校中人教授。最好是 M.Weston or M.O'Byrne 亲授最宜。如能准许，这三个月也便学琴了。张家姊姊的信没有给她，恐怕恼了嬷嬷，对你有坏影响。诚有见地。英文事就作一结束，甚好。你在 Ray Baster or Ioyce 的功课内，必须留意以做补习时的方便。可是千万不要怕。俗语说"日有所思，夜有所梦"，因为有这怕的思想，才有这个梦。你一个人在这遥远的地方，怕也没有用。你要知道，离了父母，远到异邦，为的是求学求知之外，还要练壮你的胆。有知有学有胆，才能解决你的困难。北平俗语"别招瞪"，就是"不要找骂、遭白眼、寻责备"。这招瞪的人有顽皮的成分在内，和"藤"字意思不合。这"藤"字的意思是被讥笑。讽语，倒似北平俗语的被"损"、被"挖苦"。瞪、损和"藤"的音、意皆不对。用钝、用盾，较"藤"好些，但觉皆不妥，慢慢地再［辨］罢！总之，讥讽、冷言〔面前〕，若降服、低头、改脾气，是懦弱。因此就被造成坏的环境，更不值得。换言之，就是降服。要平心静气应付环境，使她改变意志，才是中国读书人的那句老话："读书十年，养气十年。"有涵养才能明理，明理才是读书。

采茨体重肥胖，身体恢复了，放心。英文事并未向任何人提及，可勿挂念。汝丕承嫂嫂（沈小姐）由重庆飞申，二十六日采蘩陪同到家，带来次孙崇业、四孙女崇德和八个月第五孙，六时去。现住其娘家。要做抹胸，因尺寸不知，你可将长短大小验准，剪纸样寄来。闲时须常看，也许消息定较［图］中详细。旅次珍重万万。

卅六年三月卅日写至卅一日天明六时　父字

附：前函嘱汝钱项当省则省，不当省的时候硬省则近于鄙吝，当省不省则是浪费，浪费则不可，鄙吝亦不可，可见用钱也有分寸。食物方面，糟蹋自然不可以，忍饥挨饿硬省钱伤坏身体更不可以。你寄母时常请你，你也应当做做东道请还请还。怕你一味地不顾事实只顾省钱，故再附写几字。

父母示

4月14日

家诚先生台鉴：

船埠握别，转瞬数月，怀念颇深。小女承一路照拂，深感深感。先生荣任《国民日报》总编辑，遥为祝贺。国内经济仍然不定，这些天物价又在沸腾中。今年各戏院均廉价营业，尚皆不恶。黄金方面，仍由自己演出，配角齐整，售价不高，由废历元旦至今，鼎盛未衰。只因捐税多成本重，谋利不易矣。《国民日报》定系中文报纸副刊，所载不知取用何种文艺题材？不知可有国中投来文稿否？前者府上传来先生撞车之事，谅无大碍，念甚念甚。

接到先生来函并银行收条。有劳分神，谢谢！并有一事相恳：鄙意仍欲藉先生名义，以谋请求外汇之便。如蒙慨允，请先生将护照号码抄录寄来，并纸另写请求之函，以便证明之。询问朱连谦先生，尚无出国之期，如得出国之信，定当来函通知。前者内兄剑飞赴美询问先生地址，推地址未明。今素润来函云：游唐人街时，遇其母舅，知在唐人街演唱。不知素润将先生地址曾告剑飞否。剑飞绝非坏人，但因其情性自私，怕为先生招麻烦耳。此函因素润寄父恽震十五日飞美，匆匆托带不及，草草此上。顺请旅安。

×××启 卅六年四月十四日

国内戏剧消息两则：

廿六年，神圣抗战戏剧界人士集中汉口成立"中华全国戏剧界抗敌协会"。原定十月十日为戏剧节，后经教育部改为每年二月十五日。举行过三次，今年第四届戏剧节，上海大规模演出的观摩公演十四日。计有：歌咏、技术、越剧、评话、弹词、维扬剧、苏滩、常锡戏、白话新戏、沪剧、滑稽、话剧、江淮戏、宣卷、故事、魔术、甬剧、粤剧、绍兴大班、昆戏，末一出我和梅兰芳演《打渔杀家》，我演萧恩，梅演萧桂英。

主席寿诞，曾在天蟾舞台演戏庆祝，当日所得票款作为"中正文化奖金"基金，每日利润五百万作为奖金。第一次奖金平剧所得，我所编《明末遗恨》剧本得甲等奖，演技得甲等奖。十五日戏剧节，晨，在黄金戏院开会，庆祝并给奖。上海市议长潘公展、文化运动主任张道藩均有演说。由潘公展给奖。我和兰芳另得荣誉奖旗，梅得"高风亮节"，我获得"屹然成宗"。午后，各戏院半价演出，热闹空前。

4月20日

素润：

你远在美国，很惦记你的寒暖。不知道纽约的气候如何？现在是寒是暖？上海近来天气很暖。三月十九日（二月二十七日）骤然和暖，随即下了一阵雨。第二天,圣心小学校内柳树就滋[出]了嫩芽,真是"昨夜一霎雨,天意苏群生"。阴历二月十四日是惊蛰,惊蛰过后万物渐苏。卅一日(闰二月初九日),窗间望去,圣心校中满园树发。四月五日是清明节,和你母亲带了你大嫂、蘩姐、蕴芹二妹、菊弟、侄女崇德同到殡仪馆扫墓化纸。可惜得很,这天吴绍树邀看樱花。这地方当初是日本领事馆,后改烟土大王盛老三私宅,今为青年团本部。每年过金神父路,由短墙望见满园樱花盛开,灿烂如云,心慕神往。今有人邀,却错过未去。十二日,沈志开先生请你寄父,约我二人作陪。十二点来接。先到交通大学会集,再同到虹桥俱乐部。虹桥路沿,村屋时接,并有西式乡屋建筑其间。田野翠绿可爱,兼有菜花、黄豆花紫点缀其中。天气是光明新鲜,暖风吹来,草浪欣欣波动愉乐。这座俱乐部还是初到,据说有些地方是按照兆丰花园绘图仿造的。虽然没有兆丰花园那样大,面积还算不小。那天四点钟才回来。龙华桃花已开过了,并没有鼓起兴致去游玩一下。十八日,中国新社会建设协会主持人徐为彬为要求唱义务戏,请于福开森路居尔典路二六二号本宅午餐。是宅,敌伪时周佛海所居。园内花木甚多。正逢牡丹盛开,是日杨花乱舞。四点接采芹、菊傲时,街上也有飘絮似雪,真是庾信说的"二月杨花满路飞"。中国南北就气候不同。我想美国更是不同吧?一向少雨,这些日子春大衣已经用不着,不想今天有雨有风,晚间又穿上大衣。你在异国,寒燠自宜当心,珍重万万。

(一)因为申请和寄款不易,忽想到汝寄父可带现款,故托汝寄父带款七百元寄给你。

(二)住校和续读,盼早为定夺。寄信来,也好放心。

(三)张家好婆的药,只用两瓶够了。

(四)申请外汇的信赶快写来。可知道来去信一返一复就是一月,何况还有种种手续困难,万勿迟延。

(五)黑拉链,旗袍上用的,寄两根来,母亲用。你母亲还要穿一种美国绸,不褪色,不缩减,洗得起,颜色要深,花朵要小,不要显霍刺目。有则买三四件衣料来,没有作罢。

(六)现在门牌确改定了。二八二号改成二百七十八号,二八四号改为二百八十号了。来信还要写"上海第十二投递区"某路某号×××,可使投递迅速云。此是邮政局盖印于函件上以示通知。此处共计连四月十六日收到的二号函件，共是十封信。查信上额头所记是十二封，尚缺九和十两封未收到。想被邮政所误，或因未书区号所耽误吗？第二封信上的（辣太）应写"邋遢"。写信也是训练做文章之一法，不可多写土语，养成习惯，对外酬酢时，土语、白字连篇被人笑话（书家例外）。吴稚晖说，熟读古文百篇，方能做文章。盼望你闲时多读古文，多做翻译，多查字典。

卅六年四月廿日深夜　父母字　印

5月20日

素润：

五月十四日接到你的信十七、十八、十九，是英文信。第二十是给采蕰的。连二十一，共是五封信。一切知悉。暑假住在校中，七月、八月中之六星期往Fordham University上课，下期能入大二，这是很欣慰的事。现在校中渐渐地习惯了。四个中国同学常在一处很高兴、很有趣地吃东西，同房的二位美国同学同情你，使得我和你母亲格外欢喜。因为这是使你少忧虑、多健康的。她们同情你，你应当亲近她们，互相有照应。尤其是Kay Barter，她没有钱，〔要〕格外同情她。

来函所列之科目广多，汝必须专心在补读大一，好入大二，以免荒废时日。如远东、现代欧洲等等，容俟异日撰读吧。俗语说："贪多嚼不烂"，就是有力强读，也有碍健康，均非所宜。接到你五封信中有需款一函，你母亲次日就到大通银行去商请外汇。有个职员慨叹地说：这国家怎会弄得这样，自外汇冻结之后，曾迭次去请询开放之期，中央银行总说下个月或下星期或快，如同搪账似的，总是没有确期。可见得外汇一时很难得到。因为欲求出国护照，由君谋之介，识邵洵美。近因冻结外汇，曾托邵君写信中央银行，情恳放给，不知能如愿否？汝母嘱汝：旗袍料和一切都不必购买，你留着使用吧。并询汝带来翡翠别针等物曾〔估〕过价值否？能有销路否？汝可再探问探问珠子、金刚钻的价值和销路。写信来，也好和中国价值比较高低。至要至要。

新近启明学校来函说，采蕰大胆无理，已经训斥过了，再犯立即开除。星期日蕰回家，问是〔何〕缘故。据她说，因为缝纫机弄弯针，阿姐要她赔，她说赔是可以的，旧针带回给妈看，证明赔针之事，因此结怨得罪。阿姐怒了。嬷嬷声言不许她毕业云云。这些事,汝已饱尝其苦,采蕴所言亦有之。但采蕴为人,初见喜欢,久则渐因其强浑而遭人不喜。不似藻,初见嫌你呆板,渐生好感而后同情。若是刁难她不得毕业,又耽误了时日。如真不肖而遭开除,再觅学校,又多许多麻烦。她这种脾气,苦了父母也苦了自己。菊傲读书方觉正常,突生疮疖。经石筱山诊视,脓出收口,已告大痊。明日上学,但是学业又荒废了十几天。

这八年战争把人心都打坏了。佣人还不是那一套:要么互相倾轧,要么结伙要挟。这是家庭的一小部分事。大者工厂如此,商店如此,现在整个儿都如此。不久将来,没有开店的老板,家庭中自然就会没有佣人。采茨学走了,还走不稳。叫名头是阿锦和阿芝管,可是你母亲少出门,夜晚小茨还是睡在我们床边,这缘故就是不可靠罢了。Boy先生又闹脾气走了。阿芝昨[日]回乡去,一月后方来。恽家常来。四阿姨荐了一名女佣,因为受不了佣人气就走了。这就是把异己轧走,好来要挟就是了。

这些原因都是由内战不已、币纸乏价以致社会动荡。自从金潮之后,近来米价已到卅余万。各处闹抢米风潮,百物飞涨。市政府也无法控制和管辖,任其自由买卖了。生活高涨,罢工时起,电信局关门。挨饿不叫罢工怠工,叫饿工。公费学生请加公费不遂,罢课,名为吃光运动。各地罢课学校甚多,如何是了!黄金,黑市一百五到二百两;美钞,黑市两万七八到三万,但有价无货。投机事,涨停板、落停板兴风作浪,疯狂发连。影戏票涨六成,多由七千涨到一万二千。黄金〔戏院〕因票价廉、角色齐,还是那几出老剧周转,至今营业未衰。因生活费增加之故,由一万四渐增到一万八,并未影响营业。汝可安心勿念。

自来水笔不见了,应用的,须买一支。所说的不当省的不要省。你到美国时,验病验眼严格不严格?可将情形写来。旧金山寄信到纽约邮费几何?再来信附两份邮票来,以备有人飞机到美国时以便托寄迅快。立夏后渐热,前次来函,天气转热,后归正常和暖春天。昨日(五月十九日,阴历三月廿九日)突热,去毛衣。今日(四月初一日)穿不住毛裤,是夏季天气了。昨夜拟信时有风,今日三时半大风陡起,天色昼晦。大雨落后,方始清明。开始誊写这封信到七点二十五分,新钟点。

父母书

5月20日

这封信写了三个半钟头，时候已晚，未付邮局。七点三刻电灯熄灭。因为现在电力不足，分区停电两小时，今天又轮到此区。燃上几支洋蜡烛，和采芹、菊傲、英华围坐着谈叙数学游戏。八点半吃饭时，添上一支烧残的中国红烛，觉得这一时的情景颇为静趣。可是怀念亦由静中而生。藻远在纽约，就如王维《九日诗》说的："遍插茱萸少一人。"到黄金演《斩经堂》，打破了思虑，回来补写在这里。国内戏剧消息两则（同任函）。演义务戏有增无减。立学堂之基金、慈善事业、救济工作，烦不胜烦。我苦，兰芳更苦。你闲着〔给〕君谋、筠秋、大嬷嬷写信，谢谢人家的帮助。不写了，又是四〔点〕钟了。附写闪电雷雨深夜中。

父示

注意：据乔意丝家信云，同房同学要偷信。要紧英文信件收藏之。

6月5日

素润吾女：

五月卅一日，共接两函。一封是五月十六日写的，连蕴、芹、英华和账单两纸共六纸。另一封是十九日写给蕴的两封，都记成22。信面上的 Shanghai 12 Kiangsu 也写错了，Kiangsu（江苏）是省的专有名词，变成上海十二江苏了。琴先生房子顶掉，欲去香港。卅一日那天很迟的打电话给你母亲，云：于一日赴港。你母亲正不在家，到家闻讯，不及购礼，即检衣料两袭，亲自送去。数年之情，不胜依依云。据琴先生云："区"字应写 Zone，即查字典，这个字注解是：地带、区域、界。再写信来，"区"字应改 Kiangsu 为 Zone 字。外汇曾托邵洵美写信给中央银行，但不能为力。近日闻有开放自费贸易之说，但不知其价格高今几〔倍〕。出国护照之事，曾托邵洵美向张道藩先容。五月廿二日，又亲自去请求设法。张云：国家穷，唯恐外汇流出，故已准出国者皆不放行。自费虽可，不能带款出国耳。护照一层或为我设法，作为聘请出国的办法云。自中正奖金和戏剧节两次演出之力量，张道藩招集改进平剧，名为两周座谈会，已有六次。和张甚稔熟。张着邵由美运来五彩影戏机。五月二日，张曾来我家闲谈，亦提过旧戏上影戏，五彩片更出色。邵洵美也说张道藩能有点小便宜给他，必肯为力。综合之，意在言中。

周彤华、张润梅四月廿九日在贝当路耶稣堂结婚，后曾同来我家一次。新娘子很长，甚相配。润梅是冯玉祥部将张之江之女。这老头很有趣，他大女婿吸烟，他不喜欢，和长女脱离关系。此次次女结婚登报，故意写为长女登载结婚。按结婚登启事，理应男家应列上首，他必要占上首，却措辞说"我比亲家年长，应居上首"，其实自居身份罢了。还有规定结婚时刻，他却去买东西，迟迟到来。害了男家多赔偿教堂一倍租费，他却坦然处之。殊为可笑。

宝姑姑的长女耀英，五月卅日和钱季琳订婚。我和你母亲去晚饭。外祖母、大舅母、大姨妈都去的。六月三日曾请裴家兄弟妯娌和裴家小儿子，并凤郊、凤采二嫂，宝姑作陪。

恽四、五、七阿姨常来。二官亦时来。曾托她转托拟给姆姆信稿。上海纷乱有之，危险却无。总言之，上海有大危险，诸事不堪设想了。五月廿五日，《文汇报》、《联合晚报》、《新民报》勒令停刊了。《大公报》还能说几句话。我觉得《东方杂志》虽然是种老刊物，但是内里的题材，关于国际史料、考证、批评、日志等，对国外的中国学生也还有点考据上的帮助，惜文艺的稿子少有就是了。

我想先寄《大公报》和《东方杂志》吧。

你的身体好，面色佳。Joyce、武、杨三位小姐在一起，很要好。我们听了很欢喜呢。你母亲见账单上冰激凌吃得多，怕你过胖呢。

昨天，顾先生教完菊傲书，遇着，闲谈。他说菊傲这些时读书倒有路径了，以前的不肯读是跟不上。因为小学没有毕业，这第六年级的很重要，他不曾读，所以普通"兰"字、"拦"字都弄不清楚，甚至于不识。进中学，自然不及格。想起了幼时就入美国学堂、法国学堂，耽误了中文。因为你母亲希望太高之故。可见得操之太急亦非所宜。顾先生又说，菊傲用功一月，可考进二年级。一月之功，可少苦二年。惜其虽知，不肯用功耳！你母亲由锦文丈夫处取到小茨衣服，还嫌长些。她仍是黄毛白肤身体肥胖，乍步能行，咿呀学语，颦笑可爱。但是她究竟太小，还不知她的姐姐在重洋以外。

张校长托你带给女儿的金圣牌，你曾否替人带到？临行张校长也送你一枚，你可曾写信谢过没有？

　　手饰问过价否？再问问中国金和金饰较洋金价值？中国金美人需要否？这时候黄金营业未衰，惜天气渐热，意欲歇夏，正准备如何度夏之计。

　　这封信想到哪里就写，拉拉杂杂的，没有系统地写了很多。时在六月五日夜五点钟。

父书

6月12日

素润吾女：

　　六月十二日寄给你寄母一函，内附上海中央银行五百元汇票一纸，号码是No.S.H.47/2076。并托向设美之中国银行领取，加入你的存款户名。一切手续如此。信收到办理手续毕，可速打电报来，也好放心。沈志开先生电话来云：有朋友赴美，十五日动身。烦带来书报，检收之。现在杂志不是含有宣传就是色情，呆板的又欠生动。《东方杂志》也是板着脸说话的刊物，可是内容所载可以知道国内外一点情形。《旅行杂志》是日记游记式的体裁，里面也是有许多史料。《现代英语》五卷再版合订本，因为它的书名叫《现代英语》，是不是有许多新字在内，对于翻译有没有帮助，我不知道。这几本书，哪一种不要继寄，写信通知我。另有《大公报》六月至八月共八份，不知能带到否。

6月12日

四嫂惠鉴：

　　一别经年，驰念甚殷。素润家报中屡叙寄母爱护之情，使妹铭感万分。小女得有义父母教诲，诚为幸事，但累亲家母劳神耳。启者来函中附上海中央银行五百元，No.S.H.47/2076号汇票一纸。乞为向设美之中国银行领取，加入素润名户中，以备支用。诸费倩神，惟俟面谢。专此奉恳，恭请亲翁亲母大安。周裘丽琳衽祯。

　　款项领取请赐电知。

　　代拟书。

7月24日

素润女儿：

　　七月十九日接到你卅一和卅二两函，是七月四日和七日写的。并接电报一封，两函。一封是英文，一封是中文，并夹英文稿一纸。知悉补习经过，甚慰。但电报不曾明了，不知你是收到的哪一笔款项。惟所寄之款恐汝亦未能详知，故把所寄款数总括于下，汝详细审查后，可详细把收到和未收到之款详细写明报告。汇款数目于下：

　　（一）六月十二日函寄汝寄母，函中附中央银行支票五百元（此款已知有着落矣）。

　　（二）七舅母来美，托其带来信。信内预藏中央银行支票两纸：一张是一千元，No.S.H.47/2110，另一张是五百元 No.S.H.47/2077。并托带《东方杂志》、《旅行杂志》、《现代英语》、《大公报》。

　　（三）你母亲去见圣心学堂大嬷嬷，商妥付大嬷嬷二千美金。大嬷嬷来函到美国圣心学校，拨款两千美元给你。不知此款交汝否？

　　（四）你母亲六日为汝奖学金之事冒暑去南京，访毛振翔神父。次日回。云：此去甚多顺利，奖学金十之八九可得，稍俟回音云。言及汇款之难，承毛神父慷慨，即付美金支票一千元，付汝母带回。八日，寄出第卅一函，内中附藏此一千元支票。不期男仆手续不明，并有偷懒之状，查无收条，方知未挂号寄出。赶去邮局，已不及于事了。此支票 New York. July 7,1947. No.19. The Chase National Bank of the City of New York. Miss Susan chow $1000.00 John Mao.

　　（五）七月九日又发出第卅三封信，内寄来一百元美元支票一纸，R6,845,589。$100。此票如遗失，任何人可取款。

　　以上五笔寄款数目，详为查报。第三项寄款可去问美圣心学校嬷嬷。上海圣心嬷嬷拨款两千元付汝之事，如款函已到，可纳入银行户中，谨防嬷嬷无钱则轻视，有钱迟付缓付，转学习难，多耗费款耳。毛振翔神父在美所得奖金十余份，分助赴美学生。可惜以前未知耳。此次要求。据云：已允。函去索讨，可在十之八九有望。现在中国自费生，每半年可结外汇九百元。张德舆先生曾通知：有教育部证明，便可结汇。近托彤华访问。来函云：中学生并无经过考试之自费生，不能享受此种优待。但 Jocy 如何便能结汇？汝前次来函，账单催汇。亦云：非经过在美领事证明，不能生效。寄母有暇，即陪同去领事馆请求证明，何故至今未办？此种手续，是否更需要学堂证明？五月廿一日，M.Weston 来一函报告你的成绩，都在八十分以上，欣慰，欣慰！末尾提到汇款困难，并云是否需要她们帮助。想是在请求时证明之意耶？她这封信中提到今年补习合格得分，升为大二读书。但是[在]假期再补习方得全分数合格，正式为大二完课。原文一节，抄于后。

听说你用功彻夜不安眠，面色很瘦。须知过分劳动有伤身体。如精神不适，欲速反缓，千万珍摄，至嘱至嘱。

7月24日（发出）

采蕴因理学、算学差，能升班而不能加入毕业证书，补考后方能得到。但启明对她稍有好感，现在请一位杨先生教古文《孟子》、唐诗，并补英文、算学。但蕴考过中西，不及格。希望她在启明用功一年，再考中西。

采芹串戏忙，读书不能算好，现也读古文、唐诗。菊傲明年还读一年级，真是无法可想。有人主张他再重读六年级小学，还能提高读书兴致。现也跟着杨先生读《龙文鞭影》，是一种四字句典故书。觉得他总不认真。

小茨很好，但性躁，炎暑中生热疖，此无碍。

炎暑中营业稍逊，因维持众人生活起见，每星期演三天。秋凉上演《文天祥》，由七月廿一日起。正在休息期间。我们都健康，勿为挂念。廿二夜拟稿，廿三夜写就。时上海夏令时间四点。

注意：款项收查详复。外汇证明有无办法？自己珍重，且勿过劳。亟盼回音。

注：别家学堂证明、领事馆证明寄到，已在申请外汇。独汝缺如，不知何故？

7月26日

素润吾女：

七月廿四日发出航空信一封，内叙五项汇款之事。七月二十五日，接到你第卅四函。知道你功课很忙。可是心静勿躁，诸多珍重为要。查来书，知悉七舅母一千五百元收到，又收到一千元，又一百元。五项款数已有四项收着。惟交上海圣母大嬷嬷两千元转拨纽约圣心学校之一项不知收到没有？校中证明信，请七舅送到领事馆。请求证明，不知拿到否？甚为盼望！

《东方杂志》、《旅行杂志》当继续寄来。历史书《通鉴辑览》、《资治通鉴》，浅易的《纲鉴易知录》，专记这一代的书，如《宋史纪事本末》、《明史纪事本末》等等，都是很多本。数再多的就是由《史记》到《明史》，即《二十四史》。实在不会找到既详细又简略订成一本的全史书。我找出上下两册，名《鉴史辑要》，一千九百零七年（清光绪卅三年），诸葛汝辑。是由《五帝纪》到《明纪》，体裁像纪事本末，叙事兼议论，有小注。书顶并注西历，便于检查。所记皆大事，所谓"辑要"。有便人托带或邮寄来。你带来的《辞源正编》下册，附录《世界大事表》，所载黄帝轩辕氏纪起到民国四年，也可助参考。有好的杂志和剧本也须陆续邮寄给你。

七月廿六日

7月29日

又接第卅三封信。银行卡收到了，签字附此信内寄回。今寄两千元支票一纸，收到即来信通知为要。支票号码记于下：

NO.SH47/2547.The Central Bank of China Shanghai. July 26,1947. Orderd Susan Chow. The Sum of $2,000 to Bank of China New York.

如察觉信中无支票，可向银行挂失，急打电报来通知。如支票收到，不必打电报，还是来信清楚明了。

此两千元可存入 Lillian Chow 户内。

两广现在闹水灾，又是上海筹款救济。廿七日张道藩召集美术茶会，要求书画文艺赈灾事，我亦被邀之一。会张道藩于警社。张说，出国护照很难，带太太去更难。除非政府请派不能出国。但设法甚难云。此信欲发。廿八日，接到毛神父信，已得到 Scholarship 学校奖学金，真是欢喜非常。还有一名 Catherine，是你未来同学。她是八月十日乘轮来美，想托她［带］一部《通鉴辑览》或《纲鉴易知录》来。你还要什么书，早寄信来，也好准备购买。此示。

卅［六］年七月廿九日发出　父字

注意：（一）银行卡纸签名寄回。（二）支票一纸附信内。若存款手续办好，可着银行寄封信来，以后有用处。

8月8日

素润吾女：

毛神父给你来信，量已知道。八月七日毛神父来申。新学校同学 Catherine Ho（何钦翼小姐）十日动身来美。托何小姐带来书籍，开列于下：

《清鉴易知录》两套十二本；

《民国通俗演义》八本；

《东方杂志》五册；

《旅行杂志》一册；

《文艺春秋》三本；

《鉴史辑要》上下两册。

并托带来小团扇十二柄、檀香女折扇五把，以备你随时送礼用的。大约每一柄小团扇价值美金三四角之谱。五把檀香折扇，最长的一把价在两元半，余皆一元半左右。送人时，量价赠送。何小姐与儿同校，互相照应，当减少寂寞矣。

父示　卅六年八月八日

注：因携带不便，《通鉴辑览》未带去。

10月6日

采藻女儿：

一个多月没有给你写信了，也不知忙些什么。想是时事动荡，生活不［正］常，所以什么都不能安心去做的缘故。去年自李宗义、黄桂秋亏蚀，总算今年抵过。夏令又来，幸亏的笃班义务戏演了二十五天，把夏天度过。言慧珠登台，最高价三万五千，但开支打到九成半，虽然天天满堂，捐税开支之重，休想赚钱。这种办法，因为合同将满，挨时日而已。现在人心都坏了，任你贴钱财、费精神、白工作、担风火，不但无人感觉，反是使你感到种种失望。他们生活驱使，有所原谅。查其态度礼貌，已不是专在生活上测验的情形了。总言之，谁为头谁是罪人。黄〔金〕接办三载余，历年亏蚀，中途于弃，定被人讥笑。况有所不能。如今黄家收回自办。若论如此局势，虽然失业，又安知非福？

的笃班为要造一个戏院和学堂，所以十大越星合演《山河恋》(《侠隐记》改编的，又名《三剑客》)。最高价十万元。上本上演，天天满堂。看客平均二十个女客中一个男看客。但是看客水准低，有座不坐，都拥在台口或践踏座位，越座而前，种种不守秩序，时遭警察局向院中责难。也因为听不见台上唱的什么，的笃班都话剧化了。布景、灯光、化装都是话剧人设计，装置、服装也鲜艳。就是音声小，安着放音机也没用，因为她们没有唱。遇像黄金这样大戏院，因为上座成绩好，社会局垂涎挑剔，怪她们十个女孩子登记手续不完备，停演。命令发出收回，闹了几天。结果归官方来管，才演下去。财政局有送票，警察局没有，又找别扭，闹得乌烟瘴气。请客检票等到平静，下本营业也退减了。这些可以看出官方没有帮助，反多掣肘。十大越星对此打击，定减去办越剧学堂造越剧戏院的信心。阴历七月十五日，杜月笙六十岁生日。孙兰亭、汪其俊到北平邀来马连良、谭富英、张君秋、李少春、筱翠花，来上海拜寿唱堂会。杜很聪明，移作两广、四川、苏北赈灾义演。九月三号开始在中国戏院演出。最高价五十万，每天五亿。我和兰芳参加，先演四天。孟小冬演《搜孤救孤》两天。我们再演四天。末两天，为助学金演一天，为北南同业演一天。就这样半个月过去。还有争取参政权开会和戏剧座谈会。被这些空口说白话的无聊事件也占据了一些时间。虽然休息了两个月，更觉忙碌得无味和厌倦。

张道藩会过两次。他叫我把履历详细地写给他，他由国际文化协会方面设法。我费了两三晚工夫写好，寄去，还没有回音。邵洵美叫我关于戏剧方面的作点东西。自己也想写剧本，近来看些游记、日记、剧本、剧论，涉猎一下以备参考。以上的琐碎，占据了我大量的时间，更兼年老事烦不能专一，是学术上更大的障碍。

第一次通话不清楚，或许机筒太多，分散了声音。第二次你没有在家。这次通话是九月二十八日（阴历八月十四日），很少听不真的。你寄母说话最清楚而有力。因你久没信来，非常惦念。次日是中秋节，接着你第四十一封信，甚为欣慰。知悉收到何小姐带来书籍和团扇折扇。本来还有四套廿四本《通鉴辑览》托何小姐带来，因为携带不便，改托炳华之友沈□□带来，不知收到否？

因为国家穷，需要外汇紧急措施，禁止黄金外币买卖，反造成黑市猖獗。现在美钞挂牌又使黑市价增加，暗中再成，如挂牌三万，黑市竟成六万。黑市犯法，官价买不着。闻一度要清查华人在美财产。听说美国银行不肯宣布数字，这是当然的事。公价外汇挂牌的时候有条例登出，这也等于具文。在美有财产的大亨寓公决不会去登记。几个生活数目就[算]不得是财产了。所有区区之数总不成问题，可看在美有钱的人如何，就可知道了。

这信八月十五夜写到天亮，只写了一半。九月卅日（十六日）是千龄会秋会，在金神父路114号（万之林花园，今则三民主义青年团部）预备园宴赏月。今年十五夜，阴云遮月。十六夜亦如此，九点后方有月出。十月一日是宋庆龄主持的福利会假中央银行俱乐部办园游会，得款救济中国文化人的贫病。到三千人，多数文艺人，可称盛会。第一台有昆腔、淮扬戏、申曲。王富英《三岔口》，高百岁《跑城》，金素琴《女起解》，尹桂芳、袁雪芬的越剧《新梁祝哀史》。第二台歌唱、舞蹈。另有跳舞厅钓鱼（地下摆列着物品，用钓竿来钩），每钓五千元，甚为热闹。义卖室是各处捐来书籍和日用品，廉价售卖。亦为售之一空。书画室田汉、郭沫若、郑振铎书字，黄桂秋、俞振飞合作扇页五件，我亦助书画两面、扇四页，每页四十万售出。戏止后，拍卖孙中山书扇，六千万售出。宋庆龄签，每次十万元。并拍卖大瓶，二千五百万。《建国方略》款有三件，后各摸彩。电车罢工多日，犹有此盛况。六点到会。十点半回家。又逢电力公司闹风潮，到家电灯全熄，不能写信。次日局部停电，我家无灯，黄金有电灯。到国泰看了一张好影片，根据英国狄更斯小说《孤星血泪》〔改编〕。原名 *Great Expectations*，今名《孤星血泪》。是一张英国片，值得一看的文艺片。三日，往裴家晚饭，并同看影戏。

四日，毛神父由南京来。四日约便饭，拍照，谈话甚欢。不幸的事来了。近来物价又涨，班底要求加薪，并要生活指数加高，最低按照六十元底薪增加。后经磋商，相差十五元。突于四日罢工，各戏院退票罢业。黄金，言慧珠出演以来，日告满座。头三天过路青年军强占客位。第四天警宪来维持。不得看戏，竟将门前玻璃全部捣毁。警宪束手无策，任其所为。俟去后，方能将看客放出。幸不曾伤人，亦不幸中之幸。此次罢工，看客原谅，退票而去，亦云幸也。天蟾梅兰芳方演第三天，逢罢工。看客怒，捣了天蟾什物不少。梅兰芳上台亦是引起要挟，趋于罢工之一大原因。当晚，听说社会局明日勒令无条件复工，不知[究竟]如何。十二时由黄金回，写这一段。

五日各戏院照常开演。六日解决薪资，以四十元底薪解决争端。各家票价又要增加了。

六日又接着你第四十二封信。知道你收到采茨的照片。但是你猜想错了，她很调皮，滑头滑脑，说话很清楚，像英华时吵时闹的脾气，谁也不像，谁都宠爱她。也许是小女儿的缘故。

你自到新校，总觉心不定，大约新校都是生人，学校离远，和熟人隔离，何小姐初会还未熟稔，孤独寂寞所致。奚德身说：二官不必太读书，各处走走都是学问。这话也有一些理由。例如那学堂移到这学堂，和人的聚散、环境更有不同。其实这是锻炼，要使你的理智来克服环境。读书十年，养气十年。涵养就是心静。静心才能读书，读通了书才有涵养，有涵养任何境遇也不会摇动的了。俗语说"随遇而安"。读书人尤其在这遥远美国，读书更要定心。所求的是什么？不定心什么都不会成就。信写得太长了，不写了。已经又四点钟了。再写吧。希望[你]安心，希望你珍重。

卅六年十月六日（八月廿二日）深夜　父母示

内有六十元支票，收到写信来。

书信·1948年

1月31日（第五十七封信）

采藻女儿：

自卅六年十月六日给你写信之后，没有给你写过信。因为演戏和结束事烦的缘故。现在黄金戏院之事已经结束了，本当写封长信给你，可是五日演毕到现在廿六天了，但是总是觉得日子过得快，琐碎的事催促着一天一天地过去，这故事很长，字又很多，又加上三个月没有给你写信，提起笔来，真所谓千言万语无从说起了。因为诸达谦由高凌白处求来这张名片，急欲寄给你，只好先写这封短信，那长信慢慢地再写罢。

纽约张总领事和高凌白甚为契合，故达谦请得高凌白名片致汝。你可持片去见张总领事，询问申请外汇（一九四七年七月到十二月底）之一期事。

三十日接到你第六十七封信（但内中五十九和六十一两封未曾收到）。此信函欲发出，不多写了，长信里再写罢。黄金结束是福，不必介怀。这样的不安局面，领着一班人吃饭自己担负，却非常危险。"收回自办，解散平剧"，又安知非福？

卅七年一月卅日晚　父字

3月3日（戊子年正月）

采藻女儿：

很久没有给你写信，因为去年结束黄金戏院，心绪忙乱。结束之后，需要休息，又逢年节。虽然懒得没有几家拜年，但是人家都点缀年景，却也未能免俗地去回拜和应酬，就糊里糊涂地又过上元节。本来要把黄金解散的情形告诉你，你母亲说你正在考书，恐怕这长信扰乱了你的记忆，拟好了的一半信稿就搁下了。你现在考书完毕，我把遣散黄金事情才写来给你知道。因为这是一个很多字、像很有趣的故事。

黄金戏院花了三年多心血精力来支持，总希望生活之外对戏剧前途有些进展。孰知前途茫茫，效果难收。现在低级演员也按照生活指数发薪。币纸乏价，物价飞涨，以致人心动荡。为生活计情有可原，可是有些职员穷凶极恶，态度失常，以主持者为敌，把职务当儿戏，都不似要职业的模样。日积月累，险象环生，结果如何不得而知。况且开支大、捐税繁重，如邀角演唱，成本要定成九成九之数，十足满堂方能盈余。少许计算，只有蚀本，绝没有维持之余地。此次黄家收回自办，又安知非福？无条件让出，总以为和善的了，可是还闹了一个风潮。

俗语说：冷局难聚，热局难散。念及班底寒冬腊月寻生活烦难，当寄以同情。年底期满，欲向失望中去求希望。梁一鸣去见黄金荣，要求再续半年，黄不可。要求三个月演过，夏历正月春暖花开时寻生活易，黄又不可。梁最后求演至旧历年终，班底多赚些生活费，黄允许他生日之后再答复，大约可能五天。其实这五天早为龚兆熊所主张，因为前台职员恐要遣散费之举引起纠纷，碍阻收回之事。欲我唱五天作为遣散他们的费用。牺牲了我，讨好黄家。我明知如此，却很同意。能如此遣散已是全始全终了。奇怪得很，这个计划反是弄巧成拙，惹起了一个小风潮。

你母亲在三四月间和黄家妹妹曾商量合同续约，一再恳请。黄家妹妹并不谈继续费用若干，坚称黄源焘要收回自办。续约既难，又感经理无能，猜忌前台失职，后台薪资太重，种种人事不愉快情形。又兼欲作出国之图，故决定放弃。曾于演的笃班之前向众声明：合同只有数月，房东收回自办。在此时解散，付解散费遣散。伶联会因加薪开会，并提出解散之事。曾公议黄金戏院是同业所开，加薪〔一事〕黄金例外，不加原因是同行和合同满。念同行生活可维持到合同满期，期满时不取解散费，所以的笃班演时，后台不演戏，亦拿薪金。言慧珠登台，不但仍旧加薪，而且变成四十元底薪，生活指数照发，还罢了一天工。就是同行的黄金戏院也没有例外。十二月十二日（夏历十一月初一日）黄金荣做八十岁生日，在玉佛寺会见。他对我说：如今改电影木已成舟，不能挽回。因为改装戏院工程紧迫，演期不能延长，只能四五天，最多七天。所得之款遣散此局，后会有期吧。

十五日，梁会黄金荣回来，云：只答应五天，不能多延。这五天是阳历新年一到三，多演三天日戏，四日是星期日，亦有日戏，可多得收入。后台人员还保持不要遣散费的诺言。我为他们年底生活着想，演五天戏付半月薪。自然后台人员得这笔意外收获，也就无话可讲了。

十七日，向梁一鸣、周禧如告知发半月薪之意。龚兆熊突来呼梁一鸣去。回来说：龚兆熊同他到均培里黄家，骆震钟代表黄源焘向一鸣说房屋急欲修理，这五天亦不能连续。一鸣说：这五天是黄亲许，岂可反悔？转致源焘，可保持乃父信誉。

十八日再去候信，仍是骆震钟代表他，说：源焘接洽，兴工日期已定，黄老板不知，所以答应连续。如多演五天耽误工程，则损失二十亿，实难续演五天。一鸣说：黄老板如此人物，出乎反乎，竟自食言。倘使同人不肯谦让，如之何？骆云：小开（指源焘）说，一切当向宏昌公司理论，房东只知收房不知其他。如班底无理取闹，当警察强行逐出，再即逮捕。一鸣怒甚，当晚出牙笏通知。戏止说公话，把经过言语和盘托出。众人大哗，群情激昂愤怒，说：他们有钱的损失二十亿是小，我们二百多人失业，断绝衣食是大。一致坚持向黄家顶香跪门，不允连续则遍贴标语游行请愿，请社会局主持公道。全体人员则移住黄金，和这戏院共存亡。前台人员有利则合，亦表示一致，不畏任何助力，就这样掀起风潮。这天下了一天大雪，天气寒冷，和你母亲回家时候都结了冰。

十九日天气极冷，连水管都结了冰。三点钟，黄家妹妹、黄源焘来我家，骆震钟、龚天健同来。小茨在那两天有点不舒服，你母亲未去应酬。黄家妹妹昨天（十八日）电话来询问小茨，你母亲正欲告诉她这五天不演出，少拿半月薪，恐有不妥，电话通知要去商议如何解决。其实，他们虽然口头强硬，亦知道时代不同，事要弄僵，藉问小茨实是打听情形。黄家妹妹说：均培里人多不便，坚约今天来我家商议。他们如此牵就，贵足踏贱地，使人受宠若惊了。〔我〕表明自己无条件让交，毫无恋栈之意和纠纷之事，是现在房客难有之事，白唱五天以为遣散之费，亦恐生事端之意。今推翻五天亲许之言，引起争端，颇感棘手。龚天健说：合同满期早已通知，何无准备？答：在的笃班前早定终局之事，但现在潮流所趋，不守信诺有何理论？譬如撤去宏昌公司转向房东又有何理喻？龚所问皆答，理直气壮。均语塞无言。黄妹妹询圆满办法，我想除非仍寻龚兆熊转圜，以圆五天之说。彼等问五天之后另有要求否？我答：事已逆行，我亦无把握。彼等自知理屈，唯唯而去。到黄金演戏后询梁一鸣，梁云：前后台均一致签名盖章，向黄家请求续约半年，若黄源焘真敢用势捕人，那就事态扩大。伶联会发［动］总罢工。今游艺协会已做后盾。前次大世界要求加薪，黄金荣曾发言"大世界正欲租出作为堆栈，众要加薪立即解散"此语作恐吓，激起罢工。幸经理丁永昌立刻答应加薪，未曾实行。此次后盾，大世界游艺人员当继续共同罢工云。又说黄金荣一生事业，开口饭的人们帮助他最多，就是把这座戏院送给剧人，也可说应当。他财产事业成就而反绝伶人衣食，实不可恕。察此言，众游艺人员对黄金荣积怨已深，要由此事共同发泄。欲寻龚兆熊转圜。电话各处，均推不在，避不相见。龚本来预备讨好黄老板，讨好后台，被源焘泼了他一瓢凉水，自然袖手旁观了。

廿一日晚，向众劝阻，仍持原议续演五天。他们说：请不要管，我们要吃饭，向房东要求续约，不然社会局理论。其势汹汹，不可遏止。再劝说不允，只得要求他等我再向黄家通知后再答复众，以廿五日为期。这就预备一切手续，二十五日无回答立即进〔行〕。能阻止还是消除争端为是。着周禧如先寻丁永昌向黄家先容。

二十二日，禧如说丁永昌不肯转言，还说看看黄源焘有何势力捕人，叫他们知道办事不容易，免得看人挑担不费力。三点，黄家妹妹电话来询问。我和你母亲到黄家。察言观色，丁永昌已经转达，或者暗探昨晚之事。听源焘之言，前台有一部〔分〕人被他们收买，使的是各个击破、分散后台势力。黄家走惯顺风，没有遇见过逆风。法租界时期一声捉人不是空话，现在虽然心虚，可是还要保持着过去的威严，口中还是硬话。但怕的是我有为难，众人要求皆不接受。只要我有要求，定肯帮助解决。这也是白相人好面子那一套。只要风潮平息，我也情愿承认，两面领情。夜戏止，再去黄家。能挽救还是挽救。黄源焘还是大话连篇，无结果而回。回家细想，黄家此次社会局必输，职工定操胜券。但是贴标语大世界罢工羞辱泄愤，未必罢休。最恼持以不解穷富悬殊，难以持久，同人们一时气愤，久必瓦解。有些人希望此事［触发］，使星火燎原，成则坐享其利，败则远去谋生，自然无所顾忌。我则随众奔走，寝食难安，遍树仇敌，劳人伤［财］，徒做工具而已。我不图再事恋栈盘踞不让，亦不喜嫁祸幸灾。黄氏如何，社会早有定评，也不必揭恶在我，泄他私愤。辗转不眠，决定快刀斩乱麻，早解决为是。

廿三日（十一月十二日）你祖父祭日，只睡了三小时。到三昧庵后急到黄金戏院会梁一鸣，愿发一月薪解散，不愿拖延着。周禧如烦周剑星解决前台之事，理由是皇后戏院散班时只发一月薪。今宏昌公司张镜寿改电影时，一非自办，又未收顶费和迁移费，何故要三个月遣散费？恐怕为后者开例。周剑星是联谊会理事长，颇有关系，应为解决。夜戏止，后台开会。梁一鸣告知公司：不愿此事扩大，息事宁人起见，愿付一月薪解决。梁回，云：明日解决，约两月薪水。因突增此巨款，不胜担负，往黄家商议。妹妹和源焘支吾。无款，不得解决，如津贴又费巨款，不舍，左右为难。见无结果，欲行。再三阻止，要我设法。无奈要求他所欠茶堂房金三个月（需两亿，未付），再贴两亿，再出两亿现款以补不足之数，把我们的彩头作四亿相抵。我们又贴赔彩头，固然吃亏，可是他们茶堂房金之费不收，再贴出两亿，以做遣散费。他们很怕，大亨态度不肯讨饶。这一次他们觉得吃了大亏，这真是第一次吃亏。四点半回。通盘计算，需十八亿方能解决。

廿四日，耶稣圣诞。午后会周剑星，云：前台职工提出要遣散三个月，态度僵硬。职工会头吴胜卿坚持不让，弄得不好恐要到社会局理论。此事对戏院联谊会有关系，这吴胜卿是金庭荪黄金时旧人，金次泉手下最坏的一个，后经小金去职，吴胜卿亦随去。天蟾胜利后，前台成立职工会，吴是理事之一，更是无事生非，各戏院皆厌其，但无奈何。吴犹恨黄金，常常蓄坏捣乱，但无隙可乘。今番遣散费勒索三个月，是个绝好的题目了。总言之：现代潮流，越是坏人越有生路。夜戏止。梁向众叙说，我无意扩大其事，息事宁人。愿出一月薪，仍演五天，各投生机，免久持不解，耽误大众前程。众意本欲羞辱黄氏，因我坚持不行，也无奈，以一个半月薪允许解散。很紧张的风潮，一个半月薪给平息下来。

连日操劳，心绪不安，乏疲甚矣。事告一段落，欲回休息。黄家妹妹电话来，坚欲今晚去。同到黄家，告知事已解决，前台大约两月薪或再多一些，但已不成问题，现在是筹划款项多少问题了。黄家妹妹说三个月房钱、茶款，黄老板只答应二个月房钱可不付云。这分明知道事已解决，她很放心地说这些话，真使人啼笑皆非。我本来为众人的福利自己的清爽，决意遣散，对他们倒不觉得有什么惊异,只有对他们缄默地笑笑罢了。可怜你母亲为了要筹款紧急,很想告诉他们我们这样吃亏,大半对你们有利,尤其保全了你们颜面。我以目阻止她没有说。黄家妹妹自言自语地说:三个月、两个月大概[没]有什么上下。又说:好在茶堂是我的,我就不要了就是了。我已经把事态平息了,很安静,没有话坐着。你母亲也不响。那个女人又说:还有两万万。这样吧,我和源焘一人贴出一亿便了。可是兴工之期太近了,五天之后再不能多续了。她们是用的讨价还价的方法。随便你们吧!总之,我是白辛苦了三年。天是下着雨,更使人格外精神萎顿。同你母亲赶快回来。雨是更大了。采蕴和同学组织的庆祝圣诞节的宴会,芹也添了一份,随蕴在祁祁路某家。他们很快乐。做父母的希望孩子快乐。看钟到了三点还没回来,不放心,再把福生喊起来,我亲自去接他们回来。雨还是下得很紧。看他们很快乐地余兴未尽,想起藻。你在纽约也很快乐吧?希望你们永远快乐,[这]也就是父母的希望和快乐。

二十五日,连日寝食不安,冷暖不均,嗓见喑哑。美国、中国气候不同。你寄母方到上海,裁剪未备,突冷,不胜寒冷,问你母亲借衣。检出送去。你寄母说你勤学俭朴。甚慰。

廿六日,周禧如由周剑星处回复,剑星请李炳奎(混名小阿毛)向吴胜卿压迫前台职工,以两个月薪为遣散费,另外两千万赂贿吴胜卿、李小毛[及]另一头目三股分肥,黄金风潮全部解决。现代不容资本家剥削榨取,其实换过方式罢了。职工还是苦恼傀儡式的叫嚣起哄,造成一二人势力,做他们赚钱的工具。试看吴胜卿就是一例,恩怨都可以受利欲来支配,哪里真有公道!

二十八日,报上载着:纽约大雪,菲律宾巨风,都是很多年来没有的最厚的雪、最大的风。这最大、最厚下雪的地方,就是我女儿求学的地方。

卅一日(丁亥十一月二十日),这是这次黄金戏院合同满期日。

苏州长途电话来通知,杨宝童他妻兄于宗瑛病故。

卅七年一月一日有日戏。黄金戏院门前全筑起墙篱笆,搬运工人的叫嚣将和台上声音相混,门窗洞开,放去水汀的暖气。骆震钟兴冲冲地开始清查前后台生财,使一群失业者刺激,平添了许多的怨恨。

二日,演员们净脸之处由水木匠人打去了棚顶,砸毁了水管,泥水淋溢,使人不能插足。寒风直下,凛冽侵人,有几个演员呆立落泪,更多贫富压迫之感。

三日、四日受墙篱之影响，受损不少。

五日是最后一天，前台遣散费付清，后台言明付一半，一星期后清付。王富英六日去宁波，来辞行。欲哭，掩泪急去。诸事毕，和涵青、永林、禧如、炳华、宝童、经秋良、林九如诸人桓盘，好似有什么眷恋。你母亲和他们吃了面，一点半离黄金戏院。三年光阴恍然而过。

尾声，六日。一点钟起，同你母亲到黄金戏院。场内满搭木架，开始修理。我们收拾宏昌公司杂件，交给骆震钟一纸彩景清单。黄源焘付给一纸两亿支票，并问生财可差？答：不差不差。想做一个好人，反而遭忌。有些幸灾乐祸地等着看我们笑话者，〔此〕番又清清楚楚结束，又使他们纳闷。转眼账房拆毁，尘土乱飞，和你母亲急下楼出门，掸掸灰土，很清洁地离开黄金戏院。

梁一鸣病了，我为下半期遣散费去看他。他说：贴标语、大世界总罢〔工〕、社会局理论……向恶势力进攻，保准战胜。这是多么痛快的事，可惜没有实现，这是我的病源。我说：我都知道，可是我不能照办。不是畏惧，因为黄金荣已经是八十岁的老翁，这使他占了便宜，总算五天日夜戏所得、茶堂房租不付，再有两亿现款，把这一局很完善地结束了。

这信很长，共写（卅五格长大信纸）四张半，约有五六千字，好像一个小说故事吧！共写了三天。卅七年三月二日写完。

二月二十九日发表生活指数，又涨了五成。

工人十五万五千倍。

职员十一万八千倍了。

注意：那五张过去遣散之事，可空闲着读吧。这是近事，先看。

采藻见字：

二月十五是戏剧节，虞文曾到我家来约，只得去参加。方欲出门，接到你寄父由南京来一函，同时也接到你的信。这封不知是第几封，因为号数被邮局戳子打迷糊了，这封信就是内有七舅的信。那一封信内也没有号数，也来不及看。怀着到了湖社，在车内只看了你的照片。到了湖社，戏剧节没有去年那样兴奋热闹，只有凄凉冷落。散会回来，先看了你寄父的信，有这样的语录在这里（前略）："素润在纽约每星期往舍内弟处，颇得照应，惟舍内弟究与弟不同，似可商嘱其（指你）每次去时，购赠一二元之日用品，以资联络。不知尊意（指我）如何？"（后略）你寄母未去南京，曾请过一次到家，也说七舅家经济困难。你来的信内附买唱片之事，合拢起来自可明了。你在异国只有七舅家还可寄托，你寄〔父〕谓每去可赠购一二元日用品，以资联络，亦是知己知彼之谈。我们要托庇于人，自然照办不吝啬，况且一二元物品相赠亦是应有的人情。你寄父母时常对你关怀，你也要常常通信相慰。现地址是南京汉口路陶谷新邨一号。

二十五日到大声无线电机行去问唱片，是二十五万一张，转一天〔去〕买，变成了四十二万，我的唱片检了六张买回。

一日，打电话给翁锦纹。据说翁一庆也在等候护照，得到护照再来电话通知动身之期，唱片即可带来。箫和笙，我也外行，还要托人购买。候翁一庆行时再定带来之物吧。

Juy 神父就是和二官相识的那位，他的朋友回国有一位来纽约，托他带来《文艺春秋》五卷二期到六期，《旅行杂志》二十一卷七期到十一期，《教育界》一本，报纸十数份。二十七日新雅吃晚饭，大舞台看三集《大侠英烈传》。二十九日动身赴美。

丕承上月二十日由四川全家到申，现在为上海图书馆总务主任，说有九百万元薪水。

是狄神父名字，还有一位随来。

孙允中先生（义子亨利之父，咏芬之夫）是上海可口可乐经理，营业中国最好（可〔见〕中国人会享受）。这番美国总公司招孙到美受奖，三日飞美，大约星期六到。你有闲暇时，可和王小姐招待招待，请他吃顿饭。翁七舅可为孙允中介绍介绍。允中大约在美有一个月耽搁，如请你们出去，你可不必拘泥。此示并嘱保重。千万千万！

父手书
三月三日

注：上函未发，孙允中飞美。书此函，先随带美。

素润见字：孙允中是义子亨利之父，石咏芬女士之外子。今番来美，因可口可乐营业中国最〔好〕，总公司请孙先生来美受奖，汝如有闲暇机会，可和王小姐合请一次并招待之。

三月三日

3月16日
素润女儿见字：

张君谋先生之公子泽玹、小姐□□ Chang 来美国 O'Hara State University 读书，三月十七日由申飞美过纽约时须加亲近，妥为照料。

此示。

三月十六日　父书

3月25日
其年先生台鉴：

钦服高谊，感佩无量。小女素润在纽约读书申请外汇，已有驻纽约领事馆证明文件，因主管当局又复要取学校函证，唯恐书札往来又为时日耽延，故恳贵行代为作证，一面亟函知小女向学校请求函证。不情之请，殊为愧怍之至。此陈，恭请台安。

周丽琳　卅七年三月廿五日

上海中央银行胡其年。墨笔函。

3月25日
之达先生台鉴：

向往风采，恨未识荆，为怅。小女素润承贤伉俪稠情挚谊，熏爱异常，感激无量。近来春气喧暖不审，尊候如何？惟起居佳胜，为颂前承，辱书勤恳千万。不即复者，因黄金戏院收束之时意绪不静故也。抱歉之至。承筹来美计划，感甚。因币纸不能平衡，组班来美，非其时也。弟来美之意，欲望看小女和观光美国，能广见闻足矣。表演一事，只容俟异日。又因出国护照，政府节省外汇关系，多方设法未能获得，未知奉教何日矣。前曾通电话，景纹小姐知悉，一庆兄亦因护照逗留未行耳。昨接小女来信，内附领事馆外汇证明一纸。内人向主管者申请，手续无差，彼犹藉口要学校信件证明。敬恳者，乞为通知小女，并恳相助向学校求得证明书函，以完手续。又劳清神，不胜惶悚之至。此陈，并请贤伉俪旅安。

×××谨启　卅七年三月廿五日　寄翁之达

4月20日

采藻女儿见字：

　　允中由美回国，带来合摄照片一张和话片一张，即在孙家留声机放听。音细如蝇，不能辨字，焦急甚。裴家曾有慧珍寄片，声音甚好。借机器来放听，亦无声音。再去张德舆兄处，亦是如此，不知何故？据允中所说，此片在美视听甚为清彻，想是放音器不能通用所致或新旧关系。定熙今在高某处做事，高有放送器一架，此为商业上传话之用，曾和你母亲、采芹、英华到该处收成此片。据云：此种机器在美国很普遍，七舅定能觅得放话片之处。四月二十日由大通银行请得三百七十五元，大约将为寄出。寄出地址是学校。收到即来函为要。以后申请时日、手续，再为函示。诸事珍重，冷暖当心。万万！

父示　卅七年四月廿日

5月5日

采藻吾儿：

　　接着七十八封信，内容尽悉。但内云欲换学校一层，你母亲的意见，最好的女子学校是否能得到免费？到美国的学生越来越多，好学校位子参加得进否？如似 Gean Woo 走读，住的事也要找寻起来，吃的问题也要着想。Gean Woo 的住处得不到同情。不是破陋，而是环境不良。一旦走读，寻屋时，这些地方也须要选择。

　　你的向上的心理、改变环境的意思是赞同的，可是人事上的问题一学期时

〔间〕内要有预备。惟恐的就是俗语说"两头不着实",反而不美了。须加考虑。

英文任凭校方"不准好"、"浇冷水"或说讥讽话,如何挫折、考得如何失败、不够上乘,也要读下去,总比不读好。英文是任何处必需的课程。

因为来不及决定,时期紧迫,写信匆忙,所以大概地说几句。下学期仍在此校通信内时加讨论,决定方针。

至于你以为这学校实在厌弃,并有下列几件:

一方面你能寻着你理想的学校;

免费住读的问题;

如不能免费,学费若干,问讯后来信通知,以做考虑。

以上所写者这些所谓都是意见,因为都是没有决定性的主张。

至于[major]是要仍读下去。这是主张。

父示　卅七年五月五日

以下丽写英文信。

6月14日

素润吾儿见字:

Mr. Y. E. Robert Meyer(麦雅尔君)在驻沪总领事署服务,是诸达谦先生好友。达谦常同麦君来我家,故甚稔熟。今麦君暑期请假回国,托麦君带来单旗袍五件和衬袍一件,收到即寄信来。此示。

卅七年六月十四日
父母手示

6月28日

之达先生台鉴:

久未通候,歉甚。惟阖府吉祥为颂。启者,小女前时来函云:府上需唱片消遣。早购得鄙人所灌唱片六张,梅兰芳、荀慧生及弹词唱片各一张。本欲随一庆兄带来，因未知行期所致，今托张太太带来，以表微意。微物奉赠，乞为笑纳，是幸。专此布意，并询贤伉俪大安。

弟×××谨启
六月廿八日

8月31日

素润吾儿见字：

　　近接到八月十五日来函，知悉汝于八月二十一日离 Chicago，二十二日回到纽约。这两个多月琐碎的事都写着这里。Mr. Y. E. Robert Meyer（麦雅尔君）在驻沪领事署服务，是诸达谦的好友。因暑期请假回美，曾托麦君带来单旗袍五件和衬袍一件，并六月十四日介绍信一封，不知收到否？

　　张德舆夫人于六月底携女 Leatrice 同来美。廿八日托带唱片，并内附给翁先生一函，大意：（上略）"小女前来函云：府上需唱片消遣，购得鄙人所灌唱片六张，梅兰芳、荀慧生及弹词唱片各一。本欲随一庆兄带来，因未知行期所致，今托张太太带来，以表微意，微物奉赠云云。"（下略）不知翁家收到否？如仍在张太太处，可往取相赠。

　　国内物价每月疯狂腾涨不已，米价到八月十五日，特粳曾一度涨登七千万元高峰。公用事业也不断地上涨，打一次电话要三十余万，其他可知了。生活指数本是一月一次调整，近两月改成每月两次调整。据八月十六日发表调整数字是：工人三百六十三万倍、职员二百八十七万倍。较七月下期涨百分之九十五。大票关金廿五万元（即每张国币五百万元）出现了。物价上涨，循环不已，人心浮荡。突于八月十九〔日〕发表新经济方案：发行金圆券，法币三百万折合一金圆券，三个月法币收完。美钞一元换金圆券四元。金银归国。金银外币禁止买卖或持有，金银外币限九月底兑止。兑换金圆券，黄金一市两兑金圆券二百元，银一市两兑券三元。可恨奸商们又趁火打劫，应当价值三百万元，应改订为一元，却改成两元等，凭空的就加上一倍或两倍。这是国内近来一桩大事。

　　你知道吗？Joan Woo 的父母死了，他们死得很惨。石咏芬电话说 Joan Woo 的父亲因公司中公事去广州、厦门，再由厦门飞香港，她母亲恐其父有外事，紧随同去。在厦门飞香港时中途遇故，飞机下坠，夫妻同时殒命。后悉并非飞机遭风雾之变，却因盗劫而失事。全机乘客皆死，独一黄耀者跌落折腿。报载：后经查询，黄耀即盗匪劫机者。但报上未评载。所知这些而已。据石咏芬再来电话云：已电知 Joan Woo。你母亲对此事颇为怜悯其女。汝可去看看 Joan Woo 之状况如何。如彼已知其事，可安慰安慰。你所不需要的衣服，欲寄回者，可先去函征问任家诚先生同意，如可有地方安放，可暂寄存于任先生处。书明如有由美国回中国的便人，凭父亲的名片或书函去向任先生处取件带回中国。

采蕴学校中人缘不佳，嬷嬷、教师都恨她，她还不自量，还替学友抱不平去争论。一次罚停上课三日示警。在放假前考试之时，偏又为学友的事争持，触犯嬷嬷而遭革除。

菊傲在圣芳济读这些时毫无成绩。这学期中丁洁曾补习，不限时为之补课，较前两次留级茫然不知所以的情形较有成绩。惟中文彼视为畏途，总无成绩可言。更兼不肯用功，考在末两名。校中周某曾为菊傲上两学期补课，成绩反不及这半年有效。家中补课由周改丁。周或有不惬，更兼学生多，有名的学校少，在生意兴隆的学店，菊傲这种不用功的学生自然更在淘汰之[列]。丁洁曾为介绍圣约翰，对人事都尽到。只是他不用功，考得不佳，未被录取。再考圣约翰青年中学，亦是考不及格。

采蕴考协进中学不及格，再补考亦未及格。现有沪江中学，采蕴已付定学金。菊傲前考育英中校，也是丁为介绍，亦是托人情而录取。因希望圣约翰，育英未付定学金，不知可能插入否？为这些事，使人心力交瘁。

卅七年八月卅一日　父书

附函：信未发。于八月卅一日接到八月廿四日来信，已知唱片收到，并接承翁先生大札。麦雅尔带来旗袍，信上未收到，或因汝未在纽约之故。可向裴惠珍小姐处询问之。因裴惠珍家书云：麦君所带美之物已经收到。裴小姐或许知其麦君地址。再者钱淼（裴正庸先生之婿、惠珍妹倩）已来美读书，钱和麦亦为契友，转询钱淼君亦能知麦君住址也。

11月14日

素润儿见字：

　　荣太太唐瑛女士乘机飞美，曾来我家。你母托带来为你生日所置钻戒一只、链镯一只、纪念签名帕一方和衣服。衣服共十四件，开列于后。

　　但衣服是否全能携带来美，尚不可知。你母亲谆谆托付妥为照料，并嘱我写信给你，有困难可去领教求其帮助解决（如假期觅屋等等）。我想多一个人帮助总是好的，且越多越好。可是一切都还要凭自己毅力［审］慎才能得到真正的解决。唐瑛女士到美国，就会来寻你或通知你。

　　自八月十九日新经济方案发表，相安了一时。后因发生抢购风潮，店家物品抢购一空。所以，日用品因限价便宜遭抢，藏匿不售。食物方面，先是没有猪肉没有鸡，继之没有牛肉，有一天只买着一点点萝卜青菜，米面简直无处购买。十一月十一日开放限价，可是涨风也扶持而上，食物在议价中至少涨五倍以上。在十五日又恢复生活指数。写信时听报告五倍至七倍。

　　政院公布改订比率。黄金每两一千元，美钞每元廿元，白银每两十五元，银币每元十元。金银外币准许人民持有，但不许流通，银币准许流通。葡萄牙领事馆于九月底迁去，空着房或租赁都是麻烦事，只好自己迁移居住。这也是不得已的事。在表面上是由弄堂房子迁入花园大厦，好像是阔绰显示，其实苦闷自知而已。因为不愿向任何人低头求助申辩，事实上没有人可以同情援助，申辩何益？比如自己的子女尚不能理解父母苦心，何况不相干的人。

　　本定本月廿日迁居，因为自限价开放，银根奇紧，通融困难，现钞缺乏，买卖阻塞。搬家是要用现款的。廿日能迁移否尚不得知了。

　　你在美国除了一个人寂寞，没有什么不好。在国内每日听到见到都是使人焦虑烦闷的事。你在美国就可以专心读书，求学时期不要有任何琐事所系。这时还不算苦，也许还有苦的日子。在能读书时，把充分的学问填满了腹笥，学得做人的经验，才能应付以后的环境。也不要担心时局，总有好的时候。希望你在假期时多多涉猎中国历史和小品文，是对学问有帮助的。希望你俭省勤学来度这个困难时代。

卅七年十一月十四日　父示

计衣服十四件：

  呢旗袍三件和呢外套三件共六件；

  单呢旗袍两件；

  夹绸旗袍三件、单绸旗袍一件，共四件；

  白衬袍两件。

  另有采芹自做拖鞋一双同带来。

（十五日寄来）

书信·1949 年

4月24日

采藻吾儿知悉：

你不必想家，你在外除了孤独一人，但是很少听闻烦琐之事，可以安心读书。为父久未通信，因不愉快事多，恐增你烦闷就是了。常惦念你的咳嗽好了吗？若有小疾病，当就医，勿因省钱而使身体有损，出门人自然是自己当心，勿使爹娘远念。自议和进行，各地还算安谧，惟金圆券乏价，又和老法币相等，生活飞涨。因时局日急，想赚些生活费用，答应中国戏院出演一月，不想二十三日登台之日即局势混乱之时，和议终于不偕。二十一日报载：不能接受中共所〔提〕条款，和平断绝。二十二日报载：中共下令总攻，陷十二圩狄港。二十三日报载：浦口浦镇国军撤守江阴激战。我这天登台。在逃难搬家情形下，各戏院几同无人。中国上座六成，已感满足。是日，传南京、常州失掉。上海八点戒严，有订座不来者。是日戒严十一点。二十四日报载：共军入无锡，保卫上海前哨战将在苏州开展云。上海四郊多垒，来往逃难紧慌异状，不知以后如何结果。二十四夜又提早戒严一小时，十点戒严。

祖母病重，似有不妥状。外祖母久住河村，二十三日亦由大大姐伴同来申。英华、采茨出疹子甚顺利。是这些局势和家庭状况前曾有说，飞机停止通信，恐有一度不能通信之时，故急急函示。如果如此，惟望汝切勿焦虑，善自保重，好自为之。有说，总有此事，料不会久。此皆揣测之意，但愿勿成事实。专此示汝，以防万一。

卅八年四月廿四夜　廿五日发出

5月2日

采藻吾儿知悉：

登台之日正逢时局大变，生意不佳。因戒严提早，更使看客裹足不前。二十七日改阴阳戏（由四时起至八时止）。离戒严时远，故二十七日满座加凳，无插足之地。二十八日如潮涌争购戏票。不幸，祖母于是日七时十分弃养而去世，二十九日大殓于国际殡仪馆。

　　日来银元较美钞为高，但银元价格不数日由二三十万狂跳至数百万元。论戏票价本二十万，不过四五角钱，今则只一分、二分而已。况戏院老板可赚不可赔，经此当不怀好意。因祖母丧事，藉此不拟续演出矣。

　　上海现状固是不佳，总觉还是上海安全。况且逃难是要有钱的人。再有一说，逃到哪里去说得上是安全？我们还是不逃吧！常言说得好，吉人天相，不必挂念。惟有惦念的是你，孤独天涯。惟望你自己慎重，诸事宽解，静待时来。五月二日，接着一封英文信。信里说假期时间加拿大不去了，想学习学习做事。这是很好，万一函款不通也好自立。你母亲常说：校中西人同学未闻你提过，只提同中国朋友交游如何。隔膜当地风情，并失同学襄助，未免失掉游学本意。希望你注意及此。纸短情长，提起笔来又不知从何写尽心胸之意。不写了，想起了就立刻写给你。万一信不通，不必着急，更要镇定打算。身体健康，不使父母忧虑深念，才是大孝。

　　七舅父、七舅母台前请安，深深为我致意，拜托拂照，深感深感。

卅八年五月二日　父字

之达先生台鉴：

　　奉承贤伉俪，福履绥，和为颂。敬启者：因时局万变，战事胶着在昆山之间。上海感物价狂涨，生活日艰，甚为紧张。万一电信不通时，小女素润在美孑然一身，乞为多多照拂，感不尽矣！专此奉书恭询俪安。

谨启
卅八年五月三日

5月9日

采藻吾儿知悉：

于五月九日接到你英文信一封,立即写信给你。

忆及徐州、蚌埠失守时直逼南京,那时候有五等逃难的人。这五等是美国、香港、台湾、广州和内地。各处有钱没有护照的自然逃往香港居多。这些人大多数都回上海了,现在反而都不逃了。这就是因为不久所有之资,熬不过香港极高度生活。美钞、〔港币〕、金条用尽,只好仍回上海,亦无力再逃了。能支持存在香港的是少数豪门富绅而已。

采蘩曾来函云:有病在身,须待休养。不期本立在沪,南京、无锡失守,本立被阻于此。昨来电话云,由河船回锡去了。近来各报所传信息,传称安谧,亦上海人不逃原因之一也。你不必挂念。

中国戏院上演正逢大变,汪其俊等已渐是态度迭更,必无结果。正在进退维谷时,祖母弃养,藉丁忧辍演。李玉茹代替,婉谢继续,于五日取消合同作罢,省却许多麻烦。均云:祖母之死帮忙不少。

菊傲因圣约翰解散,每日在家,仍是丁洁曾教读。采芹中西停了几天,现在又上课。英华今日〔疹子〕满月,今日才去上学。采蘊学堂闻有解散之讯。美钞较银元为低,银元四十二元可兑美钞五十元,四十二元兑一两金子,限四百万兑一元。可是食涨不止,生活艰难日甚。

报载:当局保卫上海,着蓄粮六个月。乡间不能耕种,恐菜蔬发生恐慌,颇堪为虑,着市内空地种菜。上海入战时状态,失业日众。平剧业戏院方欲求停锣,演员职工则不允许此举。此纠纷又不知如何解决。拉杂写来,书不尽意。虽则汝在海外孑然一人,然处境泰然须自奋读,保重自爱,切勿过虑有损健康,辜负父母期望之心。

写于本日深夜一时大雷雨中　父字

5月13日

素润吾儿:

十日发出一函。这两日又更紧张。十二日《新闻报》载:嘉善、枫泾鏖战中,沪杭车通至松江。十三日载:石湖荡附近堵阻中,太仓国军迫击。晚间,上海有清彻炮声,不知如何。

十二日恽家义父、义母同一林姓来我家闲话。这林君新由美国回国只一月，云：曾在七舅家会过你的。曾询及电信是否会断？汝义父云：倘然中断也不过短时期而已，就会恢复的。我亦如此想耳。义父母七时来，八时回去。

　　四郊成阵地，市中亦有兵入民房之事。五月一日，扯去东邻刘家墙上铁网，去做防御工事。有军官占了圣乔琪舞厅。都恐兵来占据，幸有禁令禁止。十一日，西邻周姓和第一家邵家，都有部队去接洽，次日去居住，虑我家亦不免。十二日却有颁布七令，严禁擅自征用。西邻周、邵两家，开来兵又退去，可谓幸也。

　　上海各店，形成生意停顿，无钱发薪，把货物分给店伙充薪。因此，各地人行道上设摊卖出。有人云：此即应了上海滩之谓也。

　　长宁路兆丰花园附近，大火焚毁棚屋两千余间，受灾平民三千两百余户。真是兵灾人祸，万分可惨。

　　我很坦然。抗战时我曾这样想，能熬过这大时代见到胜利，便是真涵养，真镇定，真幸运。你母亲也这样想。我们以真诚无伪之心为人，每逢挫折都会平安过去，这就是俗语的"吉人天相"。虽然这是些命运迷信的话，但是遭逢乱世又该怎样呢？应当这样宽解，但是真诚无伪做了基础，所以大圣大贤临难无畏。这是大道，不尽是靠命运讲迷信呢。希望你凡事镇定无虑善自好为之。

　　上面又拉拉杂杂胡乱写了这些，平日懒写信，现在又写不出什么肯定的意思。不过多写一字，多一点安慰罢了。

　　写于五月十三日。写到月明夜深，炮声隆隆。时至四点。

　　昨炮声彻夜，今起即阅日报，炮战在月浦、杨行。两路车：京沪线终点南翔，沪杭车通到莘庄。

卅八年五月十四日　父字

5月21日

素润吾儿：

　　又接到一封信，是五月十七日，是给弟和妹的。菊傲读书稍明白一点，因为顽强不服训，被国文先生记了廿余〔次〕过，报告单列在丁等，并注批斥责。又要母亲去央求拜恳。真是费事劳神，啼笑不得。现在学校地近战线，在停顿之中。

战事：京沪线南翔失了。在真如、月浦、杨行、浦东、周浦、川沙、虹桥皆有战争，越逼越近，都在上海境内。市内亦步步沙垒预备巷战。幸亏八年抗战的经验，胆子练大了，不然市民早都亡魂失魄了。见市民都安定无恐，管弦不辍，所恐怕的倒是菜蔬日少、食物日涨耳。

占居民房之事，我家终于不能免。十六日，有交通警察二总通讯队占入居住西邻邵、周两家，东邻刘姓。还有南华新邨亦有驻兵，十八日调走。吾家还留数人，并有女眷一名。是否此队再来，抑是另有队部来住，不得而知了。

报载：汉口放弃，广州亦在开始疏散人口，香港考虑登记居港华人。可见香港亦非安定之土。再看南京、杭州、汉口皆善让退撤上海。此次战事激烈，亦数也。十八日报载：外国航空公司已自昨日（十七日）起将班机停飞，惟中国、中央两航空公司仍照常飞航云。大约此函定由别处转致了，所以急急要写信，但是写不出什么意思来，还拉杂多写些吧。

你母亲想做成一个好家庭，儿女个个争气，多读书、干大事、做好人。见我们隔邻刘家花木时芳，是历年辛苦所植成。我也很想努力事业，得余钱莳花植果，种竹修圃，以做暮年之计。还想环游一次，增其业识。现在这些迷梦打破，就是苦熬岁月，惨淡经营。所树一些东西和成绩，只是不值钱而变成累赘。树木树人竟成妄想。以后不知怎样做起。俗语说得好：吃到老学到老，学到老学不了。就是这样了呢。

还有些神话故事。据说抗战未起，上海有老鼠搬家衔尾过浦东去之事。内战起时，有镇江乌龟渡江之事。今又载：重庆十六日电，渝南龙门浩观音庙水田中有青蛙数万大搏斗，死四千具。不知又是什么征兆。五月十九日夜冲。

二十日外滩一带已断人行，真是风云日紧之际。夜报载法国新闻社华盛顿十九日电：美国邮务部决定中止一切寄往中国之信件。福建、广东、广西三省例外。汝也不能发信了。

盼你自己当心珍重万万。

父示
五月廿日

6月4日

素润吾儿知悉：

自廿一日发信之日，时局正见紧张。外滩设防，船只令驶出吴淞口，水上交通亦断。福生是洋泾人，毛生是新陆〔人〕。此二地都成战场，其妻、子女均未逃出。有说浦东皆失，并传国军要撤逃之信。队长太太于此日迁出，显示有集中撤退模样。廿四日噩耗频传，共军已到徐家汇土山湾。汝义父来电话云：赵主教路已闻枪声，欲来我家暂避。又传兆丰花园等处临时戒严，顿形混乱。至三时解严。国军申言：是换防不是撤退。稍见缓和。汝义父来电话云：彼处暂安，不迁避我家了。晚报出，又提早一小时，八点钟戒严。至晚，四面轰炸炮击之声更加激烈，不敢睡眠，守夜防变。将一时瞥见麦阳路口有兵百余，衔枚疾走，疑将巷战。急呼汝母起备。二时，枪声已逼市区，近于咫尺。呼蕴等起，并移小茨床，均安顿楼下。正紧急时，三时邵家电话来通知：人民解放军已大部接收警察局。就这样一场危险过去。通知亲友，四时方眠。

廿五日有报载：苏州河以南解放，百姓安谧，撤销戒严。人民解放军和蔼可亲，纪律严明，集睡街沿，不占民房，连茶水都不肯白饶，深得民心，反觉过去可怖。

廿六日各戏院开演。黄浦江亦通电车行驶。人民欢欣热闹，义警维持交通，秩序渐复。福生回乡，房屋被国军焚尽，其子女卧战壕三日，幸未丧命。

廿七日，苏州河以北全部解放，火车运车皆通矣。一切平安，可勿挂念。

五月廿七日夜冲　父示

之达先生台鉴：

浮言不叙。启者，上海战事起，民生日窘，再持一月则不堪设想矣。幸于二十五日晨人民解放军进入市区接收顺利，而过苏州河以北二十七日完全解放。解放军和蔼可亲，军纪严明，鸡犬不惊，连茶水都不相饶，不取民间一针一线，诚不虚也。恐其注念，专此布达，顺问贤伉俪台绥。

五月廿八日

（此信廿九日发，不能通，退回）六月四日发出。

图书在版编目(CIP)数据

周信芳全集. 佚文卷四/周信芳著；黎中城，单跃进主编.
—上海：上海文化出版社，2016.12
ISBN 978-7-5535-0653-1

Ⅰ.①周… Ⅱ.①周… ②黎… ③单… Ⅲ.①周信芳(1895—1975)—全集
②周信芳(1895—1975)—日记 Ⅳ.①J821-53 ②K825.78

中国版本图书馆 CIP 数据核字(2016)第 257958 号

责任编辑	黄慧鸣
封面设计	胡　斌
版式设计	汤　靖
责任监制	陈　平　刘　学

书　　名	周信芳全集　佚文卷四
作　　者	周信芳　著　黎中城　单跃进　主编
出　　版	上海世纪出版集团 上海文化出版社
地　　址	上海市绍兴路 7 号
邮政编码	200020
网　　址	www.cshwh.com
发　　行	上海世纪出版股份有限公司发行中心
印　　刷	上海昌鑫龙印务有限公司
开　　本	787×1092　1/16
印　　张	17
字　　数	276 千
版　　次	2016 年 12 月第一版　2016 年 12 月第一次印刷
国际书号	ISBN 978-7-5535-0653-1/J.200
定　　价	80.00 元

敬告读者　本书如有质量问题请联系印刷厂质量科
电　　话　021-62038726